Σ BEST
シグマベスト

最高水準
問題集

高校
入試

英語

文英堂

本書のねらい

　この問題集は，「最高水準問題集」シリーズの総仕上げ用として編集したものです。特に，国立大附属や有名私立などの難関高校を受験しようとするみなさんのために，最高の実力がつけられるよう，次のように構成し，特色を持たせました。

1 全国の難関高校の入試問題から良問で高水準のものを精選し，実際の入試に即して編集した。

▶入試によく出る問題には 頻出，特に難しい問題には 難 のマークをつけた。また，近年出題が増加しているものや，これから出題が増えそうな問題には 新傾向 のマークをつけた。

2 単元別・テーマ別に問題を分類し，学習しやすいように配列して，着実に力をつけられるようにした。

▶各自の学習計画に合わせて，どこからでも学習できる。
▶すべての問題に「内容を示すタイトル」をつけたので，頻出テーマの研究や弱点分野の補強，入試直前の重点演習などに役立てることができる。

3 国立・難関私立高校受験の総仕上げのために，模擬テストを4回設けた。

▶時間と配点を示したので，各自の実力が判定できる。

4 解答は別冊にし，どんな難問でも必ず解けるように，くわしい解説をつけた。

▶類題にも応用できる，くわしくてわかりやすい 解説 をつけるとともに，入試メモ では，出題傾向の分析などの入試情報を載せた。

もくじ

1 動詞・助動詞 ……………………………………………… 4

2 現在完了 …………………………………………………… 8

3 受け身［受動態］ ………………………………………… 12

4 不定詞 ……………………………………………………… 16

5 動名詞・分詞 ……………………………………………… 20

6 比較 ………………………………………………………… 24

7 関係代名詞・間接疑問 …………………………………… 28

8 前置詞・接続詞 …………………………………………… 32

9 名詞・代名詞・冠詞・数量の表し方 …………………… 36

10 文構造といろいろな文 …………………………………… 40

11 仮定法 ……………………………………………………… 44

12 作文問題 …………………………………………………… 46

13 単語・重要語句 …………………………………………… 52

14 発音・アクセント・文の読み方 ………………………… 60

15 🎧リスニング ……………………………………………… 64

16 会話・口語表現 …………………………………………… 70

17 対話文読解問題 …………………………………………… 78

18 長文読解問題 ……………………………………………… 84

19 長文総合問題 ……………………………………………… 92

模擬テスト（第1回～第4回） …………………………… 111

別冊 解答と解説

---

15 🎧リスニングの問題の音声は，3通りの
方法で聞くことができます。

❶ QRコードから，スマホで手軽に音声を再生する
ことができます。

❷ 文英堂無料リスニングアプリで，音声の速度を3
段階に調整できます。

❸ 文英堂サイトからダウンロードして，パソコンで
音声を聞くこともできます。

SigmaPlayer2
リスニングアプリ（音声再生用）

無料アプリで文英堂の参考書・問題
集の音声を聞くことができます。音
声の速度を3段階に調整できます。

🔍 App Store, Google Playで「シグマプレーヤー」を検索!

●通信料は別途必要です。動作環境は弊社ホームページをご覧くだ
さい。●App StoreはApple Inc.のサービスマークです。●Google
PlayはGoogle Inc.の商標です。

1 動詞・助動詞

001 〈動詞の活用〉

ＣとＤの関係がＡとＢの関係と同じになるように，Ｄの（　　）内に適語を入れなさい。

	A	B	C	D	
(1)	like	likes	study	(　　　　)	(東京・城北高)
(2)	come	came	draw	(　　　　)	(山梨学院大附高)
(3)	make	made	bring	(　　　　)	(大阪・履正社高)
(4)	break	broke	mean	(　　　　)	(愛知・東邦高)
(5)	go	gone	teach	(　　　　)	(大阪・追手門学院大手前高)

002 〈助動詞の意味〉

次の英文で，下線部の意味が他と異なるものを１つ選び，記号で答えなさい。　　(東京・城北高)

(1) ア　Our team <u>may</u> win this game.
　　イ　He <u>may</u> be swimming in the pool.
　　ウ　You <u>may</u> lose your way if you don't take a map.
　　エ　If you wish to see another doctor, you <u>may</u> do so.
　　オ　Don't wait for me — I <u>may</u> be a few minutes late.　　　　　　(　　　)

(2) ア　You <u>must</u> be back by ten o'clock.
　　イ　Tell Betty she <u>must</u> be more careful with her money.
　　ウ　He <u>must</u> be working late at the office.
　　エ　I <u>must</u> go now.
　　オ　Old people <u>must</u> be treated with much care.　　　　　　(　　　)

003 〈時制・助動詞の選択①〉

次の日本文に合うように，（　　）内から適する語(句)を選んで書きなさい。　　(山梨学院大附高)

(1) あなたは約束を守らなければなりませんが，無理な約束をする必要はありません。

You ①(may / must / can) keep your promise, but you ②(may not / must not / need not) make an impossible promise.

①(　　　　　　) ②(　　　　　　)

(2) 私は昨日はその映画館には行っていません。でも，2か月前には行ったことがあります。

I ①(didn't go / wasn't gone / haven't gone) to that theater yesterday.　But I ②(went / was been / have been) there two months ago.

①(　　　　　　) ②(　　　　　　)

(3) もし明日あなたが京都に行かないなら，私も行かないわ。

If you ①(don't go / will not go / aren't gone) to Kyoto tomorrow, I ②(will also not / won't, too / won't, either).

①(　　　　　　) ②(　　　　　　)

◆頻出　**004**　〈時制・助動詞の選択②〉

次の文の（　）内に入れるのに最も適当な語（句）を下から選び，記号で答えなさい。

(1) Lisa (　　) in Japan for three years when she was a child.　（宮城・東北学院榴ケ岡高）
　　ア live　　　イ lives　　　ウ lived　　　エ has lived

(2) Every room in this hotel (　　) a clean bathroom.　（千葉・専修大松戸高）
　　ア have　　　イ has　　　ウ is having　　　エ are having

(3) My sisters (　　) English when I came home.　（大阪・相愛高）
　　ア is studying　　　　　　イ was studying
　　ウ were studied　　　　　エ were studying

(4) There (　　) a big tree here two years ago.　（北海道・札幌光星高）
　　ア is　　　イ are　　　ウ was　　　エ were

(5) Must I come home early? — No, you (　　).　（東京・國學院高）
　　ア don't come　　イ must not　　ウ don't have to　　エ couldn't

(6) I didn't think he (　　) do such a thing.　（愛知・中京大附中京高）
　　ア will　　　イ would　　　ウ shall　　　エ should

(7) Mike worked hard today, so he (　　) be tired.　（東京農業大第一高）
　　ア must　　　イ shouldn't　　　ウ can　　　エ shall

(8) They won't start the baseball game until the rain (　　).　（東京・明治大付中野高）
　　ア stops　　イ will stop　　ウ is stopping　　エ stopped

(9) Has your father done his job? — Yes, he (　　) it an hour ago.　（奈良・帝塚山高）
　　ア has finished　　イ would finish　　ウ finished　　エ was finishing

(10) Tom (　　) be sick at home. He is playing soccer with his friends now.　（埼玉・栄東高）
　　ア can　　　イ cannot　　　ウ must　　　エ may

(11) You had better not (　　) there at night.　（京都・立命館高）
　　ア gone　　　イ go　　　ウ went　　　エ been

005　〈対話文の適語補充〉

次の対話文の（　）内に，最も適当な1語を入れなさい。

(1) A: Who told you such an interesting story?　（高知学芸高）
　　B: My uncle (　　　　).

(2) A: (　　　　) we meet at the airport?　（高知学芸高）
　　B: Yes, let's.

(3) A: Bye, Mom. I'm going to play soccer with my friends.　（東京・明治大付中野高）
　　B: Wait a minute! You (　　　　) do your homework first.

(4) A: (　　　　) he really 58 years old?　（高知・土佐高）
　　B: Yes, he (　　　　) much younger than he is.

006〈同意文への書きかえ〉

各組の２文がほぼ同じ内容を表すように，（　　　）内に適当な１語を入れなさい。

(1) Must she study hard?　　　　　　　　　　　　　　　　　　　　　　（東福岡高）

（　　　　　　　） she have to study hard?

(2) What is your plan for next Sunday?　　　　　　　　　　　　　　（兵庫・甲南高）

What （　　　　　　　） you going to （　　　　　　　） next Sunday?

(3) There are seven days in a week.　　　　　　　　　　　　　　　　（東京・堀越高）

A week （　　　　　　） seven days.

(4) We had a lot of rain last month.　　　　　　　　　　　　　　　　（東京・本郷高）

（　　　　　　） （　　　　　　） a lot last month.

(5) Could you hear the birds singing this morning?　　　　　（愛知・中京大附中京高）

（　　　　　　） you （　　　　　　） （　　　　　　） hear the birds singing this

morning?

(6) Let's go to the library.　　　　　　　　　　　　　　　　　　　（兵庫・三田学園高）

（　　　　　　） （　　　　　　） go to the library?

(7) Don't play soccer in this park.　　　　　　　　　　　　　　（茨城・茗溪学園高）

You （　　　　　　） （　　　　　　） play soccer in this park.

(8) Do you want me to open the door?　　　　　　　　　　　　　　（東京・京華高）

（　　　　　　） （　　　　　　） open the door?

(9) Please show me some pictures taken by your father.　　　　　　　　（愛知高）

Please show me some pictures your father （　　　　　　）.

(10) It is difficult for him to play the guitar.　　　　　　　　　　（奈良・帝塚山高）

（　　　　　　） （　　　　　　） play the guitar easily.

007〈適語選択・語形変化〉

次の英文の（　　　）内に当てはまる語を，下の動詞から１つずつ選び，適切な形に変えて答えなさい。

（静岡学園高）

　Galileo Galilei is famous for his *study of gravity (how and why things fall). He was the first person to do *experiments about this problem. Before he started his experiments, people （　①　） that heavy things always （　②　） faster than light things. He （　③　） out that this was not true. He （　④　） a heavy ball and a light ball and he dropped them both from a high place. They （　②　） at the same speed. This meant that *weight was not important. This is the *law of falling *bodies. It is an important law for understanding our world.

　（注）study 研究　　experiment 実験　　weight 重さ　　law 法則　　body 物体

動詞 [fall　　think　　find　　take]

① (　　　　　　　)　　② (　　　　　　　)　　③ (　　　　　　　)　　④ (　　　　　　　)

008 〈整序英作文〉

（　　）内の語を並べかえて，日本文の意味を表す英文にしなさい。ただし，条件のあるものはそれに従うこと。

(1) 失礼ですが，どちら様ですか。　　　　　　　　　　　　　　　　　　　（茨城・常総学院高）

Excuse me, (name / may / I / have / your / but)?

_____

(2) 明日，私は歩いて学校へ行かなければならないでしょう。　　　　　　　（獨協埼玉高）

(will / to / I / to / school / tomorrow / walk / have).

_____

(3) お昼前にその仕事を終わらせる必要はありません。（1語不要）　　　　（北海道・札幌光星高）

You (not / must / do / have / finish / to / the / work) before noon.

_____

(4) 彼はもうすぐここに着くだろう。　　　　　　　　　　　　　　　　　　（東京・本郷高）

It (be / gets / he / won't / long / before / here).

_____

(5) 私たちの学生は将来のために英語と中国語の両方を学ぶほうがよい。（1語不要）　（京都・立命館高）

(better / English / students / Chinese / must / learn / both / and / had / our)
for the future.

_____

(6) 彼女は明日，ハイキングに行けないかもしれません。　　　　　　　　　（東京・江戸川女子高）

(able / hiking / she / tomorrow / be / to / may / not / go).

_____

009 〈英作文〉

次の日本文を英語になおしなさい。

(1) 彼は昨日，どこへも行かなかった。（6語で）　　　　　　　　　　　　（千葉・昭和学院秀英高）

_____

(2) 明日は学校に行かなくてもいいですよ。　　　　　　　　　　　　　　　（岡山白陵高）

_____

(3) 来週の金曜まで，このCD借りてもいい？　　　　　　　　　　　　　　（岡山白陵高）

_____

(4) 彼は幸せにちがいない。　　　　　　　　　　　　　　　　　　　　　　（東京・京華高）

_____

(5) 4月に新しい教科書をもらったら，名前を書かなきゃだめだよ。　　　　（大阪・明星高）

_____

(6) 大雨が降ったけど，だれも学校に遅刻しなかった。　　　　　　　　　　（大阪・明星高）

_____

2 現在完了

▶解答→別冊 *p.3*

010 〈現在完了の形〉

次の文の（　　）内に入れるのに最も適当な語(句)を下から選び，記号で答えなさい。

(1) She has (　　　) Aomori since last year. （北海道・函館ラ・サール高）

　　ア gone to　　　　イ been to　　　　ウ gone in　　　　エ been in

(2) Miki has not read today's newspaper (　　　). （京都・大谷高）

　　ア still　　　　　イ already　　　　ウ yet　　　　　エ then

(3) (　　　) you finished your homework? — No. It was very difficult.

（埼玉・聖望学園高）

　　　　ア Do　　　　　イ Did　　　　　ウ Have　　　　エ Has

(4) Bob and John (　　　) to that restaurant together, have they? （福岡・西南学院高）

　　ア have never been　　　　　　　イ have been never

　　ウ has never been　　　　　　　エ has been never

(5) I've known Jack (　　　) I was a child. （広島・比治山女子高）

　　ア when　　　　　イ while　　　　ウ since　　　　　エ from

(6) How (　　　) have you been to Kyoto? （埼玉・星野高）

　　ア often　　　　　イ long　　　　　ウ far　　　　　エ many

(7) (　　　) has she lived in Tokyo? （和歌山・信愛高）

　　ア How about　　　イ How far　　　ウ How many　　エ How long

(8) I hope it will rain soon. We (　　　) a drop of rain for almost a month.

（東京・明治大付明治高）

　　ア haven't had　　イ will have　　　ウ will not have　　エ don't have

011 〈現在完了の疑問文と応答文〉

次の(1)～(3)の問いに答えなさい。

(1) 次の対話文の（　　　）内に最も適当な1語を入れなさい。 （高知学芸高）

　　Have you found your watch? — No, not (　　　　　　). I'm still looking

　for it.

(2) 次の問いに対する応答として最も適当なものを下から1つ選び，記号を○で囲みなさい。

　　How long have you known each other? （千葉・日本大習志野高）

　　ア Last year.　　　　　　　　　　イ From last year.

　　ウ For seven years.　　　　　　　エ When I was ten.

(3) 次の文を，（　　　）内の指示に従って書きかえなさい。

　　Tim has seen the movie <u>twice</u>. （下線部が答えの中心となる疑問文に） （佐賀・東明館高）

012 〈現在完了の用法〉

次の(1)・(2)の問いに答えなさい。

(1) 次の文の下線部と同じ用法の現在完了を含む文を，下のア～ウから1つ選び，記号を○で囲みなさい。 (兵庫・甲南高)

Kenji has been in the hospital for a long time, but he has few visitors.

　ア　He has just finished his homework.

　イ　He has lived in Kobe since he was born.

　ウ　He has never been to Australia.

(2) 次の文の文法的な誤りを抜き出して，正しくなおしなさい。

　① She was ill in bed since last Monday. (愛知・東海高)

　　誤(　　　　　) → 正(　　　　　)

　② Have you ever went to America? (京都・立命館高)

　　誤(　　　　　) → 正(　　　　　)

　③ A month have passed since my sister went to Sapporo. (大阪・明星高)

　　誤(　　　　　) → 正(　　　　　)

　④ This is the most exciting movie I have never seen. (大阪・明星高)

　　誤(　　　　　) → 正(　　　　　)

013 〈補充英作文〉

次の日本文の意味を表すように，(　　)内に適当な1語を入れなさい。

(1) A: 向こうに立っている少年を知っていますか。 (熊本・真和高)

　　Do you know the boy standing over there?

　B: はい。彼は私の友達です。彼と知り合って8年になります。

　　Yes. He's my friend. I (　　　　　) (　　　　　) him for eight years.

(2) その飛行機はちょうど空港に到着したところです。 (大阪・追手門学院大手前高)

　The plane has (　　　　　) (　　　　　) at the airport.

(3) なぜここに来たの。 (広島大附高)

　What has (　　　　　) you here?

(4) 彼は2時からずっと英語の勉強を続けている。 (埼玉・西武学園文理高)

　He has (　　　　　) (　　　　　) English since 2 o'clock.

(5) こんなにおいしい紅茶を飲んだのは初めてです。(have, ever を用いて) (東京農業大第一高)

　This is (　　　　　) (　　　　　) (　　　　　) that (　　　　　) (　　　　　) (　　　　　) drunk.

(6) 桜島の頂上は今朝からずっと雪で覆われています。 (鹿児島・ラ・サール高)

　The top of Mt. Sakurajima (　　　　　) (　　　　　) (　　　　　) with snow (　　　　　) this morning.

014 〈整序英作文〉

(   )内の語(句)を並べかえて，日本文の意味を表す英文にしなさい。ただし，条件のあるものには
それに従うこと。

(1) 京子は長い間，私のよい友達です。　　　　　　　　　　　　　　　　　　　（茨城・常総学院高）

Kyoko (a / been / good friend / of / has / mine) for a long time.

_____

(2) 彼女はちょうど空港に着いたところだ。　　　　　　　　　　　　　　　　　（和歌山・信愛高）

She (just / at / has / the / arrived) airport.

_____

(3) 彼はもう宿題を終えましたか。　　　　　　　　　　　　　　　　　　（北海道・東海大付第四高）

(finished / yet / he / his / has / homework)?

_____

(4) チャーリー・ブラウンの名前を聞いたことがありますか。　　　　　　　　（大阪・プール学院高）

(name / ever / heard / you / have / the / of) Charlie Brown?

_____

(5) 私は今までにそんなに美しい街を見たことがない。　　　　　　　　　（神奈川・法政大女子高）

I (a / never / have / such / beautiful / seen / city).

_____

(6) 私はまだ父に手紙を書いていません。（1語不要）　　　　　　　　　　　（埼玉・大妻嵐山高）

I have (yet / a letter / written / not / for / my father / to).

_____

(7) ヒロコはオーストラリアに住んでどのくらいになりますか。　　　　　（埼玉・東京農業大第三高）

(long / lived / how / Hiroko / in / has / Australia)?

_____

(8) 私は今朝から何も食べていません。　　　　　　　　　　　　　　（兵庫・武庫川大附女子高）

(not / this / anything / I / since / eaten / morning / have).

_____

(9) 私はあなたを30分近く待っています。

(have / I / thirty / been / you / almost / for / waiting / for) minutes.

_____

(10) あなたの弟はどのくらいの間，図書館で勉強しているのですか。

(studying / long / library / been / how / your / has / the / brother / in)?

_____

(11) これは私が今までに渡った中で一番長い橋だ。　　　　　　　　　　　　（千葉・専修大松戸高）

This is (longest / crossed / ever / bridge / that / I've / the).

_____

頻出 015 〈同意文への書きかえ〉

各組の２文がほぼ同じ内容を表すように，（　　）内に適当な１語を入れなさい。

(1) My aunt died fifteen years ago. （京都女子高）

My aunt (　　　　　) (　　　　　) (　　　　　) for fifteen years.

(2) He came to Tokyo five years ago, and he still lives there. （兵庫・滝川高）

He (　　　　　) lived in Tokyo (　　　　　) five years.

(3) It's a long time since I saw my cousin last. （千葉日本大第一高）

I (　　　　　) not (　　　　　) my cousin (　　　　　) a long time.

(4) This is the biggest fish that I have ever seen. （高知・土佐女子高）

I have (　　　　　) seen (　　　　　) a big fish.

(5) My sister went shopping with her friend.　She isn't here now. （茨城・茗溪学園高）

My sister (　　　　　) (　　　　　) shopping with her friend.

(6) I went to the post office to buy some stamps. I am back here now.

（東京・成城学園高）

I (　　　　　) just (　　　　　) to the post office to buy some stamps.

(7) We haven't had rain for four days. （大阪・履正社高）

(　　　　　) hasn't (　　　　　) for four days.

(8) This is his first trip to a foreign country. （東京・明治大付中野八王子高）

He (　　　　　) never (　　　　　) (　　　　　).

(9) They got married ten years ago. （高知・土佐高）

Ten years have (　　　　　) (　　　　　) they got married.

(10) My friend hasn't written to me since 2005. （京都・立命館高）

I haven't (　　　　　) (　　　　　) my friend since 2005.

016 〈英作文〉

次の日本文を英語になおしなさい。(5)は，対話文の＿＿に日本文の意味を表す英文を書きなさい。

(1) 彼女は朝からずっと部屋をそうじしています。

_____

(2) この地域では長い間，大地震が起こっていません。 （高知・土佐高）

_____

(3) 君は今までどこにいたのですか。 （東京・京華高）

_____

(4) あなたは今まで英語で手紙を書いたことがありますか。 （茨城・江戸川学園取手高）

_____

(5) A: Oh, no! The CD player has suddenly stopped. （東京・筑波大附高図）

B: Again! _____

（僕はまだそのプレーヤーを１年しか使ってないんだよ。）

3　受け身［受動態］

▶解答→別冊 p.6

017 〈受け身の形〉

次の文の（　　）内に入れるのに最も適当な語（句）を下から選び，記号で答えなさい。

(1) The Olympic Games are (　　) every four years.　　　　　　　　　　（千葉・成田高）

　　ア　hold　　　　　　イ　held　　　　　ウ　holding　　　　エ　have held

(2) English (　　) in some elementary schools in Japan.　　　　　　　（高知・土佐塾高）

　　ア　has taught　　　イ　is taught　　　ウ　taught　　　　エ　is teaching

(3) He was very much (　　) by the news.　　　　　　　　　　　　　（東京・錦城高）

　　ア　excite　　　　　イ　excited　　　　ウ　exciting　　　　エ　excites

(4) Tom (　　) to bed and slept well.　　　　　　　　　　　　　（群馬・前橋育英高）

　　ア　takes　　　　　イ　is taken　　　　ウ　took　　　　　エ　was taken

(5) A few people (　　) killed in the accident.　　　　　　　　　　　（東福岡高）

　　ア　have　　　　　イ　has　　　　　　ウ　was　　　　　エ　were

(6) Postcards are not (　　) at the store.　　　　　　　　　　（茨城・常総学院高）

　　ア　sell　　　　　　イ　sold　　　　　ウ　to sell　　　　エ　selling

(7) Where were these fish (　　)?　　　　　　　　　　　　　（千葉・東海大付浦安高）

　　ア　catch　　　　　イ　catches　　　　ウ　caught　　　　エ　catching

(8) A letter (　　) by my sister last Sunday.　　　　　　　　（大阪・東海大付仰星高）

　　ア　was sending　　イ　sent me　　　ウ　was sent to me　エ　sent to me

(9) These cakes (　　) by him at the party.　　　　　　　　　（近畿大附広島高）

　　ア　will be cutting　イ　will cut　　　ウ　are cutting　　エ　will be cut

(10) Bill (　　) by everyone in his class.　　　　　　　　　　（千葉・専修大松戸高）

　　ア　laughed　　　　　　　　　　　　イ　was laughed

　　ウ　was laughing at　　　　　　　　エ　was laughed at

018 〈受け身の対話文〉

次の(1)・(2)の問いに答えなさい。

(1) 次の対話文の（　　）内に入れるものを右から選び，記号で答えなさい。　　（岩手県）

　　A: Who is the tall man in this old picture?

　　B: He is my grandfather.

　　A: When was it (　　)?

　　B: About 30 years ago.

　　　　ア　take　　イ　taken
　　　　ウ　taking　エ　to take

(2) 次の対話文の（　　）内に，最も適当な1語を入れなさい。　　（東京・桜美林高）

　　A: You look sad. What happened?

　　B: My glasses are (　　　　　　　)! I dropped them on my way to school.

019 〈語形変化〉

次の(1)・(2)の問いに答えなさい。

(1) 次の文の(　　)内に，〔　　〕内の語を適する形に変えて入れなさい。

① The box was (　　　　　　) by my brother.　〔make〕　　（東京・堀越高）

② This book is (　　　　　　) in English.　〔write〕　　（大阪・早稲田摂陵高）

③ I was so (　　　　　　) at the news that I couldn't say anything.

〔shock〕　　（東京・江戸川女子高）

難 (2) 次の文の(　　)内に入る語を，下の〔　　〕内から1語ずつ選び，適する形に変えなさい。

（長野県改）

Bell is ①(　　　　　　) as an *inventor of the telephone, but he was also a teacher of *deaf people. All his life he *kept thinking of *speech and communication.

Bell's father was a teacher who studied speech. He was famous for making the *symbols to show every sound a mouth could make. They were ②(　　　　　) to teach deaf people how to speak.

(注) inventor 発明家　deaf 耳の不自由な　kept ～ing ～し続けた　speech 話し方
symbols 記号

[go　know　put　use　hear]

020 〈前置詞の使い分け〉

次の文の(　　)内に入れるのに最も適当な語を下から選び，記号で答えなさい。

(1) These desks are made (　　) Tom.　　（和歌山・信愛高）

ア of　　　　　　イ from　　　　　ウ by　　　　　エ over

(2) The new sofa is covered (　　) white cloth.　　（東京・駒澤高）

ア with　　　　　イ of　　　　　　ウ in　　　　　エ for

(3) This singer is known (　　) everybody and is also very popular with us.

（東京・本郷高）

ア as　　　　　　イ to　　　　　　ウ for　　　　　エ about

(4) Everyone was surprised (　　) the news.　　（埼玉・聖望学園高）

ア in　　　　　　イ at　　　　　　ウ to　　　　　エ of

(5) This ring is made (　　) gold.　　（東福岡高）

ア from　　　　　イ of　　　　　　ウ to　　　　　エ for

(6) Is this cheese made (　　) milk?　　（東京・富士見丘高）

ア in　　　　　　イ from　　　　　ウ of　　　　　エ into

(7) These PET bottles are going to be made (　　) clothes.　　（東京・明治大付中野高）

ア of　　　　　　イ from　　　　　ウ into　　　　　エ by

(8) Okinawa is known (　　) its beautiful sea.　　（千葉・成田高）

ア as　　　　　　イ to　　　　　　ウ for　　　　　エ about

(9) My sister is interested (　　) science.　　（埼玉・大妻嵐山高）

ア in　　　　　　イ at　　　　　　ウ to　　　　　エ on

021 〈同意文への書きかえ〉

各組の2文がほぼ同じ内容を表すように，（　　）内に適当な1語を入れなさい。

(1) Taro read five books during the winter vacation.　　　　　　　　（兵庫・甲南高）

Five books (　　　　　　) (　　　　　　　　) by Taro during the winter vacation.

(2) What language do they speak in that country?　　　　　　　　（和歌山・信愛高）

What language (　　　　　　) (　　　　　　) in that country?

(3) What kinds of fish do they usually eat in France?　　　　（愛知・中京大附中京高圀）

What kinds of fish (　　　　　) usually (　　　　　) in France?

(4) How many songs did they sing at the festival?　　　　　　（宮城・東北学院高）

How many songs (　　　　　) (　　　　) at the festival?

(5) We can see many frogs in this town.　　　　　　　　　　（高知・土佐女子高）

Many frogs can (　　　　　) (　　　　　) in this town.

(6) Is French spoken in Canada?　　　　　　　　　　　　（大阪・関西大倉高）

(　　　　　) people (　　　　　) French in Canada?

(7) Did Tom give you this present?　　　　　　　　　　　（大阪・清風高）

(　　　　　) this present (　　　　　) to you by Tom?

(8) What did Mary find in the house?　　　　　　　　　　（千葉日本大第一高）

What (　　　　) (　　　　　) (　　　　　) Mary in the house?

(9) What is the name of this dog?　　　　　　　　　　　（東京・江戸川女子高）

What (　　　　　) this dog (　　　　)?

(10) He gave me the watch.　　　　　　　　　　　　　（愛知・中京大附中京高）

I (　　　　　) (　　　　　) the watch (　　　　　) him.

(11) Who broke the window?　　　　　　　　　　　　　（城北埼玉高）

Who was the window (　　　　　) (　　　　)?

(12) My birthday is November 13.　　　　　　　　　　　（東京・城北高）

I (　　　　　) (　　　　　) on November 13.

(13) Who wrote this novel?　　　　　　　　　　　　　（東京・富士見丘高）

Who (　　　　　) (　　　　　) (　　　　) written (　　　　)?

(14) You must keep the door open.　　　　　　　　　　　（東京・錦城高）

The door must be (　　　　) (　　　　).

(15) How old is this house?　　　　　　　　　　　　　（大阪・関西大倉高）

When (　　　　) this house (　　　　)?

(16) Our aunt took care of our dogs last weekend.　　　　　（茨城・清真学園高）

Our dogs (　　　　　) (　　　　　) (　　　　　) (　　　) by our aunt last weekend.

難 (17) The workers are repairing the bridge.　　　　　　　（福岡・久留米大附設高）

The bridge (　　　　) (　　　　) (　　　　) by the workers.

022 〈整序英作文〉

(　　)内の語(句)を並べかえて，日本文の意味を表す英文にしなさい。ただし，条件のあるものはそれに従うこと。

(1) 昨年，多くのコンピューターが作られました。　　　　　　　　　　　　　　　　(東京・郁文館高)

(of / a / computers / were / lot / last / made) year.

(2) 昨晩，私の兄は森さんに夕食に招待されました。　　　　　　　　　　　　　　(栃木・作新学院高)

My (dinner / brother / by / invited / to / was) Mr. Mori last night.

(3) この歌は，世界中の若者に知られています。　　　　　　　　　　　　　　　　(大阪・羽衣高)

(is / known / song / to / people / young / this) all over the world.

(4) 彼は帰り道で男の人に話しかけられた。　　　　　　　　　　　　　　　　　　(東京・本郷高)

He (a man / by / on / spoken / to / was) his way home.

(5) その本は世界中で読まれることになるだろう。　　　　　　　　　　　(大阪・関西大第一高改)

(all / be / over / read / the book / the world / will).

(6) このあたりではたくさんの星を見ることができます。(1語不足)　　　　　(奈良・帝塚山高)

(around / be / can / here / many / stars).

(7) 手紙は赤いインクで書いてはいけません。(1語不足)　　　　　　　　　　(奈良・帝塚山高)

(letters / written / not / ink / red / in / must).

023 〈英作文〉

次の日本文を英語になおしなさい。

(1) この山は多くの人に描かれています。　　　　　　　　　　　　　　　　　　(東京・京華高)

(2) 私の兄はバスケットボールに興味がありませんでした。　　　　　　(北海道・函館ラ・サール高)

(3) 私は夕食を作るようにアヤコにときどき頼まれます。　　　　　　　　　　　(高知・土佐高)

(4) 私はその歌を歌わされた。　　　　　　　　　　　　　　　　　　　　　　　(東京・京華高)

4 不定詞

024 〈不定詞の形〉

次の文の（　）内に入れるのに最も適当な語（句）を下から選び，記号で答えなさい。

(1) Tom went to the station (　　) his uncle.　　　　　　　　　（茨城・常総学院高）
　　ア　see　　　　　　イ　seeing　　　　　ウ　to see　　　　エ　saw

(2) I'd like to (　　) the city my brother is always talking of.　　（岡山白陵高）
　　ア　visiting　　　　イ　visiting to　　　ウ　visit　　　　エ　visit to

(3) My brother told me (　　) to buy for our mother on her birthday.

　　　　　　　　　　　　　　　　　　　　　　　　　　　　　　（千葉・専修大松戸高）

　　ア　where　　　　　イ　when　　　　　ウ　how　　　　エ　what

(4) It is difficult for me (　　) this question.　　　　　　　（広島・比治山女子高）
　　ア　answer　　　　　イ　to answer　　　ウ　answering　　エ　answered

(5) Mr. Nakata told them (　　) quiet.　　　　　　　　　　（京都・立命館高）
　　ア　are　　　　　　イ　were　　　　　ウ　to be　　　　エ　will be

難(6) She (　　) him to study harder.　　　　　　　　　　　（埼玉・栄東高）
　　ア　spoke to　　　　イ　told to　　　　ウ　talked　　　エ　advised

(7) She has many friends (　　) in her class.　　　　（北海道・函館ラ・サール高）
　　ア　talking　　　　　イ　to speak　　　ウ　spoken　　　エ　to talk to

難(8) Mr. Sasaki (　　) me carry the bags.　　　　　　　　　（埼玉・栄東高）
　　ア　helped　　　　　イ　got　　　　　ウ　brought　　　エ　found

(9) Please remember (　　) a loaf of bread on your way home tomorrow.

　　　　　　　　　　　　　　　　　　　　　　　　　　　　（東京・明治大付中野高）

　　ア　buy　　　　　　イ　buying　　　　ウ　bought　　　エ　to buy

025 〈対話文の完成〉

次の対話文の（　）内に適するものを，それぞれ下から選び，記号で答えなさい。

(1) A: Is your son going to school next spring?　　　　　　　（奈良・帝塚山高）
　　B: No, not yet. He isn't (　　) to go to school.
　　　ア　young enough　　　　　　　　イ　old enough
　　　ウ　too young　　　　　　　　　　エ　too old

(2) A: How was Mr. Smith's math class?　　　　　　　　　（福岡・西南学院高）
　　B: I tried to understand it, but (　　).
　　　ア　it was so interesting
　　　イ　it was the best class I have ever known
　　　ウ　it was too difficult for me

026 〈不定詞の用法の識別〉

次の文の下線部と同じ用法の不定詞を含む文を，それぞれ下から1つずつ選び，記号を○で囲みなさい。

(1) Amanda got her driver's license while I was there.　I was surprised to know that they could get one at the age of sixteen in the U.S.　　(大阪・羽衣高)

　　ア　His hobby is to collect stamps.

　　イ　She was happy to be with you.

　　ウ　I went to the library to get some information.

　　エ　He had no house to live in.

(2) They were very interested in the dish and wanted to know about it.

(香川県大手前高)

　　ア　My brother Tom went to New York to study music.

　　イ　I had a lot of homework to do last night.

　　ウ　He was happy to hear the good news.

　　エ　She tried to finish all her work, but she couldn't.

(3) Dogs also use their good noses to find people — alive or dead.　　(広島・崇徳高)

　　ア　It is easy to get a driver's license in America.

　　イ　I have a lot of work to do.

　　ウ　They are working hard to buy a house.

　　エ　We were surprised to hear the news.

(4) There were wagons and carts full of things to buy.　　(埼玉・東京農業大第三高改)

　　ア　I got up early to be in time for the first train.

　　イ　She likes to take a walk with her dog.

　　ウ　It is expensive to play golf in Japan.

　　エ　Jane had the ability to understand the language.

　　オ　He was very glad to shake hands with her.

027 〈対話文の語順整序〉

次の対話文の（　　）内の語(句)を正しく並べかえなさい。

(1) A: I want (with my / me / you / to help / homework).　　(奈良・天理高)

　　B: O.K.　What can I do for you?

(2) A: Will you come to my house, John?　　(千葉・昭和学院高)

　　B: Yes, but I (get / how / don't / to / know) there.

頻出　**028**　〈同意文への書きかえ〉

各組の２文がほぼ同じ内容を表すように，（　　）内に適当な１語を入れなさい。

(1)　Betty doesn't have any clothes for the party.　　　　　　（東京・本郷高）

　　Betty has (　　　　　) (　　　　　) wear for the party.

(2)　Can you use this camera?　　　　　　　　　　　　　　（大阪・開明高）

　　Do you know (　　　　　) (　　　　　) use this camera?

(3)　I was surprised when I saw the accident.　　　　　　　　（奈良・天理高）

　　I was surprised (　　　　　) (　　　　　) the accident.

(4)　Playing the guitar is not easy for me.　　　　　　　　（千葉・昭和学院高）

　　It is not easy for me (　　　　　) (　　　　　) the guitar.

(5)　I don't know when I should start.　　　　　　　　　　（東京・京華高）

　　I don't know (　　　　　) (　　　　　) start.

(6)　He is very busy this evening.　　　　　　　（北海道・函館ラ・サール高）

　　He has a lot of things (　　　　　) (　　　　　) this evening.

(7)　Will you give me a pencil or something?　　　　　　（高知・土佐女子高）

　　Will you give me something (　　　　　) write (　　　　　)?

(8)　Bill hopes that the book will be read all over the world.　（京都・洛南高）

　　Bill wants (　　　　　) (　　　　　) (　　　　　) be read all over the world.

(9)　The question was so difficult that I could not answer it.　（大阪・関西大第一高）

　　The question was (　　　　　) (　　　　　) for me (　　　　　) answer.

(10)　You were careless to leave your bag in the bus.　　　　（東京・城北高）

　　It was careless (　　　　　) (　　　　　) to leave your bag in the bus.

難 (11)　How many hours did you spend writing your report last night?　（東京・城北高）

　　How long did it (　　　　　) you (　　　　　) (　　　　　) your report last night?

(12)　I found that he is a great scientist.　　　　　　（千葉・昭和学院秀英高）

　　I found (　　　　　) (　　　　　) be a great scientist.

(13)　Kyoko said to her friend, "Will you help me with my homework?"

　　　　　　　　　　　　　　　　　　　（東京・明治大付中野八王子高）

　　Kyoko (　　　　　) her friend (　　　　　) (　　　　　) (　　　　　) with her homework.

029　〈全文書きかえ〉

次の文を，（　　）内の指示に従って書きかえなさい。　　　（佐賀・東明館高）

(1)　He is so tall that he can reach the ceiling. （enough を用いて，同じ内容の文に）

_____

(2)　I can't ride a bike well. （It is ～ で始めて，同じ内容の文に）

_____

頻出 030 〈整序英作文〉

( )内の語(句)を並べかえて，日本文の意味を表す英文にしなさい。ただし，条件のあるものはそれに従うこと。

(1) 何か冷たい飲み物をください。 (東京・城北高)

Please (something / drink / cold / give / me / to).

_____

(2) 私の夢は宇宙飛行士になることです。 (東京・郁文館高)

(be / my / to / an / dream / astronaut / is).

_____

(3) 私たちが海をきれいにしておくことは大切です。 (栃木・作新学院高)

It (for / important / to / us / is / keep) the sea clean.

_____

(4) 先生は試験に合格するために，勉強するように言った。 (北海道・駒澤大附苫小牧高)

(me / told / pass / study / examination / to / my teacher / the / to).

_____

(5) 家に帰るときに牛乳を買うのを忘れないでね。 (群馬・前橋育英高)

(buy / you / don't / when / milk / to / forget / come) home.

_____

(6) 辞書を貸してくれてどうもありがとう。(1 語不要) (千葉・専修大松戸高)

(for / me / to / nice / it's / very / of / lend / you) your dictionary.

_____

(7) 少しお金をお貸しいたしましょうか。 (大阪・開明高)

(some money / you / to / would / lend / me / like) to you?

_____

031 〈英作文〉

次の日本文を英語になおしなさい。

(1) 彼女は私にその辞書の使い方をたずねました。 (奈良・帝塚山高)

_____

(2) 私は彼の助言に従わないことに決めた。(7 語で) (千葉・昭和学院秀英高)

_____

(3) 母は私に 7 時までに家に帰って来なさいと言いました。 (高知学芸高)

_____

(4) 彼は住む家を探しています。(9 語で) (千葉・昭和学院秀英高)

_____

5 動名詞・分詞

032 〈動名詞・分詞の使い分け〉

次の文の（　　）内に入れるのに最も適当な語(句)を下から選び，記号で答えなさい。

(1) You have to finish (　　) your homework as soon as possible. （千葉・専修大松戸高）

　　ア to do　　イ done　　ウ did　　エ doing

(2) The picture of children (　　) in front of the tower is wonderful.

（東京・明治大付中野高）

　　ア stands　　イ standing　　ウ stood　　エ to stand

(3) Mr. Smith has some pictures (　　) in Kyoto and Nara. （広島・比治山女子高）

　　ア took　　イ taking　　ウ taken　　エ to take

(4) Don't sit on the (　　) chair. It's dangerous. （千葉・東海大付浦安高）

　　ア breaks　　イ to break　　ウ break　　エ broken

(5) The boys (　　) over there are my friends. （広島・比治山女子高）

　　ア tennis playing　　　　　　イ play tennis
　　ウ playing tennis　　　　　　エ played tennis

(6) The cat (　　) Tama is lying under the table. （城北埼玉高）

　　ア to call　　イ called　　ウ which called　　エ was called

🔺(7) My daughter forgot (　　) her arrival time, so I couldn't pick her up.

（埼玉・栄東高）

　　ア telling me　　イ told me　　ウ to tell me　　エ tell me

(8) The car shop around the corner gave up (　　) cars last year. It only does
repairs now. （千葉・日本大習志野高）

　　ア to sell　　イ selling　　ウ sales　　エ for selling

033 〈語形変化〉

〔　　〕内の語を適する形に変えて，（　　）内に入れなさい。

(1) I'm looking forward to (　　　　　　) Australia this summer. 〔visit〕（大阪・相愛高）

(2) It stopped (　　　　　　) when we got to the station. 〔rain〕 （大阪・相愛高）

(3) Chinese is a foreign language (　　　　　　) in this school. 〔teach〕

（兵庫・芦屋学園高）

(4) He was afraid that he might have a (　　　　　　) result. 〔disappoint〕

（千葉・昭和学院秀英高）

(5) Thank you for (　　　　　　) with us tonight. 〔be〕 （千葉・昭和学院秀英高）

(6) It didn't take me long to have our clock (　　　　　　) at the store. 〔fix〕

（東京・江戸川女子高）

🔺(7) She tried (　　　　　　) the red pair of boots, and found they were too
loose. 〔wear〕 （東京・江戸川女子高）

034 〈動名詞・分詞の用法〉

次の(1)・(2)の問いに答えなさい。

(1) 次の文の下線部と同じ用法の 〜ing形を含む文を，下から1つ選び，記号を○で囲みなさい。

What did you and Amanda like <u>doing</u> together? （大阪・羽衣高）

ア Can you see the student <u>playing</u> tennis over there?

イ My sister is <u>doing</u> her homework now.

ウ She enjoyed <u>singing</u> with me.

エ The girl <u>dancing</u> on the stage is my friend.

(2) 次の文の文法的な誤りを抜き出して，正しくなおしなさい。

① We <u>enjoyed to play tennis</u> that afternoon. （下線部から抜き出す） （京都・洛南高）

　　誤（　　　　　　　　　） → 正（　　　　　　　　　）

② The language speaking in that country is English. （京都・立命館高）

　　誤（　　　　　　　　　） → 正（　　　　　　　　　）

③ Singing Christmas songs are very popular. （京都・立命館高）

　　誤（　　　　　　　　　） → 正（　　　　　　　　　）

④ They saw asleep bears in the forest. （愛知・東海高）

　　誤（　　　　　　　　　） → 正（　　　　　　　　　）

035 〈対話文の語順整序〉

次の対話文の（　　）内の語(句)を正しく並べかえなさい。

(1) A: What did you do this weekend? （千葉県）

　B: I (TV / enjoyed / on / movies / watching).

(2) A: Who swims the fastest of the girls in the picture? （東京・豊島岡女子学園高）

　B: (girl / in / me / pretty / front / sitting / of / the / does).

(3) A: It's very cold this morning. The temperature will be minus 5 today.

（高知・土佐塾高）

　B: Really? I'm freezing. Where is your car?

　A: (snow / covered / that red car / is / with) mine.

　B: OK, let's hurry to your car! I want to get in right now.

(4) A: Hi, Yuki, what are you doing here? （神奈川・多摩高）

　B: My mother went shopping, so I came to the park with my brother.

　A: Oh, where is he?

　B: The (woman / to / talks / boy / a / talking / my / is) brother. （1語不要）

036 〈補充英作文〉

次の日本文の意味を表すように，（　　）内に適当な1語を入れなさい。

(1) 雪で覆われているあの山は，エベレストです。　　　　　　　　　　　　　（千葉・市川高）

The (　　　　　　) (　　　　　　) (　　　　　　　　　) snow is Mt. Everest.

(2) よく考えてから私の質問に答えなさい。　　　　　　　　　　　　　　　　（熊本・真和高）

Think carefully before (　　　　　　　) my question.

(3) 彼の書いた本はとてもおもしろい。　　　　　　　　　　　　　　　　　　（愛知・東邦高）

The (　　　　　　) (　　　　　　　) by him is very interesting.

(4) 君に辞書を貸したことをはっきりと覚えています。（アとイに入る語を答える）

（東京・明治大付明治高）

I clearly ア(　　　　　　) イ(　　　　　) (　　　　　　) (　　　　　　)
(　　　　　　).

(5) 私たちは動物の面倒をみるのが好きです。　　　　　　　　　　　　　　　（大阪・関西大倉高）

We like (　　　　　　) (　　　　　　) (　　　　　　) animals.

頻出 037 〈同意文への書きかえ〉

各組の2文がほぼ同じ内容を表すように，（　　）内に適当な1語を入れなさい。

(1) The man is James.　He is sitting under the tree.　　　　　　　　　（獨協埼玉高）

The man (　　　　　　) under the tree (　　　　　　) James.

(2) It usually takes a short time to learn how to use chopsticks.　（愛知・中京大附中京高）

(　　　　　　) how to use chopsticks usually doesn't take a (　　　　　　)
time.

(3) The picture which Paul drew is beautiful.　　　　　　　　　　　（大阪・清風南海高）

The picture (　　　　　　) (　　　　　　) Paul is beautiful.

(4) I'm sorry that I'm late for the meeting.　　　　　　　　　　　（千葉日本大第一高）

I'm sorry for (　　　　　　) late for the meeting.

(5) We sing the song in English every morning in our class.　Have you
listened to it?　　　　　　　　　　　　　　　　　　　　　　　（神奈川・法政大女子高）

Have you listened to the song (　　　　　　) in English every morning in
our class?

(6) My brother always watches TV before he goes to school.　　　（山梨学院大附高）

My brother always watches TV before (　　　　　　) (　　　　　　) school.

(7) I watched TV and enjoyed it last night.　　　　　　　　　　　　（熊本・真和高）

I (　　　　　　) (　　　　　　) TV last night.

(8) He took me to a shop which sold many kinds of ice cream.　　（熊本・真和高）

He took me to a (　　　　　　) (　　　　　　) many kinds of ice cream.

(9) People who are singing the song will come out of the hall soon.　（東京・京華高）

(　　　　　　) (　　　　　　) the song will come out of the hall soon.

(10) His father is a famous musician in Japan.　　　　　　　　（東京・國學院大久我山高）

His father is a musician (　　　　　　) to a lot of people in Japan.

038 〈整序英作文〉

( )内の語(句)を並べかえて，日本文の意味を表す英文にしなさい。ただし，条件のあるものはそれに従うこと。

(1) 馬の世話は私にはきつい仕事だ。 (福岡・西南学院高)

(the horses / work / hard / care / of / is / taking) for me.

___

(2) 彼女は英語で書かれた本を探していました。(1語不足) (東京・共立女子第二高)

(in / was / book / she / for / English / looking / the).

___

(3) 私は頭上を飛んでいる鳥の写真を撮りました。 (宮城・東北学院榴ケ岡高)

I took (a bird / a picture / flying / my head / of / over).

___

(4) 彼女たちに歌われているその歌は日本で人気があります。 (埼玉・大妻嵐山高)

The song (popular / in / sung / is / them / by) Japan.

___

難 (5) 長い間お待たせしてすみません。 (兵庫・武庫川女子大附高)

(waiting / sorry / keep / such / I'm / you / for / to) a long time.

___

(6) マイケルが歌った歌は私のお気に入りです。(1語不足) (福岡・西南学院高)

(favorite / the / my / by / Michael / is / song).

___

(7) 英語を話すときに間違いを恐れてはいけません。(1語不要) (埼玉・大妻嵐山高)

Don't be (speaking / making / afraid / while / speak / of / mistakes) English.

___

039 〈英作文〉

次の日本文を英語になおしなさい。

(1) 私は5分くらいでこのクリスマス・カードを書き終えるでしょう。 (高知学芸高)

___

(2) 向こうで太郎と話している男性は，新しい先生にちがいない。 (東京・京華高)

___

(3) 父は新聞を読むのをやめて，部屋から出て行きました。 (近畿大附広島高)

___

(4) A: Kevin's speech is great. (東京・日本大第二高)
B: Yes, I know. 彼，人前で話すのが得意なんだよ。(at を使うこと。)

___

6 比較

▶解答→別冊 p.16

040 〈比較級・最上級・同等比較の形〉

次の文の（　）内に入れるのに最も適当な語（句）を下から選び，記号で答えなさい。

(1) Taro is (　　　) than his brother.　　　　　　　　　　　　　　（和歌山・信愛高）

　　ア more heavy　　　イ as heavy　　　ウ heavier　　　エ more heavier

(2) After the game our captain looked like the (　　　) man on earth.　（高知・土佐塾高）

　　ア happy　　　　　イ happily　　　ウ happiest　　　エ most happy

(3) We tried to finish our lunch as (　　　) as we could.　　　　　（高知・土佐塾高）

　　ア quick　　　　　イ more quick　　ウ most quick　　エ quickly

(4) John got married the earliest (　　　) the three brothers.　　　（岡山白陵高）

　　ア by　　　　　　イ of　　　　　　ウ to　　　　　　エ in

(5) My father runs (　　　) faster than I do.　　　　　　　　　（神奈川・日本大藤沢高）

　　ア much　　　　　イ very　　　　　ウ so　　　　　　エ too

(6) My sister eats (　　　) meat than my brother.　　　　　　　（大阪・四天王寺高）

　　ア fewer　　　　　イ less　　　　　ウ little　　　　エ many

(7) Jenny can speak French better than anyone (　　　) in her class.　（東京・本郷高）

　　ア other　　　　　イ girl　　　　　ウ else　　　　　エ all

(8) Osaka is one of (　　　) in Japan.　　　　　　　　　　　（千葉・昭和学院高）

　　ア the big city　　　　　　　　　イ the biggest city

　　ウ the biggest　　　　　　　　　エ the biggest cities

(9) Tom is (　　　) than Mary. He was in Los Angeles when she was born.

　　　　　　　　　　　　　　　　　　　　　　　　　　　　　　（愛知・東海高）

　　ア younger two years　　　　　　イ two years younger

　　ウ older two years　　　　　　　エ two years older

(10) This church is (　　　) building in this country.　　　　（東京農業大第一高）

　　ア the second old　　　　　　　　イ the second older

　　ウ the second oldest　　　　　　エ the second most old

041 〈語形変化〉

〔　〕内の語を適する形に変えて，（　　　）内に入れなさい。ただし，2語になる場合もあります。

(1) My father gets up the (　　　　) of us all. 〔early〕　　　　（大阪・相愛高）

(2) Mr Green speaks (　　　　) than Mr White. 〔quickly〕　　（大阪・相愛高）

(3) Nancy can play the piano (　　　　) than any other student in her

　class.　　　　　　　　　　　　　　〔well〕　　　　（茨城・茗渓学園高）

(4) A: I hear you have a bad toothache. Are you OK?　　（千葉・芝浦工業大柏高）

　　B: No, I'm afraid it's getting (　　　　) than yesterday. 〔bad〕

042 〈比較表現の読解〉

次の文は，**Dick，Tony，Louise，Sally** の４兄弟姉妹の背の高さについて述べたものです。これを読んで，あとの問いに答えなさい。 (高知・土佐女子高)

Dick has a brother and two sisters. They are Tony, Louise and Sally. Tony plays baseball very well and he is three times as tall as Dick. The shortest person of the four is 60 centimeters tall. Sally is much taller than Dick and she likes him very much. Louise is twice as tall as Dick and Tony is taller than Sally. Louise isn't as tall as Sally. Their parents love the four very much.

(1) 身長が２番目に高いのはだれですか。名前を英語で書きなさい。 (　　　　　)

(2) 身長が180センチはあると思われるのはだれでしょうか。名前を英語で書きなさい。

(　　　　　)

043 〈対話文の完成〉

次の(1)・(2)の問いに答えなさい。

(1) 次の対話文の(　　)内に適するものを，それぞれ下から選び，記号で答えなさい。

① A: My father has many books. He is really proud of them. (愛媛・愛光高)

B: Yes. But, my father has (　　) as your father.

　ア as many books　　　　　イ as books many

　ウ books as many　　　　　エ many as books

② A: Who is the boy in this picture? (兵庫・滝川高)

B: That is my younger brother.

A: He looks very young. Is this an old picture?

B: Yes. He was very small at that time, but now he is (　　).

　ア as tall as I　　　　　　イ the taller than I

　ウ smaller than I　　　　　エ the smallest in my family

(2) 次の対話文の(　　)内の語(句)を正しく並べかえなさい。

① A: (winter / you / or / like / which / better / do / summer / ,)?

(東京・共立女子第二高)

B: I enjoy skiing, so I like winter better.

_____

② A: What kind of movies do you like? (高知・土佐塾高)

B: I know you like love stories. But (much / than / like / SF movies / I / better / love stories).

A: Then, let's see an SF movie today.

_____

③ A: In Australia, (sets / much / the sun / earlier / in August / than) in December. (千葉・東海大付浦安高)

B: It is quite the opposite in Japan.

_____

頻出 044 〈同意文への書きかえ〉

各組の2文がほぼ同じ内容を表すように, (　　)内に適当な1語を入れなさい。

(1) Nick came later than Bob.　　　　　　　　　　　　　　　　（神奈川・法政大女子高）

Bob came (　　　　　) (　　　　　　　　) Nick.

(2) Jill is 14 years old. Gary is 17 years old.　　　　　　　（大阪・東海大付仰星高）

Jill is (　　　　　) (　　　　　　　) Gary by 3 years.

(3) This program is more interesting than any other program.　（千葉日本大第一高）

This program is the (　　　　　) (　　　　　) (　　　　　) all.

(4) His watch is better than mine.　　　　　　　　　　　　　（兵庫・三田学園高）

(　　　　　) watch is not as good (　　　　　) (　　　　　).

(5) Tom is the tallest boy in my class.　　　　　　　　　　　（大阪・プール学院高）

Tom is taller than (　　　　　) (　　　　　) (　　　　　) in my class.

(6) This watch looks more expensive than it is.　　　　　　　（大阪・清風南海高）

This watch (　　　　　) (　　　　　) expensive as it looks.

(7) Time is the most precious of all things.　　　　　　　　（福岡・久留米大附設高）

Time is (　　　　　) precious (　　　　　) anything (　　　　　).

(8) I have never visited such a beautiful place.　　　　　　　（獨協埼玉高）

This is (　　　　　) (　　　　　) beautiful place I have ever visited.

(9) He prefers fish to meat.　　　　　　　　　　　　　　　　（佐賀・東明館高）

He likes fish (　　　　　) (　　　　　) meat.

(10) Ken is the naughtiest boy in his class.　　　　　　　　　（兵庫・灘高）

(　　　　　) (　　　　　) (　　　　　) in his class is naughtier than
Ken.

難 (11) No one in our class can sing as well as Mariko.　　　　（愛知・中京大附中京高）

Mariko is (　　　　　) (　　　　　) (　　　　　) in our class.

045 〈補充英作文〉

次の日本文の意味を表すように, (　　)内に適当な1語を入れなさい。

(1) モンブランは富士山よりずっと高い。　　　　　　　　　　（千葉・市川高）

Mont Blanc is (　　　　　) (　　　　　) (　　　　　) Mt. Fuji.

(2) 私の弟はすべてのスポーツの中で, バスケットボールが一番好きです。　（獨協埼玉高）

My brother likes basketball (　　　　　) (　　　　　) (　　　　　) all
sports.

(3) この木はあの木ほど高くありません。　　　　　　　　　　（大阪・追手門学院大手前高）

This tree is (　　　　　) (　　　　　) tall (　　　　　) that one.

(4) この夏はいつもよりずっとたくさん雨が降りました。　　　（鹿児島・ラ・サール高）

We (　　　　　) (　　　　　) (　　　　　) rain (　　　　　)
(　　　　　) this summer.

046 〈整序英作文〉

（　　）内の語(句)を並べかえて，日本文の意味を表す英文にしなさい。ただし，条件のあるものはそれに従うこと。

(1) 日本の気候は韓国より暖かい。　　　　　　　　　　　　　　　　　　　（京都・大谷高）

The climate (of / of / that / is / than / Korea / Japan / warmer).

(2) これらの車の中で，どれが一番好きですか。　　　　　　　　　　（神奈川・法政大女子高）

(you / the best / do / these / like / which / of) cars?

(3) 彼女はできるだけ多くのノートを買いました。（1語不要）　　　　（埼玉・大妻嵐山高）

She (she / bought / as / as many / possible / could / notebooks).

(4) 東京スカイツリーは東京タワーの2倍近くの高さだ。　　　　　　　（千葉・専修大松戸高）

(Tokyo Tower / twice / as / as tall / nearly / is / Tokyo Skytree).

(5) 彼女はこの学校で私の最も大切な友達の1人だ。（1語不足）　　　　（福岡・西南学院高）

She is (most / mine / of / of / the / one / important) at this school.

(6) 彼女は英語を話すよりも読むほうが得意です。　　　　　　　　　　　（群馬・前橋育英高）

(speaking / reading / is / she / than / at / better / English).

(7) 私は妹ほどたくさんの CD を持っていません。　　　　　　　　　　　　（高知・土佐高）

(have / I / sister / as / as / my / CDs / many / don't).

(8) フランス語とスペイン語では，どちらが話すのが難しいですか。　（兵庫・武庫川女子大附高）

(or / to / which / speak, / is / difficult / more / French / Spanish)?

047 〈英作文〉

次の日本文を英語になおしなさい。

難(1) 飛行機で旅行するのは汽車で旅行するのよりずっと費用がかかります。　　（高知学芸高）

(2) これは日本で2番目に長い川です。　　　　　　　　　　　　　　　　　（東京・京華高）

(3) 先週ほどには寒くありません。（8語で）　　　　　　　　　　　　　　（東京・城北高）

7 関係代名詞・間接疑問

048 〈関係代名詞と間接疑問の適語選択〉

次の文の（　）内に入れるのに最も適当な語(句)を下から選び，記号で答えなさい。

(1) Steve wrote songs (　　　) touched people around the world.　　　　（広島・比治山女子高）
　　ア who 　　　　　イ whom 　　　　ウ what 　　　　エ which

(2) I saw a boy in the library (　　　) kept very quiet while he was reading.
　　　　　　　　　　　　　　　　　　　　　　　　　　　　　　　（神奈川・法政大女子高）
　　ア which 　　　　イ whom 　　　　ウ where 　　　　エ who

(3) Look at the girl and the cat (　　　) are sleeping together in bed.　　（高知・土佐塾高）
　　ア who 　　　　　イ which 　　　　ウ that 　　　　　エ what

(4) I can't understand (　　　) you do these things.　　　　　　　　　　（広島・崇徳高）
　　ア which 　　　　イ what 　　　　ウ why 　　　　　エ who

(5) I couldn't answer (　　　) time it was.　　　　　　　　　　　　　　（京都・立命館高）
　　ア that 　　　　　イ what 　　　　ウ of 　　　　　　エ about

(6) The dress (　　　) her mother made is very beautiful.　　　　　　　（埼玉・大妻嵐山高）
　　ア what 　　　　　イ which 　　　　ウ who 　　　　　エ whom

(7) Please tell the boy (　　　) book is more interesting.　　　　　　　（埼玉・栄東高）
　　ア who 　　　　　イ which 　　　　ウ when 　　　　　エ how

(8) The girl (　　　) photo was in the newspaper yesterday is my friend.
　　　　　　　　　　　　　　　　　　　　　　　　　　　　　　　（千葉日本大第一高）
　　ア whose 　　　　イ which 　　　　ウ whom 　　　　エ who

難 (9) September is the month (　　　) he usually takes his vacation.　　（埼玉・栄東高）
　　ア which 　　　　イ in which 　　　ウ on which 　　　エ in when

(10) We like the meat (　　　) sell at the store.　　　　　　　　　　　（東京・明治大付明治高）
　　ア that 　　　　　イ which 　　　　ウ they 　　　　　エ to

(11) Jack told me that Jim was going to buy a new car. Do you know what
　　 kind of car (　　　)?　　　　　　　　　　　　　　　　　　　（福岡・西南学院高）
　　ア he wanting 　　イ will he want 　　ウ does he want 　　エ he wants

(12) The man (　　　) into our classroom was very tall.　　　　　　　（三重・高田高）
　　ア who came 　　イ which comes 　　ウ that comes 　　エ that coming

(13) I don't know which (　　　) to go to the city hall.　　　　　　　（千葉・昭和学院高）
　　ア bus should I take 　　　　　　　イ should I take bus
　　ウ bus I should take 　　　　　　　エ I should take bus

難 (14) What's the name of the man (　　　)?　　　　　　　　　　　　（福岡・久留米大附設高）
　　ア you borrowed his car 　　　　　イ which car you borrowed
　　ウ whose car you borrowed 　　　　エ his car you borrowed

049 〈対話文の完成〉

次の(1)～(3)の問いに答えなさい。

(1) 次の対話文の(　　)内に適するものを下から選び，記号で答えなさい。　　　（東京農業大第一高）

A: It looks delicious!

B: Yes, this is the cake (　　) my mother loves very much.

　　ア　who　　　　　イ　whose　　　　　ウ　which　　　　　エ　when

(2) 次の対話文の(　　)内に最も適当な1語を入れなさい。　　　（群馬・前橋育英高）

A: Do you know (　　　　　) gave him a bicycle?

B: Of course.　His grandmother.

(3) 次の対話文の(　　)内の語を正しく並べかえなさい。

① A: Do you (know / where / bookstore / is / the)?　　　（奈良・天理高）

B: Yes.　Go straight along this street and turn right at the second corner. You'll find it on your left.　You can't miss it.

_____

② A: I have a (pictures / which / book / interesting / has).　Do you want to read it?　　　（奈良・天理高）

B: Yes, I'd love to.

_____

③ A: Let's go to Tom's house.　　　（千葉・昭和学院高）

B: (do / he / house / know / lives / you / where)?（1語不要）

_____

④ A: (how / you / children / know / has / many / do / he)?（東京・共立女子第二高）

B: Yes.　He has three; one daughter and two sons.

_____

050 〈補充英作文〉

次の日本文の意味を表すように，(　　)内に適当な1語を入れなさい。

(1) あなたは彼が何歳か知っていますか。　　　（獨協埼玉高）

Do you know how (　　　　　) (　　　　　) (　　　　　)?

(2) ボランティアグループに参加する若者の数が増加しています。　　　（鹿児島・ラ・サール高）

The number of young people (　　　　　) (　　　　　) (　　　　　) groups (　　　　　) increasing.

(3) 彼は世界中に名の知れた偉大な科学者です。（アとイに入る語を答える）　　　（東京・明治大付明治高）

He is a great (　　　　　) ア(　　　　　) (　　　　　) is イ(　　　　　) all over the world.

(4) 問題は，君が全力を尽くすかどうかだ。　　　（東京・開成高）

(　　　　　) matters is (　　　　　) you do your best or not.

頻出 051 〈整序英作文〉

(　　)内の語(句)を並べかえて，日本文の意味を表す英文にしなさい。ただし，条件のあるものはそれに従うこと。

(1) 昨日あなたが見た映画はどうでしたか。　　　　　　　　　　　　　　　　（兵庫・武庫川女子大附高）

(like / how / movie / you / the / did / saw / you) yesterday?

_____

(2) あなたはこの時計がいくらするのか知っていますか。（1語不要）　　　　　　　（茨城高）

(this / you / watch / know / is / a / how / do / much)?

_____

(3) この学校に通学している生徒は制服を着なければなりません。　　　　　　（千葉・昭和学院高）

The (go / have / school / students / this / to / who) to wear uniforms.

(4) これは私の姉が久美子に送った唯一の手紙です。　　　　　　　　　　（北海道・東海大付第四高改）

This is (that / sent / to / my sister / Kumiko / the only letter).

(5) この本を読めば，韓国での暮らしぶりがわかります。　　　　　　　　　　（熊本・真和高）

(how / live / show / this book / you / will / they) in Korea.

_____

(6) ホテルで一番安い部屋を見せてください。（1語不要）　　　　　　　　　（京都・立命館高）

Please (will / the / cheapest / have / room / that / you / me / show) in your hotel.

_____

(7) それを彼に渡すだけでよい。　　　　　　　　　　　　　　　　　（埼玉・城西大付川越高）

All (do / give / have / is / it / to / you) to him.

_____

(8) この病院でトムと同じくらい若い医者はいますか。（1語不要）　　　　　　（京都・立命館高）

(you / as / a doctor / young / is / have / do / who / there) as Tom in this hospital?

_____

(9) だれが彼とテニスをしたか知っていますか。　　　　　　　　　　　（埼玉・大妻嵐山高）

(do / know / played / who / you / tennis) with him?

_____

(10) 僕が先月，何冊本を読んだか知っていますか。（1語不足）　　　　　　　　（東京・成城高）

(books / do / how / I / know / last / month / read / you)?

_____

難 (11) トム，赤いのと青いのでは，どちらのコートがよいと思いますか。　　　　（神奈川・鎌倉学園高）

Tom, (better / you / coat / think / is / do / which), the red one or the blue one?

_____

052 〈同意文への書きかえ〉

各組の2文がほぼ同じ内容を表すように，（　　）内に適当な1語を入れなさい。

(1)　I have some friends living in Canada.　　　　　　　　　　　（奈良・天理高）

　　I have some friends (　　　　　　) (　　　　　　) in Canada.

(2)　That restaurant with a yellow roof is going out of business.　（兵庫・灘高）

　　That restaurant (　　　　　) (　　　　　　) is yellow is going out of

business.

(3)　I like English the best.　　　　　　　　　　　　　　　（山梨学院大附高）

　　The subject (　　　　　) I (　　　　　) the best is English.

(4)　Please tell me the meaning of the word.　　　　　　　　　　（愛媛・愛光高）

　　Please tell me (　　　　　) the word (　　　　　).

(5)　Please tell me the number of students in your class.　　　　（東京・本郷高）

　　Please tell me (　　　　　) (　　　　　　) students there are in your

class.

(6)　I don't know his birthday.　　　　　　　　　　　　　　　（熊本・真和高）

　　I don't know (　　　　　) he (　　　　　) (　　　　　).

(7)　The cake is very delicious. It was made by Tom yesterday.　（福岡・西南学院高）

　　The cake (　　　　　) Tom (　　　　　) yesterday is very delicious.

(8)　Do you know how old this school is?　　　　　　　　　　（京都女子高）

　　Do you know (　　　　　) this school (　　　　　) (　　　　　)?

(9)　He said to me, "What do you call that flower in English?"　（東京・城北高）

　　He asked me (　　　) (　　　　　) (　　　　　) (　　　　　)

called in English.

難 (10)　He said to me, "Did you call me last night?"　　　　　（福岡・久留米大附設高）

　　He asked me (　　　　　) (　　　　　　) had called him the (　　　　　)

night.

053 〈英作文〉

次の日本文を英語になおしなさい。

(1)　京都は私が訪れてみたい都市の1つです。　　　　　　　　（高知・土佐高）

(2)　バスの中で英字新聞を読んでいる男性を見ました。　　　　（東京・桜美林高）

(3)　この市には学校がいくつあるか知っていますか。　　　　　（奈良・帝塚山高）

(4)　彼女は君が探している女性です。（9語で）　　　　（茨城・江戸川学園取手高）

難 (5)　これはだれの帽子だと思いますか。　　　　　　　　　　（東京・京華高）

8 前置詞・接続詞

▶解答→別冊 p.22

頻出 054 〈前置詞・接続詞の使い分け〉

次の文の( )内に入れるのに最も適当な語を下から選び，記号で答えなさい。

(1) I was born ( ) the morning of December 25. （佐賀・東明館高）
   ア in   イ on   ウ at   エ for

(2) Look at the bridge ( ) the river over there. （大阪桐蔭高）
   ア in   イ along   ウ under   エ across

(3) I didn't eat anything at the party ( ) I had a stomachache. （山梨・駿台甲府高）
   ア though   イ if   ウ or   エ because

(4) My grandfather can't read a newspaper ( ) wearing his glasses. （千葉・成田高）
   ア on   イ in   ウ without   エ over

(5) You don't have to help me ( ) you are busy. （広島・比治山女子高）
   ア so   イ or   ウ if   エ that

(6) A fly is ( ) the ceiling. （茨城・江戸川学園取手高）
   ア at   イ on   ウ over   エ in

(7) My family moved to Osaka ( ) I was fourteen. （茨城・常総学院高）
   ア because   イ when   ウ if   エ that

(8) Turn off the light ( ) you go to sleep. （東京・日本大鶴ヶ丘高）
   ア after   イ before   ウ why   エ until

(9) Jane visited you ( ) you were sleeping. （埼玉・大妻嵐山高）
   ア while   イ after   ウ since   エ before

(10) I will wait for you ( ) three o'clock. （大阪・相愛高）
   ア in   イ until   ウ for   エ by

(11) It was snowing hard, ( ) I went out. （和歌山・信愛高）
   ア for   イ because   ウ but   エ though

(12) Stay here. I'll be back ( ) ten minutes. （福岡・西南学院高）
   ア at   イ by   ウ in   エ for

(13) He is known as the greatest artist ( ) young people. （群馬・前橋育英高）
   ア in   イ for   ウ among   エ with

(14) He helped me with my homework ( ) he was very busy. （京都・立命館高）
   ア if   イ since   ウ though   エ because

(15) We can't learn both English ( ) German at the same time. （千葉・昭和学院高）
   ア and   イ but   ウ or   エ nor

055 〈前置詞・接続詞の用法〉

次の(1)～(3)の問いに答えなさい。

(1) 次の各組の文の(　)内に共通して入る語を書きなさい。

① The wine is made (　　　　　) grapes.　　　　　　　　　　　（東京・桜美林高）

My opinion is different (　　　　　) yours.

② Is this cell phone yours (　　　　　) your brother's?　　　　（高知学芸高）

Get up at once, (　　　　　) you will be late for school.

③ She touched her nose (　　　　　) her hand.　　　　　　　　（高知学芸高）

Look at the doll (　　　　　) blue eyes.

(2) 次のそれぞれ4つの文の(　)内には，3つは共通する単語を入れることができますが，1つは
その単語を入れることができません。共通して入れられる単語をAに，残った1つの単語をBに
書きなさい。　　　　　　　　　　　　　　　　　　　　　　　　　　（東京・共立女子第二高）

① One of my friends has been sick in bed (　　) a week.

We saw a lot of animals, (　　) example, tigers, giraffes, and pandas.

She's going to talk.　Listen (　　) her carefully.

Thank you (　　) the nice present.　I really love that.

　　　　　　　　　　　　　　　　　A (　　　　　)　　　B (　　　　　　　　)

② She arrived (　　) Takao Station in the early morning.

He is (　　) Kyushu, so I sometimes don't understand his words.

All the people were surprised (　　) the news.

My aunt is good (　　) baking cookies.

　　　　　　　　　　　　　　　　　A (　　　　　)　　　B (　　　　　　　　)

③ He stopped the car (　　) front of the hospital.

We were born (　　) 1996 or 1997.

Are you interested (　　) Korean pop music?

There is a world map (　　) the wall of the classroom.

　　　　　　　　　　　　　　　　　A (　　　　　)　　　B (　　　　　　　　)

(3) 次の文の文法的な誤りを抜き出して，正しくなおしなさい。

① Lady Gaga's concert will begin from 6:30 tomorrow evening.　　（京都・立命館高）

誤 (　　　　　　　　　　　　) → 正 (　　　　　　　　　　)

② What did you have to dinner last night?　　　　　　　　　　　（京都・立命館高）

誤 (　　　　　　　　　　　　) → 正 (　　　　　　　　　　)

③ What will you do if it will rain tomorrow?　　　　　　　　　　（愛知・東海高）

誤 (　　　　　　　　　　　　) → 正 (　　　　　　　　　　)

056 〈「で」を表す前置詞の識別〉

次の文の（　　）内に，日本語の「で」に相当する前置詞を答えなさい。 （兵庫・関西学院高等部）

(1) I cut the apple (　　　　　　　) a knife. ［ナイフで切った］

(2) Cheese is made (　　　　　　　) milk. ［ミルクで作られる］

(3) I go to school (　　　　　　) bicycle. ［自転車で登校する］

(4) The church is famous (　　　　　　) its beauty. ［美しさで有名だ］

(5) I will be back (　　　　　　) an hour. ［1時間で戻るよ］

(6) I watched the game (　　　　　　) television. ［テレビで試合を見た］

057 〈that の識別〉

次の(1)・(2)の問いに答えなさい。

(1) 次の文の下線部 that と同じ用法のものを下から1つ選び，記号を○で囲みなさい。（東京・巣鴨高）

They wrote in the records <u>that</u> they left a brass plate to show that they had been there. (注) brass plate 銅版

　ア　I don't want to go <u>that</u> far.

　イ　I know <u>that</u> she is coming to Osaka tomorrow.

　ウ　This is the road <u>that</u> leads to the station.

　エ　<u>That</u> is why he didn't attend the party.

(2) 下線部 that の用法が他と違うものを1つ選び，記号を○で囲みなさい。 （群馬・前橋育英高）

　ア　Although we may think <u>that</u> we can increase fields and use new technologies to produce more grain, there are two big problems.

　イ　Eating meat means <u>that</u> we need a lot of grain to raise these animals, so people in poor countries have less grain to eat.

　ウ　We hear that Japan is one of the countries <u>that</u> wastes a lot of food.

　エ　Second, we should imagine <u>that</u> there are people who have nothing to eat.

　　(注) technology 科学技術　grain 穀物　waste むだにする　imagine 想像する

058 〈同意文への書きかえ〉

各組の2文がほぼ同じ内容を表すように，（　　）内に適当な1語を入れなさい。

(1) I disagree with the idea. （宮城・東北学院榴ケ岡高）

　I'm (　　　　　　) the idea.

(2) He came to the library at two o'clock and left at five. （近畿大附広島高）

　He was in the library (　　　　　　) two to five.

(3) Ken came to Japan at the age of eighteen. （千葉・東海大付望洋高）

　Ken came to Japan (　　　　　　) he was eighteen.

(4) Run fast, or you can't catch the bus. （大阪・プール学院高）

　You can't catch the bus (　　　　　　) you don't run fast.

(5) She didn't say goodbye when she left school.　　　(北海道・函館ラ・サール高)
　　 She left school (　　　　　) (　　　　　) goodbye.

(6) I visited many temples while I was staying in Kyoto.　　　(奈良・帝塚山高)
　　 I visited many temples (　　　　　) my (　　　　　) in Kyoto.

(7) Thank you very much for buying me a birthday present.　　　(高知・土佐塾高)
　　 It is kind (　　　　　) you to buy a birthday present (　　　　　) me.

059 〈整序英作文〉

(　　)内の語(句)を並べかえて，日本文の意味を表す英文にしなさい。ただし，条件のあるものはそれに従うこと。

(1) 英語は世界中で話されているので重要とわかっています。　　　(千葉日本大第一高)
I (because / that / is / know / important / English) it is spoken all over the world.

(2) 雨が降り始めないうちに，ホテルに着いているようにしなさい。(1 語不足)　　　(東京・城北高)
You should (the hotel / begins / at / rain / arrive / it / to).

(3) あと10日で私たちの先生の誕生日です。(1 語不要)　　　(宮城・東北学院高)
We (days / birthday / have / before / after / teacher / of / ten / our / the).

(4) 残念ながら，父は夜遅く帰宅するようです。(1 語不要)　　　(千葉・専修大松戸高)
I'm (night / my father / afraid / home / come / sure / late / at / will).

(5) 図書館では静かにしましょう。　　　(兵庫・武庫川女子大附高)
(quiet / library / in / be / you / you / when / are / a / should).

060 〈英作文〉

次の日本文を英語になおしなさい。

(1) この前の木曜日は大雨で，私たちは外出できなかった。　　　(岡山白陵高)

(2) 待ち合わせは11時動物園の前にしましょう。　　　(佐賀・弘学館高)

(3) 明日は，晴れるといいな。　　　(奈良・帝塚山高)

難 (4) 君が道に迷わないように地図をかいてあげるよ。　　　(大阪星光学院高)

9 名詞・代名詞・冠詞・数量の表し方

061 〈名詞の定義①〉

次の語句が説明している名詞をア～エの中から選び，記号を○で囲みなさい。　　（千葉・東海大付望洋高）

(1) a brother of your father or mother

 ア aunt イ uncle ウ cousin エ grandfather

(2) the first meal of the day

 ア breakfast イ lunch ウ dinner エ restaurant

(3) the hottest season of the year

 ア winter イ spring ウ summer エ beach

(4) a place for the care of sick people

 ア library イ scientist ウ hospital エ doctor

(5) the day of the week after Thursday and before Saturday

 ア Monday イ Tuesday ウ Wednesday エ Friday

(6) a very big animal from Asia and Africa, with a long nose

 ア tiger イ elephant ウ snake エ rabbit

(7) a thing that shows you what time it is

 ア blackboard イ clock ウ window エ glasses

062 〈名詞の定義②〉

次の左の語の説明文の（　　）内に適する1語を，英語のつづりで入れなさい。　　（兵庫・滝川高）

(1) September : the (　　　　　　　) month of the year

(2) sixty minutes: one (　　　　　　　)

(3) a nurse : a person whose job is to take (　　　　　　　) of people who are
      ill or injured

(4) a century : one (　　　　　　　) years

(5) noon   : (　　　　　　　) o'clock

063 〈語形変化〉

次の文の（　　）内に，〔　　〕内の語を適する形に変えて入れなさい。

(1) There were five (　　　　　　　) in the park. 〔child〕 （東京・城北高）

(2) Your camera is newer than (　　　　　　　). 〔we〕 （東京・城北高）

(3) How many (　　　　　　　) do you have in your bag? 〔dictionary〕

                   （大阪・早稲田摂陵高）

(4) A: Can I eat this chocolate, Mom? （千葉・芝浦工業大柏高）

 B: No, it's Bob's.　You can have (　　　　　　　) candies.　〔this〕

064 〈名詞形・複数形・序数・関連語〉

ＣとＤの関係がＡとＢの関係と同じになるように，Ｄの（　　　）内に適語を入れなさい。

	A	B	C	D	
(1)	ill	illness	happy	(　　　　　)	（茨城・江戸川学園取手高）
(2)	run	runner	sail	(　　　　　)	（茨城・江戸川学園取手高）
(3)	live	life	know	(　　　　　)	（茨城・江戸川学園取手高）
(4)	knife	knives	tooth	(　　　　　)	（獨協埼玉高）
(5)	tree	trees	leaf	(　　　　　)	（広島・崇徳高）
(6)	one	first	three	(　　　　　)	（東京・城北高）
(7)	king	queen	gentleman	(　　　　　)	（茨城・江戸川学園取手高）
(8)	Japan	country	volleyball	(　　　　　)	（獨協埼玉高）

頻出 065 〈名詞の定義③〉

次の（　　　）内に適する１語を入れなさい。ただし，（　　　）内に文字が与えられているものは，その文字で始まる語を書くこと。

(1) My favorite subject is (*s*　　　　　　) because I can learn a lot about nature.

（山梨・駿台甲府高）

(2) An (*o*　　　　　　) is a room or building which people work in. （群馬・前橋育英高）

(3) A (*h*　　　　　) is a day when people do not go to work or school.

（埼玉・城西大付川越高）

(4) You can smell things with your (　　　　　　). （北海道・函館ラ・サール高）

(5) The (　　　　　) that is spoken in New Zealand is English. （茨城・茗溪学園高）

(6) The tomato is a (　　　　　), not a fruit. （千葉・芝浦工業大柏高）

(7) Yesterday is "past," today is "now," and (　　　　　) is "future."

（茨城・茗溪学園高）

(8) A monster was chasing me in my (　　　　　), while I was sleeping.

（北海道・函館ラ・サール高）

難 066 〈名詞・代名詞の用法〉

次の文の下線部には誤っている部分がそれぞれ１箇所ずつあります。その部分の記号を○で囲みなさい。

（埼玉・城西大付川越高）

(1) You ア won't find イ many news ウ in today's エ paper.

(2) ア I took me イ more than half ウ an hour to finish エ writing the report.

(3) ア Many of the boys had the イ chance to shake ウ hand with their favorite エ players.

(4) The bag ア which you bought was イ more expensive ウ than エ me.

(5) One of the most important ア thing you have to do イ right now ウ is to エ carry out the plan.

067 〈名詞の選択〉

次の対話文の（　　）内に入れるのに最も適当な語を下から選び，記号で答えなさい。

（神奈川・鎌倉学園高）

(1) A: Where is the post office?

　　B: Sorry, I'm a (　　) here.

　　　ア leader　　　　　イ receiver　　　　　ウ stranger　　　　エ volunteer

(2) A: What's the (　　) of Australia?

　　B: It's Canberra.

　　　ア captain　　　　イ capital　　　　　ウ cause　　　　　　エ catch

(3) A: I'm getting fat.

　　B: You should do (　　) every day to stay healthy.

　　　ア experience　　イ examination　ウ example　　　　　エ exercise

頻出　**068** 〈代名詞・数量を表す語句などの選択〉

次の文の（　　）内に入れるのに最も適当な語（句）を下から選び，記号で答えなさい。

(1) I don't like this T-shirt. Show me (　　). 　　　　　　（京都・立命館高）

　　ア it　　　　　　　イ other　　　　　ウ another　　　　エ one

(2) I have lost my notebook. I must buy (　　) after school. 　（京都・立命館高）

　　ア it　　　　　　　イ this　　　　　ウ that　　　　　エ one

(3) I had read (　　) of the books on the shelf. 　　　（東京・中央大杉並高）

　　ア most　　　　　イ almost　　　　ウ much　　　　エ every

(4) I have two brothers. One is a teacher, and (　　) is a doctor. 　（兵庫・滝川高）

　　ア other　　　　　イ another　　　　ウ the other　　エ others

(5) I'm very happy because I made (　　) mistakes in today's work. （千葉・昭和学院高）

　　ア a little　　　　イ few　　　　　ウ a few　　　　エ little

(6) We've had (　　) rain for two months, so we're short of water. （千葉・専修大松戸高）

　　ア very little　　イ a few　　　　ウ lots of　　　エ very few

(7) She bought a new (　　) of shoes yesterday. 　　　　　（埼玉・栄東高）

　　ア heel　　　　　イ piece　　　　ウ pair　　　　　エ sole

(8) Please give me (　　) of paper. 　　　　　　　　（神奈川・日本大藤沢高）

　　ア a piece　　　　イ many　　　　ウ a few　　　　エ several

(9) The number of fish is very (　　) this year. 　　（茨城・江戸川学園取手高）

　　ア few　　　　　イ little　　　　ウ small　　　　エ scarce

(10) We don't have (　　) food. We've eaten all of it. 　（北海道・札幌光星高図）

　　ア no　　　　　　イ any　　　　　ウ some　　　　エ much

(11) The man has some money, but he doesn't have (　　). 　　（高知・土佐塾高）

　　ア some　　　　　イ any　　　　　ウ many　　　　エ much

069 〈同意文への書きかえ〉

各組の2文がほぼ同じ内容を表すように，（　　　）内に適当な1語を入れなさい。

(1) Amy Myers is one of my friends.　　　　　　　　　　　　　　（大阪・東海大付仰星高）

　　Amy Myers is a friend (　　　　　　) (　　　　　　).

(2) What are you going to do next Saturday?　　　　　　　　　（宮城・東北学院榴ケ岡高）

　　What's your (　　　　　　) for next Saturday?

(3) Time is the most important thing.　　　　　　　　　　　　（東京・國學院大久我山高）

　　Time is more important than (　　　　　　) else.

(4) He could not speak English very well.　　　　　　　　　　　　（兵庫・三田学園高）

　　He was not a very (　　　　　　) (　　　　　　) of English.

(5) We worked for thirty minutes.　　　　　　　　　　　　　　　（山梨学院大附高）

　　We worked for (　　　　　　) an hour.

(6) I didn't eat anything last night.　　　　　　　　　　　　　　（埼玉・大妻嵐山高）

　　I ate (　　　　　　) last night.

(7) All the children in my family like the Hanshin Tigers.　　　　（奈良・帝塚山高）

　　Every (　　　　　　) in my family (　　　　　　) the Hanshin Tigers.

(8) Yukiko is my father's sister.　　　　　　　　　　　　　　　（山梨学院大附高）

　　Yukiko is my (　　　　　　).

070 〈補充英作文〉

次の日本文の意味を表すように，（　　　）内に適当な1語を入れなさい。

(1) 鈴木先生が私たちの学校長です。　　　　　　　　　　　　　　　（東京・駒澤大高）

　　Mr. Suzuki is (　　　　　　) principal of our school.

(2) 私にもう少し紅茶をください。　　　　　　　　　　　　　　　　（兵庫・滝川高）

　　Please give me (　　　　　　) (　　　　　　) tea.

(3) 私が9歳になったときメガネをかけ始めた。　　　　　　　　　　　（東京・駒澤大高）

　　When I became 9 years old, I began to wear (　　　　　　).

(4) 2，3時間で戻ってくるよ。　　　　　　　　　　　　　　　　　（茨城・茗溪学園高）

　　I'll be back in (　　　　　　) (　　　　　　) hours.

071 〈英作文〉

次の日本文を英語になおしなさい。

(1) コーヒーをもう1杯いただけませんか。　　　　　　　　　　　　（高知・土佐高）

_____

(2) この川にはほとんど水がない。（7語で）　　　　　　　　　（千葉・昭和学院秀英高）

_____

10 文構造といろいろな文

▶解答→別冊 *p.28*

072 〈SVC・SVOC の適語(句)選択〉

次の文の（　　）内に入れるのに最も適当な語(句)を下から選び，記号で答えなさい。

(1) She looked (　　) after seeing the movie.　　　　　　　　　　　　　　（神奈川・日本大藤沢高）

　　ア sadness　　　　イ sad　　　　　　ウ sadly　　　　エ sudden

(2) I got home very late.　That (　　) my mother angry.　　　　　　　　（埼玉・大妻嵐山高）

　　ア went　　　　　イ was　　　　　　ウ did　　　　　エ made

(3) Her smile always makes (　　).　　　　　　　　　　　　　　　　（北海道・札幌光星高）

　　ア we happy　　　イ happy we　　　ウ happy us　　　エ us happy

(4) He tried to make the party (　　).　　　　　　　　　　　　　　（東京農業大第一高）

　　ア excite　　　　　イ exciting　　　ウ to excite　　　エ excited

(5) The story he told us yesterday (　　) very strange.　　　　　　　　（東京・錦城高）

　　ア thought　　　　イ heard　　　　　ウ looked　　　エ sounded

(6) That movie star (　　) very cool, when he played that person.

　　　　　　　　　　　　　　　　　　　　　　　　　　　　　　（北海道・函館ラ・サール高）

　　ア watched　　　　イ viewed　　　　ウ saw　　　　エ looked

073 〈動詞の選択〉

次の各文の（　　）内に適する語を右から選び，記号で答えなさい。ただし，同じ語を2度使ってはいけません。　　　　　　　　　　　　　　　　　　　　　　　　　　　　　　　（千葉・昭和学院高）

(1) You (　　) happy today.　What happened?

(2) You must (　　) your room clean.

(3) You will (　　) a lot of friends in this school.

(4) Can you (　　) me to the station?

┌─────────────────────┐
│ ア take　　イ look　　│
│ ウ tell　　エ make　　│
│ オ keep　　　　　　　│
└─────────────────────┘

074 〈文構造の選択〉

次の下線部の文と同じ文構造〔文型〕のものを選び，記号を○で囲みなさい。　　　（大阪・関西大第一高）

Two years ago, my wife happened to see a cat on the Internet. She was perfectly round and cute.　She became a member of our family and <u>we named her Melon</u>.

　　ア I gave him money.

　　イ She lived in Osaka ten years ago.

　　ウ He is the best baseball player.

　　エ I heard English from him.

　　オ My friends call me Tom.

075 〈疑問詞・付加疑問・命令文・感嘆文の適語(句)選択〉

次の文の( )内に入れるのに最も適当な語(句)を下から選び，記号で答えなさい。

(1) ( ) did she go there last night?　　　　　　　　　　(東京・明治大付明治高)

　　ア　What　　　　　　イ　Who　　　　　　ウ　Where　　　　　エ　Why

(2) ( ) do you want to talk to?　　　　　　　　　　　　(埼玉・栄東高)

　　ア　When　　　　　　イ　Why　　　　　　ウ　Where　　　　　エ　Who

(3) ( ) is the distance from here to the station?　　　　　　(東京・錦城高)

　　ア　How　　　　　　イ　What　　　　　　ウ　Which　　　　　エ　Where

(4) I have two pens. ( ) one do you want to use?　　　　(山梨・駿台甲府高)

　　ア　How　　　　　　イ　Why　　　　　　ウ　Who　　　　　　エ　Which

(5) How ( ) can we get to Nagoya? — In about an hour.　　(東京・明治大付明治高)

　　ア　long　　　　　　イ　much　　　　　　ウ　soon　　　　　エ　often

(6) This song is very popular among young people, ( )?　　(兵庫・滝川高)

　　ア　does it　　　　　イ　doesn't it　　　　ウ　is it　　　　　エ　isn't it

(7) Be quiet here, ( ) you?　　　　　　　　　　　　　(埼玉・大妻嵐山高)

　　ア　aren't　　　　　イ　don't　　　　　　ウ　won't　　　　　エ　shall

(8) There's some juice on the table, ( )?　　　　　　　(千葉・専修大松戸高)

　　ア　isn't it　　　　　イ　is there　　　　　ウ　is it　　　　　エ　isn't there

(9) This book wasn't written by Mr. Yamada, ( ) it?　　(兵庫・東洋大附姫路高)

　　ア　wasn't　　　　　イ　was　　　　　　ウ　didn't　　　　　エ　did

(10) Dad, can I go to Jill's house? I left my bag there.　　　　(高知・土佐女子高)

　　— OK, but it'll be dark soon. ( ) careful.

　　ア　You　　　　　　イ　You are　　　　　ウ　Be　　　　　　エ　To be

(11) ( ) afraid of trying something new.　　　　　　　　(岡山白陵高改)

　　ア　Not be　　　　　イ　Don't be　　　　　ウ　Don't　　　　　エ　Not

(12) ( ) you can play the piano!　　　　　　　　　　　　(埼玉・栄東高)

　　ア　How good　　　　　　　　　　イ　How well

　　ウ　What good　　　　　　　　　　エ　What a good pianist

076 〈対話文の適語補充〉

次の対話文の( )内に最も適当な1語を入れなさい。　　　　　　　　(高知学芸高)

(1) A: How ( ) do you have dinner at the restaurant?

　　B: Well, once or twice a month.

(2) A: Jim ( ) a student at that school, is he?

　　B: Yes, he is.

(3) A: Tom, ( ) be late again.

　　B: No, I won't.

077 〈対話文の完成〉

次の____に適する英語を入れて，対話文を完成させなさい。 (長崎・青雲高)

Bob: I went to Central Park yesterday.

Tom: _____?

Bob: By bus.

Tom: _____?

Bob: About an hour. It was really far.

頻出 078 〈整序英作文〉

（　　）内の語(句)を並べかえて，日本文の意味を表す英文にしなさい。ただし，条件のあるものはそれに従うこと。

(1) 病院への道を教えてください。 (千葉・昭和学院高)

Will (the / the / way / hospital / you / tell / me / to)?

_____

(2) 私たちはそのネコにマーガレットと名付けたが，短くしてメグと呼んでいる。(1 語不足)

(福岡・西南学院高)

We (Margaret / Meg / named / her / but / the cat) for short.

_____

(3) 彼はいつもこの部屋をきれいにしている。 (長崎・青雲高)

(always / clean / his / is / kept / room).

_____

(4) なんて美しい花をその少女は持っているのでしょう。 (千葉・専修大松戸高)

(beautiful / the / flower / a / girl / what / has)!

_____

(5) 私の父はいつも私に早起きは大切だと言います。

My father (that / is / me / tells / getting up / important / always / early).

_____

(6) この本は彼を世界で有名にするだろう。 (静岡学園高)

(the world / him / make / will / famous / this book / in).

_____

(7) 私はグリーンさんが金持ちだと知りました。(1 語不要) (埼玉・大妻嵐山高)

(a / Mr. Green / man / I / that / found / rich).

_____

難 (8) 目を閉じて横になっていたら気分がよくなった。 (千葉・昭和学院秀英高)

(better / closed / me / lying / my / feel / made / with / eyes).

_____

079 〈同意文への書きかえ〉

各組の2文がほぼ同じ内容を表すように，（　　）内に適当な1語を入れなさい。

(1) Mr. Yamada was our teacher of English.　　　　　　　　　（兵庫・滝川高）

Mr. Yamada (　　　　　　) (　　　　　　) English.

(2) His house has seven rooms.　　　　　　　　　　　　　　（京都・立命館高）

(　　　　　) (　　　　　　) seven rooms (　　　　　) his house.

(3) What a good tennis player Ken is!　　　　　　　　　　　（東京・本郷高）

How (　　　　　) Ken (　　　　　　) tennis!

(4) Keiko made me cookies.　　　　　　　　　　　　　　（千葉・昭和学院高）

Keiko made cookies (　　　　　) (　　　　　).

(5) What are you saving so much money for?　　　　　　（大阪・清風南海高）

(　　　　　) are you saving so much money?

(6) Why was she so happy?　　　　　　　　　　　　　　　（長崎・青雲高）

(　　　　) (　　　　　　) her so happy?

(7) You will get better if you take this medicine.　　　　　（高知・土佐塾高）

This medicine will (　　　　　) (　　　　　　) better.

難 (8) Who can succeed in life without working hard?　　（福岡・久留米大附設高）

(　　　　　　) can succeed in life without working hard.

080 〈補充英作文〉

次の日本文の意味を表すように，（　　）内に適当な1語を入れなさい。

(1) あなたの高校生活はどのようになるでしょうか。　　　　　（大阪・開明高）

(　　　　　) will your high school life be (　　　　　)?

(2) トムとメアリーは先週，大阪へ行きましたよね。　　　　（高知・土佐塾高）

Tom and Mary went to Osaka last week, (　　　　　) (　　　　　)?

(3) あれはなんて古い家なのでしょう！　　　　　　　　　　（茨城高）

(　　　　　) (　　　　　　) old house that is!

081 〈英作文〉

次の日本文を英語になおしなさい。

(1) 私が上手に泳げるのをあなたに見せましょう。

_____

(2) 京都にはたくさんの美しい場所があります。（7語で）　（茨城・江戸川学園取手高）

_____

(3) この動物は英語で何と言いますか。　　　　　　　　　（兵庫・三田学園高）

_____

11 仮定法

▶解答→別冊 *p.31*

082 〈適語選択〉

次の文の(　　)内に入れるのに最も適当な語(句)を下から選び，記号で答えなさい。

(1) If I (　　) enough money, I would travel all over the world.

ア have　　　　イ had　　　　ウ was　　　　エ were

(2) I wish I (　　) to the concert with you.

ア go　　　　イ have　　　　ウ could　　　　エ could go

(3) If I (　　) her name, I would invite her to the party.

ア know　　　　イ knew　　　　ウ known　　　　エ have known

(4) Do you know the answer to this question? — Sorry, I wish (　　).

ア I know　　　　イ I knew　　　　ウ I don't　　　　エ I didn't

083 〈補充英作文〉

次の日本文の意味を表すように，(　　)内に適当な1語を入れなさい。

(1) もし私があなたなら，そんなことは言わないだろうに。

If I (　　　　　) you, I (　　　　　　　) say such a thing.

(2) デイビッドはもっと朝早くに家を出れば，交通渋滞にあわずにすむのに。

If David (　　　　　) home earlier, he (　　　　　) be caught in traffic.

(3) タイムマシーンがあれば，マリは平安時代に戻るだろう。

If (　　　　　) were a time machine, Mari (　　　　　) (　　　　　) back
to the Heian Period.

(4) 明日雨が降ったら，家で1日テレビを見て過ごすつもりです。

If it (　　　　　) tomorrow, I (　　　　　) spend the day watching TV
at home.

(5) エミリーがもう少しゆっくり話してくれればいいのに。

I (　　　　　) Emily (　　　　　) more slowly.

(6) 私は疲れました。明日のテストのために勉強する必要がなければいいのに。

I'm so tired. I wish I (　　　　　) (　　　　　) to study for the test
tomorrow.

(7) もし大金を持っていれば，ジョンは事業を始めるでしょう。

John (　　　　　) start a business if he (　　　　　) a lot of money.

難 (8) 世界のどこにでも行けるとしたら，どの国を選びますか。—そうですねぇ…。私はフィンランド
に行くでしょう。

If you (　　　　　) go anywhere in the world, which country would you
pick? — Let me see .... (　　　　　) pick Finland.

(9) もし私がトムの立場にいたなら，おそらくその場から逃げ出すでしょう。

If I (　　　　　) in Tom's place, I (　　　　　) probably run away from
the spot.

084 〈整序英作文〉

(　　)内の語(句)を並べかえて，日本文の意味を表す英文にしなさい。ただし，条件のあるものはそれに従うこと。

(1) もっと時間があれば，あなたたちと昼食をとることができるのに。

(time / had / if / I / more)，I could have lunch with you.

_____

(2) あなたの大好きな俳優が目の前に現れたら，かなり驚きますよね。

If your favorite actor turned up in front of you, (be / you / surprised / would / quite)，right?

_____

(3) もしあなたが世界を変える力を持っていれば，何をしますか。

What would you do (the power / if / change / you / had / the world / to)?

_____

(4) 私に夕食を作ってくれるロボットがあればいいのになあ。(1語不要)

(wish / dinner / a robot / had / if / I / that / would / make / I) for me.

_____

(5) もっと長くここにいられるといいのに。

(longer / stay / I / here / wish / could / I).

_____

085 〈同意文への書きかえ〉

各組の英文がほぼ同じ内容を表すように，(　　)内に適当な1語を入れなさい。

(1) Because I am busy now, I cannot go to the movies with you.

If I (　　　　　) busy now, I (　　　　　) (　　　　　) to the movies with you.

難 (2) I miss you.

I (　　　　　) you (　　　　　) here.

(3) Lisa doesn't have a car, so she can't pick you up.

Lisa (　　　　　) (　　　　　) you up if she (　　　　　) a car.

086 〈英作文〉

次の日本文を英語になおしなさい。ただし，条件のあるものはそれに従うこと。

(1) 私があなたの声と同じくらい美しい声を持っていればいいのに。

_____

(2) もし私が鳥ならば，世界中を飛び回るでしょう。

_____

(3) 子供の頃に戻りたいなあ。(wish を使って)

_____

12 作文問題

▶解答→別冊 p.32

087 〈表を使った条件作文〉

あなたは，アメリカから来た留学生に，学校の図書館について紹介することになりました。①～⑤の項目・内容から3つ選び，下に示された書き出しに続けて，それぞれ5語以上の英文を書き，紹介文を完成させなさい。数や時刻は算用数字で書いてもよい。なお，符号（．，／？など）は語数に含めない。

(富山第一高)

項　　目	内　　容
① 図書館にある本の数	約25,000冊
② 閉館時間	午後5時
③ 返却について	1週間後に本を返すこと
④ 禁止されていること	友達と話をすること
⑤ その他	放課後，勉強してもよい

I'm going to talk about the school library.

1. _____

2. _____

3. _____

Do you have any other questions?

088 〈スピーチ原稿を使った条件作文〉

次のスピーチ原稿はオーストラリアからの留学生であるラサリット君の英文を和訳したものです。原稿を読んで，ラサリット君になったつもりで，空所にふさわしい内容を6語以上の英文で書きなさい。

(北海道・函館ラ・サール高)

【スピーチ原稿】

　私の名前はラサリットです。オーストラリアのシドニーからやってきました。家族は父，母，妹の4人家族です。実は今回日本に来たのは2回目で，1回目の来日は3年前で，シドニーにいる家族といっしょに来ました。その時は東京にいる友達のタカシ君の家を訪れました。①＿＿＿＿＿＿。それが本当に楽しい思い出として，今でも心に残っています。

　今回は6か月と長い期間の滞在になるため，心配していることがいくつかあります。例えば，②＿＿＿＿＿＿。しかし，一方で，この滞在を通じて日本について様々なことを学びたいと思います。例えば，③＿＿＿＿＿＿。短い期間ですが，これからどうぞよろしくお願いします。

　ありがとうございました。

① _____

② _____

③ _____

新傾向 089 〈対話文中の補充英作文〉

次の対話中の空所①〜④に入れるのに適切な内容を，7〜15語の英語で書きなさい。カンマやピリオド等の記号は語数に含めません。 (愛知・東海高改)

Teacher:　What do you think of TV?

Student A: I like watching TV because ＿＿＿①＿＿＿ .

Student B: I think there is a problem with watching TV too much.　When you watch TV too much, ＿＿＿②＿＿＿ .　I prefer doing sports and going out with friends.

Teacher:　What do you think of homework?

Student A: I think teachers give us homework because ＿＿＿③＿＿＿ .

Student B: That may be so, but if we have too much homework, ＿＿＿④＿＿＿ .

① ＿＿＿＿＿＿＿＿＿＿＿＿＿＿＿＿＿＿＿＿＿＿＿＿＿＿＿＿＿＿＿＿＿＿＿＿＿＿

② ＿＿＿＿＿＿＿＿＿＿＿＿＿＿＿＿＿＿＿＿＿＿＿＿＿＿＿＿＿＿＿＿＿＿＿＿＿＿

③ ＿＿＿＿＿＿＿＿＿＿＿＿＿＿＿＿＿＿＿＿＿＿＿＿＿＿＿＿＿＿＿＿＿＿＿＿＿＿

④ ＿＿＿＿＿＿＿＿＿＿＿＿＿＿＿＿＿＿＿＿＿＿＿＿＿＿＿＿＿＿＿＿＿＿＿＿＿＿

090 〈絵を使った条件作文〉

次の2枚の絵は，次郎(Jiro)のある日の出来事を表したものである。場面Aから場面Bに続くこの2枚の絵を見て，それぞれの場面を説明する適当な英文を，次の〔注意〕に従って書きなさい。 (香川県)

〔注意〕

① 場面Aから場面Bに続くストーリーになるように書くこと。

② 場面A，場面Bの説明は，それぞれ2文で書き，各場面の1文目については，与えられた語句に続けて書くこと。

③ 英文1文の語数は，与えられた語句を除いて5語以上とし，ピリオド，コンマなどの符号は語として数えない。

場面A　　　　場面B

場面A　Jiro's mother ＿＿＿＿＿＿＿＿＿＿＿＿＿＿＿＿＿＿＿＿＿＿＿ .

＿＿＿＿＿＿＿＿＿＿＿＿＿＿＿＿＿＿＿＿＿＿＿＿＿＿＿＿＿＿＿＿＿＿＿＿ .

場面B　Jiro ＿＿＿＿＿＿＿＿＿＿＿＿＿＿＿＿＿＿＿＿＿＿＿＿＿＿＿＿＿＿ .

＿＿＿＿＿＿＿＿＿＿＿＿＿＿＿＿＿＿＿＿＿＿＿＿＿＿＿＿＿＿＿＿＿＿＿＿＿＿

091 〈和文英訳①〉

次の日本文の下線部を，英語になおしなさい。

(1) A: 春休みには何か計画があるの。　　　　　　　　　　　　　　　　　　（佐賀・東明館高）

B: うん。①家族でハワイに行くつもりなんだ。ずっと楽しみにしていた旅行なんだ。君は。

A: まだ決めてないけど。②冬休みは入試に向けて毎日勉強しなければいけなかったから，春休みは僕もどこかに行ってみたいな。

B: そうだね。

① _____

② _____

(2) ①私たちの国は，これまで車やカメラやその他多くの物を売ってきました。しかし，日本という国の知識は世界の人々の間ではそれほど広まってはいないのです。②きっと世界の人々が日本にとても興味を持っていて，日本をもっと知りたがっていると思います。だから，私たちはもっと世界に向かって情報を発信しなければいけないのです。　　　　　　（大阪・清風南海高）

① _____

② _____

_____

092 〈長文中の条件作文〉 （頻出）

次の英文は，イソップ物語として有名な『アリとキリギリス』 "The Ants and the Grasshopper" です。抜けている ☐ の部分に，指示に従って２つの英文を書き，物語を完成させなさい。１つの英文はそれぞれ10語以上20語以内とします。また，次の語群にある英単語を必ず全体で１度は使いなさい。ただし，記号（ . , ? ! ）は１語として数えません。　　　　　　（兵庫・関西学院高等部改）

〈語群：hungry / visited / asked〉

In summer, while the ants were working very hard to collect their food for winter, the grasshopper said to the ants, "Why don't you have a good time and enjoy your life?" The ants answered, "When winter comes, we will not have much food. So we have to work hard before winter comes."

At last winter came.

The ants didn't open the door of their home. They did not give any food to the grasshopper. So he collapsed because he was too hungry. He should have worked like the ants to prepare for winter, but it was too late. It is important to prepare for hard times.

093 〈電子メールの条件作文〉

次の２つの電子メールの内容が自然な流れになるように，空所１・２にそれぞれ10語以内の適切な英語を入れなさい。ただし，句読点などの符号は語数に数えない。 (広島大附高)

To:	The Manager, Green Hotel, West Lake
From:	Lucy Morton
Subject:	Lost property

Dear Sir,
Last weekend I stayed in Room 133 at your hotel for three nights from Friday to Monday. I think I left a book on the table next to the bed. I borrowed it from my teacher. (1   )
Thank you.
Lucy Morton.

（注）manager 支配人　Lucy Morton ルーシー・モートン（人名）　subject 件名
　　　lost property 遺失物

To:	Lucy Morton
From:	W. Fisher
Subject:	Lost property

Dear Ms Morton,
We think we have found the book. Is it called *American History*? Can you come and get it, or (2   )
Yours sincerely,
W. Fisher
Manager
Green Hotel

（注）W. Fisher W. フィッシャー（人名）　　Yours sincerely 敬具

1 _____

2 _____

094 〈和文英訳②〉

次の日本文を英語になおしなさい。

(1) 世界中を旅することが，自分探しのただ１つの方法ではないと思う。 (智辯学園和歌山高)

_____

(2) ロンドンの冬はずいぶん寒いので通学時の手袋は必需品らしいよ。 (智辯学園和歌山高)

_____

(3) だれでも自分の考えを持っているが，それを人に理解してもらうのは難しい。 (大阪星光学院高)

_____

095 〈対話文の条件作文〉

次の絵を参考にして，次の会話文が自然な流れになるように，空所に10語程度の英文を入れなさい。
文の数はいくつでもかまいません。 (千葉・芝浦工業大柏高)

Amy: Hello, Lucy.

You: Hi, Amy.

Amy: Are you free tomorrow?

You: Well yes, but why?

Amy: I'm going to see a movie with Ken
      and Bob. Can you come with us?

You: Thank you for inviting me, but [   ]

Amy: Oh, that's too bad. Take care. I hope you'll get well soon.

You: Thanks a lot. Bye.

Amy: Bye.

096 〈テーマのある自由作文〉

次の(1)〜(3)の問いに答えなさい。

(1) あなたが好きな季節は何か。その理由も含めて25語程度の英語で書きなさい。ただし，2文また
    は3文で書き，コンマやピリオドなどは語数に含めないこと。 (奈良県)

(2) あなたは，高校入学後に何を一番したいですか。その理由とともに30語程度の英語で書きなさい。
    最後に使用した語数を算用数字で(   )内に書きなさい。 (愛知・東海高)

                                                                    (   ) words

(3) 日本の文化を知らない外国人を念頭に置いて，「こたつ」(kotatsu)について40語程度の英語で
    説明しなさい。なお，解答の末尾には使用した語数を記すこと。
      必要があれば，次の語句を参考にしなさい。 (東京・お茶の水女子大附高)
      a heater「暖房器具」

097 〈英問英答の自由作文〉

次の(1)〜(4)の問いに答えなさい。

(1) 次の質問に対するあなたの考えを，20語前後の英語で書きなさい。　　　　　　（佐賀・東明館高）

What is the most important thing to improve your English ability?

_____

_____

(2) 次の英語の質問に対する答えを，理由も含めて40語程度の英語で書きなさい。ただし，「.」「,」「?」
「!」などは語数に含めない。また，語数を記入しなさい。　　　　　　　　　　（大阪星光学院高）

What do you think is the best season to travel in Japan?

_____

_____

_____

_____　語数〔　　　語〕

(3) 次の問いに40語以上60語以内の英語で答えなさい。なお，総語数も記入すること。ただし，単語
1つを1語と数え，ピリオドなどの記号は語数に含まない。　　　　　　　　　　（京都女子高）

When did you help somebody? What did you do then?

_____

_____

_____

_____　総語数〔　　　語〕

(4) 次の指示に従って設問に答えなさい。使用した語数も書くこと。　　　　　　（鹿児島・ラ・サール高）

Write a paragraph to answer this question in 50-60 words.

***Do you think students should be given homework in long
vacations? Why or why not?***

Your paragraph must have four parts:

1． The first sentence must give your opinion on this topic with:
   I think ... or *I don't think ....*
2． The second sentence must give one reason saying why you think so.
3． Next, give an example or examples to support your reason.
4． Finally, write an ending using: *So, ...*

_____

_____

_____

_____　〔　　**words**〕

13 単語・重要語句

▶解答→別冊 *p.38*

---

098 〈単語の定義①〉

次の英文で定義される単語を下の語群から選び，記号で答えなさい。　　　　　　（千葉・昭和学院高）

(1) a person who is trained to take care of sick or old people　　　　　　　（　　　）

(2) father's or mother's sister　　　　　　　　　　　　　　　　　　　　　　（　　　）

(3) liked more than others of the same kind　　　　　　　　　　　　　　　（　　　）

(4) always telling the truth　　　　　　　　　　　　　　　　　　　　　　　（　　　）

> ア　beautiful　　イ　earth　　ウ　nurse　　エ　aunt
> オ　uncle　　カ　honest　　キ　favorite

---

099 〈同音異義語①〉

次の対話の（　　）内には同じ発音でつづりが異なる語が入る。①～⑤に入る語を下から選び，記号で
答えなさい。　　　　　　　　　　　　　　　　　　　　　　　　　　　　　（福岡・西南学院高）

(1) "We should tell (　　　) teacher about the problem."

　　"Oh, I talked with him about it for an (①　　　) yesterday."

(2) "I (②　　　) nothing last night.　Let's have something."

　　"OK.　The restaurant opens at (　　　)."

(3) "Do you know your left (③　　　) is red?"

　　"Really?　(　　　) will check it later."

(4) "Your team (④　　　) the game yesterday."

　　"Yeah.　That was (　　　) of the most exciting games this year."

(5) "What animal has the longest (　　　) in the zoo?"

　　"Everyone (⑤　　　) that."

> ア　ate　　イ　by　　ウ　write　　エ　eye　　オ　won
> カ　bye　　キ　two　　ク　know　　ケ　peace　　コ　knows
> サ　eight　　シ　I　　ス　one　　セ　too　　ソ　nose
> タ　right　　チ　our　　ツ　piece　　テ　hour　　ト　no

---

100 〈適語補充①〉

次の文の（　　）内に，与えられた文字で始まる適語を入れなさい。　　　　（大阪・東海大付仰星高）

(1) Apples, peaches, and bananas are all (*f*　　　　　), not vegetables.

(2) I have to be at the (*a*　　　　　) at seven o'clock to fly to London.

(3) Are you (*r*　　　　　) to go?　Hurry up or we will miss the train.

(4) When you see a new word and you don't know the meaning, you should check
　　it in a (*d*　　　　　).

101 〈単語の意味とつづり〉

次のクロスワードについて，(1)・(2)の問いに答えなさい。　　　　　　　　　(千葉・日本大習志野高)

(1)　ヨコのカギ を参考にして次のクロスワードを完成させるとき，1 〜 4 に入る文字を，下の
　　{ 　　}内から選びなさい。

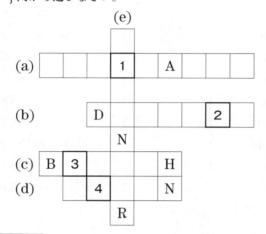

ヨコのカギ

(a)　a plant such as a bean, carrot, or potato

(b)　an illness or unhealthy condition of the body or mind

(c)　a part of a tree that has leaves or fruit

(d)　a large area of salt water

　　　{ A　C　E　I　L　R　S　T　Y　Z }

　　1 (　　　　　) 2 (　　　　　) 3 (　　　　　) 4 (　　　　　)

(2)　縦の列 (e) の説明として正しいものを，ア〜エの中から1つ選び，記号を○で囲みなさい。

　ア　someone who trains people or animals

　イ　someone who has just started to do or learn something

　ウ　someone who paints pictures

　エ　someone who supports a particular person, group, or plan

頻出 102 〈共通語補充①〉

次の各組の(　　)内に入る共通の語を書きなさい。　　　　　　　　　　　(福岡・西南学院高)

(1)　We have known each (　　　) since last year.

　　This is the only way to do it. I can't do it any (　　　) way.

(2)　I saw the movie yesterday but I couldn't laugh at (　　　).

　　It rained (　　　) day yesterday.

(3)　We heard the (　　　) of many animals at the zoo.

　　"How about going to the museum tomorrow?" "That (　　　) interesting."

(4)　I (　　　) my bicycle key in the room so I had to hurry back.

　　Excuse me, driver. Please turn (　　　) there.

　　(1) (　　　　　)　(2) (　　　　　)　(3) (　　　　　)　(4) (　　　　　)

103 〈関連語〉

ＣとＤの関係がＡとＢの関係と同じになるように，Ｄの（　　　）内に適語を入れなさい。ただし，(1)は与えられた文字で始まる語を書くこと。

	A	B	C	D	
(1)	remember	forget	buy	(s　　　　)	(北海道・札幌光星高)
(2)	difference	different	death	(　　　　)	(北海道・函館ラ・サール高)
(3)	blue	blew	right	(　　　　)	(大阪・履正社高)
(4)	good	bad	rich	(　　　　)	(大阪・履正社高)
(5)	danger	dangerous	peace	(　　　　)	(獨協埼玉高)
(6)	small	large	cheap	(　　　　)	(広島・崇徳高)
(7)	happy	unhappy	possible	(　　　　)	(北海道・函館ラ・サール高)
(8)	plane	airport	train	(　　　　)	(広島・崇徳高)
(9)	cloud	cloudy	fun	(　　　　)	(獨協埼玉高)

104 〈適語選択〉

次の日本文を参考にして，各文の（　　　）に入れるのに最も適当なものをア～エから選び，記号で答えなさい。 (愛知・滝高)

(1) 最近彼から手紙をもらった？　Have you (　　　) from him recently?
　　ア got　　　　　イ written　　　　ウ listened　　　　エ heard

(2) パソコンが作動しないんだ。　My PC doesn't (　　　).
　　ア work　　　　イ move　　　　ウ go　　　　エ play

(3) 辞書を引けば，その単語の意味がわかります。
　　Your dictionary (　　　) you what the word means.
　　ア teaches　　　イ tells　　　　ウ gives　　　　エ makes

105 〈単語の定義②〉

[　]内の定義に当てはまる英語1語を，（　　　）内に入れて意味の通る英文にしなさい。ただし，指定された文字で始まる語を書くこと。 (東京・明治大付中野高)

(1) We should recycle (e　　　　　) cans to reduce waste.
　　[having nothing inside]

(2) He (s　　　　　) the bottle well to mix the salad dressing before he opened it.
　　[move quickly from side to side or up and down]

(3) Take this (m　　　　　) twice a day, and you'll get well in a few days.
　　[pills or special drinks that you take when you are ill]

(4) Go (s　　　　　) along this street two blocks, and you'll find the post office on your right.
　　[in a line or direction that is not curved]

(5) The (p　　　　　) went into the deep mountains to take pictures of the Iriomote wild cat.
　　[a person who takes pictures as a job]

106 〈適語補充②〉

次の日本文の意味を表すように, (　　)内に適当な1語を入れなさい。　　　　　　(広島大附高)

(1) おばはコンピューター会社で働いているので, コンピューターにくわしい。

My aunt works at a computer company and she (　　　　　) a lot about computers.

(2) パーティーはとても楽しかった。

We had a lot of (　　　　　) at the party.

(3) ジャック(Jack)はその問題について考えたが, 何もひらめかなかった。

Jack thought about the problem, but he didn't have any (　　　　　).

(4) 君に話したいことがあるんだ。

I have something to (　　　　　) you.

(5) 今のうちにコンサートのチケットを手に入れておかないと, もう取れなくなるよ。

You should get tickets for the concert before it's too (　　　　　).

(6) あと数日は天気が持ってくれるとありがたいのだが。

I (　　　　　) there will be no rain for the next few days.

(7) メアリー(Mary)がオーストラリアに行く計画を立てているとみんなが言っているけれど, 今向こうは夏だと知っているのかな。

I (　　　　　) Mary is planning to visit Australia, but does she know it is summer there now?

(8) 車を売ろうと思っているのですが, 買う気はありませんか。

I'm thinking of selling my car. Would you be (　　　　　) in buying it?

(9) この本では健康の重要性に関しては一切触れられていない。

This book (　　　　　) nothing about the importance of good health.

(10) 私の家の向かい側に銀行があります。

There is a bank (　　　　　) the street from my house.

107 〈同音異義語②〉

次の各組の文で, 下線部の語と同じ発音の語を(　　)内に入れ, 意味が通じる英文を完成させなさい。

(智弁学園和歌山高)

(1) I <u>threw</u> a ball to the wall.

The plane flew (　　　　　) the clouds.

(2) Our car was going along the <u>road</u>.

We (　　　　　) to the lake in a bus.

(3) There is a <u>piece</u> of cake on the table.

I love the (　　　　　) and quiet of my hometown.

(4) It's already <u>past</u> midnight.

Five years have (　　　　　) since we got married.

(5) We walked ten kilometers in <u>one</u> day.

Mary (　　　　　) first prize in the speech contest last year.

108 〈熟語の完成〉

次の文の( )内に入れるのに最も適当な語(句)を下から選び，記号で答えなさい。

(1) My brother was sick in bed, so I ( ) after him.　　　　　(北海道・函館ラ・サール高)

　　ア helped　　　イ looked　　　ウ took　　　エ went

(2) He ( ) his mind to be an actor.　　　　　(埼玉・栄東高)

　　ア looked up　　イ showed up　　ウ stayed up　　エ made up

(3) Meg is pretty ( ) than beautiful.　　　　　(愛知・中京大附中京高)

　　ア rather　　　イ more　　　ウ not　　　エ better

(4) What time will this train ( ) Chiba?　　　　　(千葉・専修大松戸高)

　　ア come　　　イ get to　　　ウ reach at　　　エ arrive

(5) How ( ) going on a picnic with me?　　　　　(埼玉・栄東高)

　　ア do you　　イ about　　　ウ to　　　エ will you

(6) Who will take ( ) of your dog during your trip to Hokkaido?　(山梨・駿台甲府高)

　　ア food　　　イ care　　　ウ job　　　エ way

(7) She was afraid ( ) in the hotel alone.　　　　　(東京農業大第一高)

　　ア to staying　　イ for staying　　ウ of staying　　エ on staying

(8) Can you help ( )?　　　　　(兵庫・滝川高)

　　ア my homework　　　　　イ doing my homework

　　ウ me homework　　　　　エ me with my homework

(9) I can't wait ( ) my grandmother this summer.　　　　　(高知・土佐塾高)

　　ア see　　　イ saw　　　ウ to see　　　エ seeing

(10) I'm looking forward ( ) you again.　　　　　(三重・高田高)

　　ア seeing　　　イ to seeing　　ウ to see　　エ see

(11) Do you prefer tea ( ) coffee?　　　　　(東京・錦城高)

　　ア than　　　イ from　　　ウ for　　　エ to

(12) Yuta stayed up late last night. That's ( ) he was late for school today.

　　　　　　　　　　　　　　　　　　　　　　　　　　(愛知・中京大附中京高)

　　ア which　　　イ when　　　ウ why　　　エ where

(13) Everybody knows that the sun ( ) the east.　　　　　(東京・本郷高)

　　ア rises from　　イ rises in　　ウ raises from　　エ raises in

(14) The news of his accident was greatly ( ) to us.　　　　　(東京・本郷高)

　　ア surprising　　イ to surprise　　ウ surprise　　エ surprised

(15) I don't think she will eat ( ) a fish.　　　　　(高知・土佐塾高)

　　ア such　　　イ so　　　ウ no　　　エ same

(16) ( ) your help, I managed to finish the work in time.　　　　　(愛媛・愛光高)

　　ア On behalf of　イ Because　　ウ Thanks with　　エ Thanks to

(17) I liked the photo book ( ) much that I carried it with me all the time.

　　　　　　　　　　　　　　　　　　　　　　　　　　(広島・比治山女子高)

　　ア such　　　イ so　　　ウ too　　　エ very

109 〈共通語補充②〉

次の各組の(　　)内に入る共通の語を書きなさい。　　　　　　　　　　　　　　　　（京都・立命館高）

(1) My father knows (　　　) American society and tells me a lot.

　　How (　　　) going to his party tonight?

(2) Turn (　　　), and you will find the post office.

　　Is this the (　　　) bus for Kyoto Station?

(3) My father is a (　　　) doctor than I.

　　He likes English (　　　) than history.

(4) It is necessary for you to get (　　　) school before 8 o'clock.

　　Thanks (　　　) his help, I could finish my homework.

(5) My family visited many places (　　　) we were in America.

　　He was watching TV in his room for a (　　　).

(1) (　　　　　　　) (2) (　　　　　　　) (3) (　　　　　　　) (4) (　　　　　　　)

(5) (　　　　　　　)

110 〈補充英作文〉

次の日本文の意味を表すように，(　　)内に適当な1語を入れなさい。

(1) 彼はコンテストに参加しましたが，満足のいく結果では決してなかった。　　（神奈川・桐光学園高）

　　He (　　　　　　　) part in the contest, but the result was far (　　　　　　　)

　　satisfactory.

(2) 彼は自分の娘が自慢だった。　　　　　　　　　　　　　　　　　　　　　（近畿大附広島高）

　　He was (　　　　　　　) (　　　　　　　) his daughter.

(3) 喫煙は体によくありません。　　　　　　　　　　　　　　　　　　　　　（近畿大附広島高）

　　Smoking is not (　　　　　　　) (　　　　　　　) your health.

(4) ところで，彼はだれですか。　　　　　　　　　　　　　　　　　　　　　（近畿大附広島高）

　　(　　　　　　　) the (　　　　　　　), who is he?

(5) ここは地図のどこか，教えてくれませんか。　　　　　　　　　　　　　　（広島大附高）

　　Excuse me, but where (　　　　　　　) (　　　　　　　) on the map?

(6) 寝る前に明かりを消すのを忘れないように。　　　　　　　　　　　　　　（茨城・茗溪学園高）

　　Don't forget to (　　　　　　　) the light (　　　　　　　) before you go to bed.

(7) ジャズはもう聴きたいとは思わない。　　　　　　　　　　　　　　　　　（神奈川・桐光学園高）

　　I never feel (　　　　　　　) listening to jazz (　　　　　　　) more.

(8) 私たちの町では，アメリカではなく中国からの観光客が多い。　　　　　　（高知・土佐塾高）

　　In our city a lot of visitors come (　　　　　　　) from America (　　　　　　　)

　　from China.

(9) あなたはテニスが上手だそうですね。　　　　　　　　　　　　　　　　　（大阪・開明高）

　　(　　　　　　　) (　　　　　　　) you are a good tennis player.

(10) 私の古い車がついに壊れました。　　　　　　　　　　　　　　　　　　　（神奈川・桐光学園高）

　　My old car (　　　　　　　) down in the (　　　　　　　).

◆頻出 **111** 〈熟語の言いかえ〉

各組の２文がほぼ同じ内容を表すように，（　　）内に適当な１語を入れなさい。

(1) Some of my friends didn't come to the meeting. (千葉日本大第一高)
Some of my friends were (　　　　　) (　　　　　) the meeting.

(2) Her house stands behind our school. (高知・土佐女子高)
Our school stands (　　　　　) (　　　　　) of her house.

(3) The glass is full of orange juice. (神奈川・鎌倉学園高)
The glass is (　　　　　) with orange juice.

(4) Hiroshi plays basketball well. (兵庫・甲南高)
Hiroshi is good (　　　　　) (　　　　　) basketball.

(5) I enjoyed myself very much at the party. (京都・立命館高)
I had a very (　　　　　) (　　　　　) at the party.

(6) The mother smiled at her baby and her baby smiled at the mother too. (熊本・真和高)
The mother and her baby smiled at (　　　　　) (　　　　　).

(7) As soon as I got an e-mail from her, I went to see her. (東京・城北高)
(　　　　　) getting an e-mail from her, I went to see her.

(8) Tom can't swim. Nancy can't swim, either. (東京・京華高)
(　　　　　) Tom (　　　　　) Nancy can swim.

(9) He went abroad for the first time when he was eighteen. (愛媛・愛光高)
He went abroad for the first time (　　　　　) the (　　　　　) of eighteen.

(10) Your answer is very different from mine. (奈良・帝塚山高)
There is a great (　　　　　) (　　　　　) your answer and mine.

(11) My computer doesn't work well. (熊本・真和高)
Something is (　　　　　) (　　　　　) my computer.

(12) While Lisa was coming home from school, she saw a strange car. (福岡・西南学院高)
Lisa saw a strange car (　　　　　) her (　　　　　) home from school.

(13) Aya and Keiko are in the volleyball club. (茨城・茗溪学園高)
Aya and Keiko (　　　　　) (　　　　　) the volleyball club.

(14) Most people in this area were not in the least interested in preserving nature. (兵庫・灘高)
Most people in this area had no interest (　　　　　) (　　　　　) in preserving nature.

(15) Because the lady was very kind, I remembered my dead mother. (東京・城北高)
The lady's kindness (　　　　　) me of my dead mother.

(16) Both Brian and Mary are happy. (愛知・中京大附高)
(　　　　　) (　　　　　) Brian (　　　　　) (　　　　　) Mary is happy.

(17) I couldn't arrive on time because of the heavy rain. (東京・城北高)
The heavy rain kept me (　　　　　) (　　　　　) on time.

112 〈整序英作文〉

（　　）内の語（句）を並べかえて，日本文の意味を表す英文にしなさい。ただし，条件のあるものはそれに従うこと。

(1) このバスに乗れば動物園に行けますよ。　　　　　　　　　　　　　　　　（大阪・関西大第一高）

(take / the zoo / this bus / to / will / you).

(2) 私は始発のバスに間に合うように早起きしました。　　　　　　　　　（北海道・函館ラ・サール高）

I got up (catch / early / to / order / in) the first bus.

(3) ナンシーは9月に日本からアメリカに向かった。　　　　　　　　　　（茨城・常総学院高）

Nancy (Japan / left / in / for / September / America).

(4) どうかしましたか。　　　　　　　　　　　　　　　　　　　　　　　（千葉・昭和学院高）

Is (with / wrong / there / you / anything)?

(5) 鎌倉は美しいお寺があることで有名だ。（1語不足）　　　　　　　（東京・國學院大久我山高）

(is / its / Kamakura / temples / famous / beautiful).

(6) 私にもう少しアドバイスをしていただけませんか。（1語（句）不要）　　（千葉・専修大松戸高）

(mind / do / giving / me / more / some / to give / advice / you)?

(7) 兄か私のどちらかがスーパーに買い物に行かなくてはならない。（1語不要）　（千葉・専修大松戸高）

(must / shopping / either / my brother / or / to / go / at / I) the supermarket.

(8) 父が到着したら，すぐにそのことをたずねるつもりです。（1語不足）　（東京・國學院大久我山高）

I will (arrives / as / he / about / as / my father / ask / it).

(9) まもなく彼は現れた。（1語不足）　　　　　　　　　　　　　　　　（東京・錦城高）

It (not / he / before / appeared / was).

(10) 彼女は私の質問に答えられなかった。（1語不要）　　　　　　　　　（東京・駒澤大高）

She (question / not / my / made / no / answer / to).

(11) 僕は急いで走って駅に着き最終列車に間に合った。（1語不要）　　　（東京・駒澤大高）

I ran fast (the station / to / on / time / for / and / in / got) the last train.

(12) 【難】あの老人を見るといつも祖父を思い出す。　　　　　　　　　　　　（埼玉・栄東高）

(without / man / cannot / of / that / my grandfather / see / thinking / old / I).

113 〈母音の発音①〉

下線部の発音が左の語と同じものを，ア～エから１つずつ選び，記号を○で囲みなさい。

（東京・富士見丘高）

(1) r**oa**d　　　ア th**ou**ght　　　イ **o**ver　　　ウ sh**o**rt　　　エ w**ar**m
(2) en**ou**gh　　ア b**ou**ght　　　イ m**o**ney　　　ウ t**ow**n　　　エ b**o**x
(3) h**ear**t　　　ア h**ear**d　　　イ c**ar**d　　　ウ t**ur**n　　　エ g**ir**l

114 〈母音の発音②〉

下線部の発音が左の語とは異なるものを，ア～エから１つずつ選び，記号を○で囲みなさい。

（埼玉・聖望学園高）

(1) r**oo**f　　　ア t**oo**k　　　イ t**oo**l　　　ウ c**oo**l　　　エ f**oo**d
(2) str**a**nger　ア p**ai**n　　　イ s**igh**t　　　ウ sp**a**ce　　　エ t**a**ste
(3) gr**a**ss　　ア c**ou**sin　　イ h**a**bit　　　ウ b**a**th　　　エ **a**ccident
(4) incr**ea**se　ア **e**vening　　イ f**ie**ld　　　ウ s**ea**son　　エ w**ea**ther
(5) w**ar**　　　ア st**or**m　　　イ n**or**th　　　ウ f**ar**m　　　エ f**or**

115 〈子音の発音〉

下線部の発音が左の語と同じものを，ア～エから１つずつ選び，記号を○で囲みなさい。

(1) **ch**emistry　ア **ch**icken　　イ stoma**ch**　　ウ ma**ch**ine　　エ **ch**oice
(2) **th**ough　　ア **th**rough　　イ ei**th**er　　　ウ no**th**ing　　エ **th**ought
(3) u**s**eful　　ア pre**s**ident　イ wi**s**e　　　ウ advi**s**e　　エ wor**s**e

（以上埼玉・西武学園文理高）

(4) smoo**th**　　ア you**th**　　イ wea**th**er　　ウ **th**umb　　エ tee**th**

（埼玉・栄東高）

(5) clo**s**ely　　ア pie**c**e　　イ cou**s**in　　ウ clo**th**e　　エ u**s**ually

（東京・錦城高）

(6) enou**gh**　　ア hi**gh**　　イ thou**gh**t　　ウ lea**f**　　エ ei**gh**t

（東京・戸板女子高）

(7) **s**ea　　　ア mu**s**ic　　イ **s**ide　　　ウ new**s**　　エ vi**s**it

（大阪・相愛高）

116 〈-(e)s や -(e)d の発音①〉

次の各組で，下線部の発音が他の３語と異なる１語を選び，記号を○で囲みなさい。

(1) ア boxe**s**　　イ buse**s**　　ウ goe**s**　　エ watche**s**　　（福島・日本大学東北高）
(2) ア cook**ed**　　イ help**ed**　　ウ lik**ed**　　エ wait**ed**　　（埼玉・城西大付川越高）
(3) ア believ**ed**　イ hop**ed**　　ウ look**ed**　　エ push**ed**　　（福岡・久留米大附設高）

117 〈-(e)s や -(e)d の発音②〉

下線部の発音が左の語と同じものを，ア～エから1つずつ選び，記号を○で囲みなさい。

(1) desks　　　ア classes　　イ cups　　　ウ chairs　　エ tables

(千葉・昭和学院高)

(2) laughed　　ア listened　イ studied　ウ wanted　エ thanked

(愛知・東邦高)

(3) names　　　ア trees　　　イ bats　　　ウ desks　　エ shops

(埼玉・栄東高)

(4) asked　　　ア reached　イ needed　ウ started　エ opened

(大阪・相愛高)

118 〈黙字〉

次の10語のうち，下線部を発音しない語の数を答えなさい。　　(東京・獨協高)

island　　　　　design　　　question　　　half　　　system

handkerchief　　comb　　　knife　　　　castle　　hour　　　　（　　）

119 〈いろいろな発音①〉

下線部の発音が文中の語の下線部と同じものを，それぞれア～エから1つずつ選び，記号を○で囲みなさい。　　(高知・土佐女子高)

(1) Taku is very popular among young girls.

　　ア come　　　　イ open　　　　ウ tonight　　エ along

(2) Eriko decided to study English in the U.K.

　　ア kitchen　　イ climb　　　ウ machine　　エ continue

(3) I saw you in the park yesterday.

　　ア know　　　イ low　　　　ウ boat　　　エ draw

(4) The weather will be fine this afternoon.

　　ア great　　　イ dead　　　ウ break　　エ mean

(5) A young man talked to me at the station.

　　ア finished　イ called　　ウ opened　　エ started

120 〈いろいろな発音②〉

次の各組で，下線部の発音が3つとも同じ場合には○を，3つとも異なる場合には×を，1つだけ異なる場合にはその記号を書きなさい。　　(東京・堀越高)

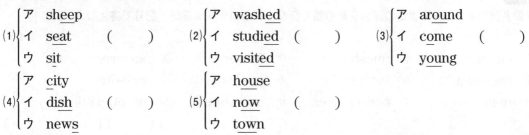

(1) ア sheep
　　イ seat　　（　　）
　　ウ sit

(2) ア washed
　　イ studied　（　　）
　　ウ visited

(3) ア around
　　イ come　　（　　）
　　ウ young

(4) ア city
　　イ dish　　（　　）
　　ウ news

(5) ア house
　　イ now　　（　　）
　　ウ town

121 〈過去形の発音〉

次の英文の下線部の単語は，時の表し方が間違っている。正しい形にした場合に，最後の音が他のどれとも異なるものが３つある。その３つを番号で答えなさい。　　　　　　　　（福岡・久留米大附設高）

1．I pick up a piece of money on the street yesterday.

2．He flies from Tokyo to Fukuoka three days ago.

3．She shakes hands with Tom when she met him for the first time.

4．Tom watches TV the day before yesterday.

5．I remember I catch butterflies in my childhood.

6．I pass the exam when I was a student.

7．I like him once.

8．The students stop talking as soon as the teacher came in.

9．Yesterday I refuse to do what I was told to do.

10．I miss the bus since I overslept.

　　　　　　　　　　　　　　　　　　　　　　　　（　　　）（　　　）（　　　）

122 〈単語の発音〉

次の各組で，下線部の発音が同じものを４つ選び，番号順に答えなさい。　　（埼玉・慶應義塾志木高）

1．Alex took a boat at Kobe for Singapore.

　　My father bought me a digital camera for my birthday.

2．The scene of the movie is set in New York in the 1950s.

　　A thief was seen breaking into the house yesterday.

3．There is a big hole in the bucket.

　　He has been sick in bed for a whole week.

4．Not much is known about the fish.

　　What she's wearing doesn't match her hair.

5．The ship is now 100 miles away off the coast.

　　Drinking and driving can cost you your life.

6．The children sat still through the concert last night.

　　Mrs. Robinson threw her clothes on the bed as soon as she entered the room.

7．Robert often read to his children when he came home from work.

　　The leaves of the tree turn red in early autumn.

　　　　　　　　　　　　　　（　　　）（　　　）（　　　）（　　　）

123 〈アクセント①〉

次の各語の中から，２番目の部分を最も強く発音するものを５つ選び，記号で答えなさい。

　　　　　　　　　　　　　　　　　　　　　　　　　　　　　（東京・堀越高）

ア en-joy	イ fin-ish	ウ for-get	エ an-swer
オ ques-tion	カ in-vite	キ ten-nis	ク chil-dren
ケ re-mem-ber	コ news-pa-per	サ im-por-tant	シ in-for-ma-tion

　　　　　　　　　　　　　　（　　　）（　　　）（　　　）（　　　）

124 〈アクセント②〉

次の(1)〜(5)の単語と最も強く発音する部分が同じものを，ア〜エから１つずつ選び，記号を○で囲みなさい。

(奈良・天理高)

(1)　com-put-er
　　ア　cam-er-a　　　イ　char-ac-ter　　　ウ　dif-fi-cult　　　エ　Sep-tem-ber
(2)　dan-ger-ous
　　ア　Aus-tra-lia　　イ　beau-ti-ful　　　ウ　con-tin-ue　　　エ　per-form-ance
(3)　in-ter-est-ing
　　ア　ex-pe-ri-ence　イ　in-for-ma-tion　ウ　tra-di-tion-al　エ　u-su-al-ly
(4)　vol-un-teer
　　ア　af-ter-noon　　イ　con-ven-ient　　ウ　grand-moth-er　エ　news-pa-per
(5)　won-der-ful
　　ア　an-oth-er　　　イ　en-gi-neer　　　ウ　fa-vor-ite　　　エ　im-por-tant

125 〈アクセント③〉

次の各組で，最も強く発音する部分の位置が他の３つと異なるものを，ア〜エから１つずつ選び，記号を○で囲みなさい。

(北海道・函館ラ・サール高)

(1)　ア　energy　　　　イ　umbrella　　　ウ　photograph　　エ　calendar
(2)　ア　beautiful　　　イ　scientist　　　ウ　delicious　　　エ　elephant
(3)　ア　hamburger　　イ　volunteer　　　ウ　violin　　　　エ　referee
(4)　ア　decide　　　　イ　guitar　　　　ウ　advice　　　　エ　river

126 〈発音とアクセント①〉

次の(1)〜(4)の単語の最も強く発音する母音と同じ発音を含む語を，ア〜エから１つずつ選び，記号を○で囲みなさい。

(熊本・真和高)

(1)　Australia　ア　almost　　　イ　Canada　　　ウ　communication　エ　program
(2)　enough　　ア　animal　　　イ　country　　　ウ　guitar　　　　エ　popular
(3)　Internet　ア　delicious　　イ　Japanese　　ウ　together　　　エ　volunteer
(4)　language　ア　example　　イ　thousand　　ウ　weather　　　エ　wonderful

127 〈発音とアクセント②〉

次の各組で，最も強く読む母音の発音が他の３つと異なるものを，ア〜エから１つずつ選び，記号を○で囲みなさい。

(神奈川・桐光学園高)

(1)　ア　appeal　　　　イ　already　　　ウ　breakfast　　エ　weapon
(2)　ア　action　　　　イ　instant　　　ウ　magic　　　　エ　practice
(3)　ア　hundred　　　イ　number　　　ウ　summer　　　エ　success
(4)　ア　delicious　　　イ　different　　　ウ　electric　　　エ　Internet
(5)　ア　airplane　　　イ　careful　　　ウ　career　　　　エ　prepare

15 リスニング

▶解答→別冊 p.45

注意　128〜141番の問題は音声を聞きながら問題を解いてください。

128 🎧 〈英文を聞いて絵を選ぶ問題〉

これから読まれる英文を聞いて，メアリーが買った品物を表している絵をア〜カの中から3つ選び，記号で答えなさい。英文は2回読まれます。

（福岡・西南女学院高）

（　　　）（　　　）（　　　）

頻出 129 🎧 〈短い対話を聞いて質問に対する応答を選ぶ問題〉

男女の会話が1回ずつ読まれます。その会話についての次の質問の答えとして最も適切なものをそれぞれ1つずつ選び，記号を○で囲みなさい。

（神奈川・法政大第二高）

(1) What will they do next?
　　ア　Wait for 30 minutes.　　　　　イ　Walk to the station.
　　ウ　Take the next bus.　　　　　　エ　Go by train.

(2) What does the man mean?
　　ア　He doesn't want to buy ice cream.
　　イ　She should buy some ice cream for kids.
　　ウ　Ice cream is too expensive for kids.
　　エ　He doesn't have enough money to buy ice cream.

(3) Who made a mistake?
　　ア　The man.　　　　　　　　　　イ　The woman.
　　ウ　Tomoko.　　　　　　　　　　エ　Steve Brown.

⑷ What did the woman do?
　ア　She found a cup.　　　　イ　She drank coffee.
　ウ　She bought a new cup.　　エ　She broke a cup.

130 〈英語の説明を聞いて単語を答える問題〉
これから読まれる英語を聞いて，説明されている語を1語で書きなさい。英語はそれぞれ1回ずつ読まれます。
(東京・明治大付明治高)

⑴ (　　　　　　　)　⑵ (　　　　　　　)　⑶ (　　　　　　　)
⑷ (　　　　　　　)　⑸ (　　　　　　　)

131 〈英語を聞いて絵や絵の順序を選ぶ問題〉
これから読まれる英文を聞いて，そのあとの質問に対する最も適切な答えを1〜4の中から選び，番号で答えなさい。英文は1度しか読まれません。
(茨城・茗溪学園高)

⑴

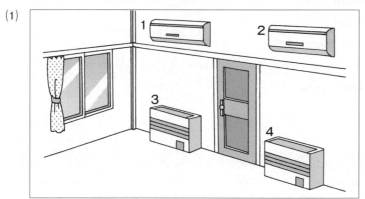

（　　　）

⑵　ア　　　　　　　　イ　　　　　　　　ウ　　　　　　　　エ

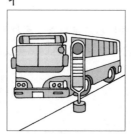  

1　ア→エ→ウ→イ　　2　ア→イ→ウ→エ
3　エ→ウ→イ→ア　　4　エ→イ→ウ→ア
（　　　）

⑶　1　　　　　　　　2　　　　　　　　3　　　　　　　　4

（　　　）

頻出 132 🎧〈対話の最後の応答を選ぶ問題〉

２人の会話を聞き，その最後の文に対する応答として最も適切なものをア～ウの中から１つずつ選び，記号を○で囲みなさい。会話は１回だけ読まれます。　　　　　　　　　　　　　　（千葉日本大第一高）

(1)　ア　No problem.　Let's go this weekend.

　　イ　That sounds perfect.

　　ウ　Sure!　I don't have to go out until later tonight.

(2)　ア　I like France better.

　　イ　France is my favorite city.

　　ウ　I like most countries.

(3)　ア　Sure, no problem.　Have fun!

　　イ　I'm sorry, but Saturday will be no problem.

　　ウ　No, thanks.　I'm not really interested.

(4)　ア　Thank you.　I'll lend you mine.

　　イ　OK, I'll borrow it.　Thank you.

　　ウ　Really?　Can I lend yours?

(5)　ア　I'm going there next Wednesday.

　　イ　I often go there.

　　ウ　About five or six times a year.

133 🎧〈対話を聞いて地図中の位置を選ぶ問題〉

次の地図の☆の場所で，道を探している人に声をかけられました。それぞれの行き先として最も適切なものを地図中の a～e の中から１つずつ選び，記号で答えなさい。英文は１回だけ読まれます。

（東京・日本大櫻丘高）

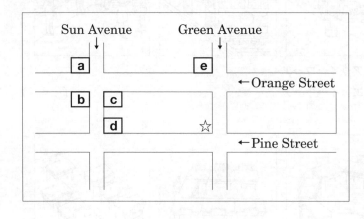

(1)　（　　　）

(2)　（　　　）

134 🎧〈ディクテーション〉

読まれる英文を聞いて，下線部①・②・③を書き取りなさい。なお，英文は３回繰り返して読まれます。

（大阪星光学院高）

　Why do you study English? Some people think that they will have more chances to get good jobs if they are good at English. Others study the language ＿＿＿＿＿①＿＿＿＿＿ all over the world. In any case, ＿＿＿＿＿②＿＿＿＿＿. You have to keep on studying English ＿＿＿＿＿③＿＿＿＿＿.

① ＿＿

② ＿＿

③ ＿＿

135 🎧〈図表についての対話を聞いて答える問題〉

マイクと花子が次の図表（**Figure**）について会話をしています。その会話を聞き，下の問いに答えなさい。なお，会話は２回読まれます。

（愛知・滝高）

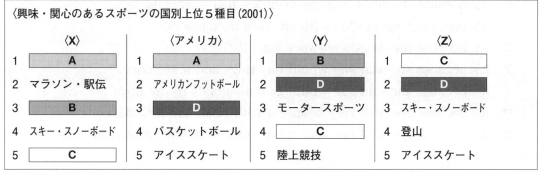

〈興味・関心のあるスポーツの国別上位５種目（2001）〉

〈**X**〉	〈アメリカ〉	〈**Y**〉	〈**Z**〉
1　**A**	1　**A**	1　**B**	1　**C**
2　マラソン・駅伝	2　アメリカンフットボール	2　**D**	2　**D**
3　**B**	3　**D**	3　モータースポーツ	3　スキー・スノーボード
4　スキー・スノーボード	4　バスケットボール	4　**C**	4　登山
5　**C**	5　アイススケート	5　陸上競技	5　アイススケート

参考資料：高橋徹「日本人の価値観・世界ランキング」

(1)　〈**X**〉—〈**Y**〉—〈**Z**〉に入る国の組み合わせとして正しいものをア～エの中から１つ選び，記号を○で囲みなさい。

　　ア　日本—フランス—イギリス　　　　　イ　日本—イギリス—フランス

　　ウ　フランス—日本—イギリス　　　　　エ　イギリス—日本—フランス

(2)　⬚**C**⬚ に入るものをア～エの中から１つ選び，記号を○で囲みなさい。

　　ア　テニス　　　　　イ　サッカー　　　　　ウ　水泳　　　　　エ　バレーボール

(3)　⬛**D**⬛ に入るものをア～エの中から１つ選び，記号を○で囲みなさい。

　　ア　テニス　　　　　イ　サッカー　　　　　ウ　水泳　　　　　エ　バレーボール

(4)　会話の内容と一致する英文をア～エの中から１つ選び，記号を○で囲みなさい。

　　ア　Baseball is the most popular sport in the world.

　　イ　Both soccer and American football are popular in America.

　　ウ　Mike can swim well, but he doesn't like swimming.

　　エ　Hanako and Mike are sad because volleyball isn't so popular in these countries.

頻出 136 🎧 〈英文と質問を聞いて答えを選ぶ問題〉

読まれる英文とその内容に関する５つの質問を聞き，その質問に対する答えとして最も適切なものを
ア～エから１つずつ選び，記号を○で囲みなさい。英文と質問は２回読まれます。（東京・中央大杉並高）

(1) ア　They were looking at the diamonds.
　　イ　They were looking at a queen.
　　ウ　They were looking at their mother and her friend.
　　エ　They were looking at flowers and trees.

(2) ア　They thought the most beautiful women were both their mother and her
　　　　friend.
　　イ　They thought the most beautiful woman was their mother's friend.
　　ウ　They thought the most beautiful woman was the queen in their country.
　　エ　They thought the most beautiful woman was their mother.

(3) ア　She wore a white dress.
　　イ　She wore some diamonds.
　　ウ　She wore rings and a necklace.
　　エ　She wore a dress like a queen.

(4) ア　It's because his mother wore diamonds.
　　イ　It's because the rings and the necklace had diamonds.
　　ウ　It's because their mother's friend wore no diamonds.
　　エ　It's because the rings were very big.

(5) ア　It's because she said she would buy rings and a necklace.
　　イ　It's because she said she would give diamonds to the boys.
　　ウ　It's because she was very beautiful with rings and a necklace.
　　エ　It's because she said her sons were more important than diamonds.

難 137 🎧 〈英文と質問を聞いて数を答える問題〉

英文が読まれたあとに，その話の内容に関して５つの質問が読まれます。答えは英単語ではなく，算
用数字を書きなさい。英文と質問は２回読まれます。　　　　　　　　　　　　　　　　（愛知・東海高）

(1) (　　　　　)　　(2) (　　　　　)　　(3) (　　　　　)

(4) (　　　　　)　　(5) (　　　　　)

138 🎧 〈英文と質問を聞いて答えを完成させる問題〉

まず，英文が読まれ，次にその内容について英語で４つ質問をします。質問の答えとなるように，次
の文の(　　)内に適切な英語や数字を書きなさい。英文と質問は２回読まれます。　（東京・成城学園高）

(1) They live (　　　　　) (　　　　　).
(2) (　　　　　) (　　　　　) o'clock.
(3) (　　　　　), they (　　　　　).
(4) He saw (　　　　　) (　　　　　) of Mr. Brown.

139 🎧 〈英文を聞いて内容に合うものを選んだり，日本語を補ったりする問題〉

これから読まれる英文について，次の問いに答えなさい。英文は2回読まれます。　　　(東京・桐朋高)

(1) Mary(メアリー)の婚約者について，正しいものを2つ選び，記号を○で囲みなさい。

　　ア　He buys his friends expensive meals.
　　イ　He likes to spend money for himself.
　　ウ　He is a tall and good-looking man.
　　エ　He lives in an apartment by himself.
　　オ　He is a very good pingpong player.
　　カ　He is good at guessing, like Sherlock Holmes.

(2) Diana(ダイアナ)はなぜMaryの婚約者について推理することができたのですか。その答えとなるように，次の文の空所にそれぞれ10字程度の日本語を補いなさい。

　　ダイアナは①(　　　　　　　　　　　　　　　　　　　　)ことがあって，
　　②(　　　　　　　　　　　　　　　　　　　)をもらったことがあったから。

140 🎧 〈英文を聞いて日本語のメモを完成する問題〉

英文を聞いて，メモの空所①～④に適切な数字や日本語を入れて，メモを完成させなさい。

(福岡大学附大濠高)

```
【メモ】
●マサルは(①　　　　　　　　　　　)年ぶりに，北海道を訪れた。
●故郷の川で，マサルとその姉は昔，(②　　　　　　　　　　　　)を楽しんだ。
●北海道は(③　　　　　　　　　　　)ので，マサルは思い切り，外で遊ぶことができた。
●マサルの姉は北海道の(④　　　　　　　　　　)校で教師をしている。
```

141 🎧 〈英語のスピーチを聞いて英語のメモを完成する問題〉

You're going to hear a boy giving a speech to his class.　Listen to the speech and complete the missing information in his speech notes.

(鹿児島・ラ・サール高)

My Speech Notes

1. Conkers is a game played in (　　　　　).
2. A conker is a (　　　　　) nut from a tree.
3. You keep it in a (　　　　　) place until it goes hard.
4. You (　　　　　) a shoestring through it.
5. You challenge your friends to a conker (　　　　　).
6. The winner is the person who (　　　　　) the other person's nut.
7. My conker has won (　　　　　) times.

142 〈適語選択〉

次の文の（　　）内に入れるのに最も適当な語（句）をア～エの中から選び，記号で答えなさい。

(1) （　　） the matter? You look pale.　　　　　　　　　　　　　　　　　　（東京・郁文館高）

　　ア　How　　　　　　イ　How's　　　　　　ウ　What　　　　　　エ　What's

(2) A: Hey, how about eating lunch at this restaurant?　　　　　　　　　　　　（奈良・帝塚山高）

　　B: OK, （　　） not?

　　ア　if　　　　　　　イ　can　　　　　　　ウ　why　　　　　　エ　sure

(3) A: I left my dictionary at home. Could I borrow yours?　　　　　　　　（神奈川・鎌倉学園高）

　　B: Sure, go （　　）.

　　ア　ahead　　　　　イ　enough　　　　　ウ　along　　　　　エ　far

(4) A: Can I have a glass of water, please?　　　　　　　　　　　　　　　　　（埼玉・栄東高）

　　B: （　　）, I'll get it for you.

　　ア　Sure　　　　　　イ　I'm sorry　　　　ウ　No thanks　　　エ　That's too bad

頻出 143 〈適文選択①〉

次の（　　）内に入れるのに最も適当な文をア～エの中から選び，記号で答えなさい。

(1) A: I'm going to Hokkaido this summer.　　　　　　　　　　　　　　　　（奈良・帝塚山高）

　　B: （　　） That's great!

　　ア　Have you?　　　イ　Do you?　　　　ウ　Are you?　　　エ　Don't you?

(2) A: I'm sorry I'm late.　　　　　　　　　　　　　　　　　　　　　　　　（埼玉・栄東高）

　　B: （　　） Please take your seat.

　　ア　That's great.　　イ　That's all right.　　ウ　Good for you.　　エ　Good idea.

(3) A: I don't feel well today. I have a headache.　　　　　　　　　　　　（千葉・昭和学院高）

　　B: （　　） Why don't you go home?

　　ア　Please help yourself.　　　　　　　イ　That's too bad.

　　ウ　Take it easy.　　　　　　　　　　　エ　I'm glad to hear that.

(4) A: Excuse me. Could you tell me the way to Kochi Station?　　　　　（高知・土佐女子高）

　　B: I'm sorry. （　　）

　　ア　I couldn't yesterday.　　　　　　　イ　I'm a stranger here.

　　ウ　You can tell me.　　　　　　　　　エ　I'll do my best.

(5) A: Are you busy this weekend?　　　　　　　　　　　　　　　　　　　（兵庫・滝川高）

　　B: （　　）

　　A: That's good. We are planning to go swimming. Why don't you come with us?

　　B: Sure. Sounds fun.

　　ア　Not really.　　イ　That's all right.　　ウ　That's great.　　エ　Not yet.

144 〈適語補充〉

次の日本文の意味を表すように，（　　）内に適当な1語を入れなさい。ただし，最初の1字は指定してあります。 (神奈川・鎌倉学園高)

(1) お茶のおかわりはいかがですか。
　　Would you like (a　　　　　) cup of tea?
(2) 足元に気をつけなさい。
　　(W　　　　　) your step.
(3) お先にどうぞ。私は次にそれを使いますから。
　　(A　　　　　) you. I'll use it next.
(4) 彼のメールに返信しましたか。
　　Did you (a　　　　　) his e-mail?
(5) それを試着してもいいですか。
　　Can I (t　　　　　) it on?

145 〈対話文の適語補充〉

次の対話文の（　　）内に最も適当な1語を入れなさい。

(1) A: May I (　　　　　) you? (以下，群馬・前橋育英高)
　　B: Yes. I'm looking for baby clothes.
(2) A: Excuse me. How (　　　　　) is this hat?
　　B: It's 30 dollars.
(3) A: Hello. This is Tom. May I speak to John?
　　B: I'm sorry, but he's not here now. Shall I (　　　　　) a message?
(4) A: Can I use your pencil?
　　B: No (　　　　　). Here you are.
(5) A: Thank you very much. (以下，山梨学院大附高)
　　B: Not (　　　　　) all.
(6) A: I want to see him.
　　B: So (　　　　　) I.
(7) A: My father went skiing last Wednesday.
　　B: Oh, (　　　　　) he?
(8) A: Ken's idea is very good.
　　B: I think (　　　　　), too.
(9) A: Let's go fishing tomorrow. (以下，高知学芸高)
　　B: No, let's (　　　　　).
(10) A: Sign your name here.
　　B: All (　　　　　).
(11) A: Do you need my help?
　　B: No, (　　　　　) you. I can do it myself.

146 〈場面の選択〉

次のそれぞれの会話が行われている場面として最も適切なものを下のア〜クから１つずつ選び，記号で答えなさい。　　　　　　　　　　　　　　　（茨城・東洋大附牛久高）

(1) A: Wait here. I'll go and buy our tickets.
　　B: Hurry up. We have only three minutes.　　　　　　　　　（　　）

(2) A: Is there anything wrong, sir?
　　B: I locked myself out of my room.　　　　　　　　　　　　（　　）

(3) A: Oh, I forgot my pencil. Can I borrow yours?
　　B: Sure. Here you are.　　　　　　　　　　　　　　　　　（　　）

> ア in a car 　　　イ at a hotel 　　ウ in the sea 　　エ in a park
> オ in a classroom 　カ on a train 　キ at a station 　ク at a store

147 〈文の並べかえ〉

次の(1)・(2)について，１〜４の（　　）内にA〜Dを並べかえて入れて会話を完成させるとき，最も適切な組み合わせをア〜エの中から１つずつ選び，記号を○で囲みなさい。　（千葉・東海大付浦安高）

(1) Tom:　　　　　　May I speak to Kenji, please?
　　Kenji's mother: （　　1　　）
　　Tom:　　　　　　（　　2　　）
　　Kenji's mother: （　　3　　）
　　Tom:　　　　　　（　　4　　）
　　Kenji's mother: Thank you for calling.

> A. Would you like to leave a message?
> B. Sorry, he is out now. Who's calling?
> C. No, thank you. I'll call back later.
> D. This is Tom speaking. I'm his classmate.

ア A—B—C—D 　イ A—C—B—D 　ウ B—D—A—C 　エ C—A—D—B

(2) Jiro: I'd like to go to Paris from London. （　　1　　）
　　Mike: You should take an express train or an airplane. （　　2　　）
　　Jiro: （　　3　　）
　　Mike: （　　4　　）
　　Jiro: Thank you very much.

> A. How do I get there?
> B. I see. How long does it take from here?
> C. I think the express is the best. The airport is far from the hotel.
> D. It takes about three hours. You must reserve your seat first.

ア A—B—C—D 　イ A—C—B—D 　ウ B—D—A—C 　エ C—A—D—B

148 〈適文選択②〉

次の会話文の①〜③の空所に入る最も適切な文を，下のア〜コから１つずつ選び，記号で答えなさい。

（東京・中央大杉並高）

(1)　A: Thank you for coming to our party tonight.

　　B: (①　　　　　　　)

　　A: Would you like something to drink?

(2)　A: Tom, Mike, and I are going to the Chinese restaurant tonight.

　　　Can you come with us?

　　B: I'm afraid I can't.　I have to do my homework.

　　A: (②　　　　　　　)　Study hard, then.　We can go there next time.

(3)　A: What's wrong with you?

　　B: I didn't do well on the test.　I don't know what to do.

　　A: (③　　　　　　　)　I think he will help you.

```
ア  It's my pleasure.            イ  Why don't you go to see your teacher?
ウ  I don't mind.               エ  That's too bad.
オ  I have never been there.      カ  Good luck on your test.
キ  Yes.  I have one.           ク  Yes, I can.
ケ  Well done!                  コ  Let's go to get something to drink.
```

149 〈補充英作文〉

次の会話文について，下の日本語に合うように，それぞれの下線部の空所に当てはまる英語を書きなさい。ただし，動詞は下の[　　]内から１語選び，必要ならば形を変えなさい。同じ単語を２度用いてはいけません。

（東京・巣鴨高）

(1)　A: John is the best person for the job.

　　B: Yes, (　　　　　　　) (　　　　　　　).　We can trust him.

　　　「私もそう思うよ。」

(2)　A: Oh, it (　　　　　　　) (　　　　　　　) so mad!

　　B: What's wrong with you?

　　　「僕は本当に頭に来たよ。」

(3)　A: (　　　　　　　) do you (　　　　　　　) Japanese food, Robert?

　　B: Well, most of it is pretty good, but I can't eat *natto*.

　　　「日本の食べ物はどうですか，ロバート。」

(4)　A: I really (　　　　　　　) (　　　　　　　).　Your dinner was wonderful.

　　B: I'm glad you liked it.

　　　「本当に楽しかったよ。」

(5)　A: What do you (　　　　　　　) (　　　　　　　) lunch?

　　B: Oh, I'd like a hamburger, please.

　　　「お昼は何がいい。」

　　　[agree　enjoy　like　make　think　want]

150 〈バス停での会話〉

次の対話文の①〜④の（　　）内に入る最も適切な文をア〜エから1つずつ選び，記号で答えなさい。

（大阪・開明高）

A: Excuse me.

B: Yes?

A: It's already eight o'clock, but the bus hasn't come yet. （①　　　　　）

B: （②　　　　　）

A: This one.

B: Oh, it doesn't come because it's Sunday today.

A: （③　　　　　）

B: Well, the earliest one is this.

A: OK. （④　　　　　） Thank you.

> ア I'll take it.　　　　　イ Which bus are you waiting for?
>
> ウ Do you know why?　　エ Then which one can I take?

151 〈ファーストフード店での会話〉

次の店員（clerk）と客（customer）の対話文とメニューを読んで，(1)・(2)の問いの答えとして最も適切なものをア〜エから1つずつ選び，記号を○で囲みなさい。

（北海道・北海高）

Clerk:　　　Hello, can I help you?

Customer: Well, I'd like two teriyaki burgers and a glass of orange juice.

Clerk:　　　Would you like to try our lunch special? Two teriyaki burgers, two glasses of orange juice, and two slices of cake for only 10 dollars!

Customer: No, thank you. That's too much for me.

Clerk:　　　You can take the cake home with you, if you like.

Customer: Oh, that's a good idea! OK, I'll have the "lunch special," please.

Clerk:　　　Thank you. It won't take long.

MENU	
teriyaki burger	$3.00
cheeseburger	$3.50
baked potato	$2.50
*a slice of cake	$2.00
a glass of juice	$1.50
a glass of milk	$1.50
*tax included	

（注）a slice of ～ 1切れの～　　tax included 税込

(1) How much does the customer pay?

　　ア 7 dollars　　　　イ 9 dollars　　　　ウ 10 dollars　　　　エ 13 dollars

(2) If you have only 5 dollars, what food can you have?

　　ア One teriyaki burger and one baked potato.

　　イ One cheeseburger and a slice of cake.

　　ウ One teriyaki burger and a glass of milk.

　　エ One cheeseburger and one baked potato.

頻出 152 〈電話での会話①〉

次の電話での会話を読んで，あとの問いに答えなさい。　　　　　　　　　　　　　（愛知・滝高）

Becky's mother: Hello?

Kevin:　　　　　Hello.　This is Kevin.

Becky's mother: I'm sorry, ①[声が遠いわ]．　Are you Kevin?

Kevin:　　　　　Yes.　(②　　　　　　)．

Becky's mother: Becky?　I'm sorry, but she's out now.

Kevin:　　　　　What time will she come home?

Becky's mother: Let me see.　She'll be back around two, I think.
　　　　　　　　(③　　　　　　)．

Kevin:　　　　　No, it's OK.　But can I leave a message for her?

Becky's mother: Sure.

Kevin:　　　　　④[3時に迎えに行くと彼女に伝えてください]．　I'll drive her to the city
　　　　　　　　hall.

Becky's mother: All right.

Kevin:　　　　　Thank you, Ms. Jones.

Becky's mother: You're welcome.

(1)　①・④の[　　]内の意味を表すように，次の英文の(　　)内に適当な1語を入れなさい。

　　① I can't (　　　　　　　) you.

　　④ Please tell her that I'll come over to (　　　　　　) her at three.

(2)　②・③の(　　)内に，会話が自然になるように英文を入れなさい。ただし，それぞれ5語以上の
　　疑問文を書くこと。

　　② ＿＿＿＿＿＿＿＿＿＿＿＿＿＿＿＿＿＿＿＿＿＿＿＿＿＿＿

　　③ ＿＿＿＿＿＿＿＿＿＿＿＿＿＿＿＿＿＿＿＿＿＿＿＿＿＿＿

153 〈電話での会話②〉

次の対話文の①〜④の(　　)内に入る最も適切な文を，あとのア〜コから1つずつ選び，記号で答え
なさい。　　　　　　　　　　　　　　　　　　　　　　　　　　　　　　（佐賀・東明館高）

Mike: Hello.

Jill:　Hi, Mike.　This is Jill.　How are you?

Mike: (①　　　　　　　) And you?

Jill:　I am very fine.

Mike: I'm glad to hear that.　(②　　　　　　)

Jill:　I'm afraid I can't.　I'm going to Okinawa next month.

Mike: When are you going to Okinawa?

Jill:　Next Tuesday.　Shall we have lunch this week?

Mike: Yes, let's.

Jill:　How about Friday?

Mike: No problem. What time?

Jill:　I'm busy till noon. How about one o'clock?

Mike: (③　　　　　) Where shall we meet?

Jill:　How about the café near Saga Station?

Mike: Good. (④　　　　　)

ア　Sure.	イ　What day is it today?
ウ　Why are you going there?	エ　Not too bad.
オ　See you then.	カ　Tell me when.
キ　Let's have a party at my house.	ク　What can I do for you?
ケ　Are you sure?	コ　I was very sad to hear that.

難　154 〈洋服店での会話〉

次の対話文の①～⑦の空所に入れるのに最も適当な表現を，下のア～キから１つずつ選び，記号で答えなさい。ただし，同一の表現を２度用いず，すべての表現を使うこと。また，文頭にくる語も小文字から始まっています。　　　　　　　　　　　　　　　（東京・日本大鶴ヶ丘高改）

A: Good afternoon, sir, are you (①　　　　　)?

B: Yes, indeed, I am looking for six pairs of pants and a few shirts.

A: Oh, have you decided to change your wardrobe?

B: Not really. I am going on a cruise and I thought this (②　　　　　) to get some new clothes.

A: Ahhh, I see. Well, (③　　　　　) try on this shirt?

B: WOW!! Bright yellow with flowers! I really want some crazy new shirts, but (④　　　　　), even for me.

A: Very well, what about this black one?

B: Now (⑤　　　　　). (⑥　　　　　), this one is too small.

A: I am sorry. Here, try this one on.

B: That's better.

A: And for your pants? Do you need jeans or slacks?

B: I don't know. (⑦　　　　　)?

A: Ahhh, well. For myself, I would take the slacks.

B: Righto! I'll take the slacks.　　　　　（注）righto「（提案に対して）よしわかった」

A: Very well, sir.

ア　would be a good excuse	イ　that one is too loud
ウ　what do you suggest	エ　looking for something in particular
オ　that said	カ　that is more my speed
キ　would you care to	

頻出 155 〈道案内の会話〉

通りを歩いている **Kenji** と **Yumi** が通行人の外国人（**Foreigner**）からトイレ（**restroom**）のある場所をたずねられています。その会話文を読んで，あとの問いに答えなさい。　　（宮城・東北学院高）

Foreigner: Excuse me, but is there a restroom near here?

Kenji: 　　Yes, in the park.

Foreigner: (① 　　　　　)

Kenji: 　　It's easy.　Go along this street and turn left at the second traffic light.

Foreigner: Well, turn left at the second traffic light and ...

Kenji: 　　And go down that street. Soon you'll find a big park on your right.　It's next to a hospital.

Foreigner: (② 　　　　　)

Kenji: 　　About ten minutes.

Foreigner: Sorry, that's not so good.　I can't wait. Could you give me another idea?

Yumi: 　　Well, let's see.　(③ 　　　　　) It's a hotel.　I'm sure it has a restroom.

Foreigner: (④ 　　　　) Maybe that's a good idea.

Yumi: 　　Go along this street and turn right at the first traffic light.　The hotel is the second building on your left.　(⑤ 　　　　)

Foreigner: That's better.　Thank you very much.

Yumi: 　　No problem.

(1)　①~⑤の(　　)内に入る最も適切な表現を，次のア~キから1つずつ選び，記号で答えなさい。ただし，記号は一度しか使えません。

ア　Can you see that white building?　　イ　It will take about five minutes.

ウ　I think you're right.　　エ　How long will it take?

オ　How can I get there?　　カ　Have you ever visited here?

キ　That's too bad.

(2)　3人が会話している場所として最も適切なものを右の地図の⑦~㋔の中から1つ選び，記号で答えなさい。

（　　　）

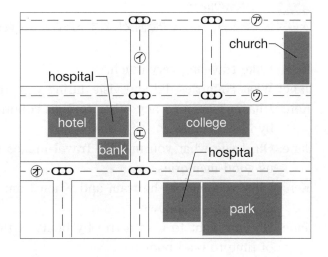

17 対話文読解問題

▶解答→別冊 p.58

頻出 **156** 〈適文選択①〉

次の対話文は, アメリカの Smith さんの家でホームステイを始めたばかりの Takashi と, Smith さんと, その娘の Carol の会話です。文中の①～⑤の空所に当てはまる最も適切な英文を, 下のア～クの中から1つずつ選び, 記号で答えなさい。ただし, 同じ記号を2度使わないこと。

(東福岡高改)

Mr. Smith: Make yourself at home. How was your first day at school?
Takashi:　（①　　　　　　） Carol often helped me when I didn't know what to do.
Carol:　　Takashi did a good job in our class today. It was surprising to us.
Mr. Smith: Wonderful! （②　　　　　）
Takashi:　 I talked about my classes in Japan. We usually don't show our own ideas in class.
Mr. Smith: （③　　　　　　） American students often try to show their own opinions in class. What else did you do?
Takashi:　（④　　　　　　） It was very exciting to talk a lot with them.
Carol:　　He even spoke to people around him on our way home.
Takashi:　 It's hard for me to understand everything, but I don't care. I believe that's the best way to learn English.
Mr. Smith: （⑤　　　　　　）

```
ア  I ate lunch with my new friends.    イ  I see what you mean!
ウ  I enjoyed it very much.             エ  You're welcome.
オ  It was a sunny day.                 カ  When did you talk about your class?
キ  What did you do?                    ク  Oh, really?
```

157 〈英問英答の応答選択〉

次の対話文を読み, (1)～(5)の疑問文に対する応答として最も適切なものを選び, 記号を○で囲みなさい。

(北海道・駒澤大附苫小牧高)

Ken: I like traveling very much.
Jane: What countries did you visit during your travels?
Ken: I haven't been to any other foreign countries yet. I mean I like a short trip by bus or train.
Jane: Oh, I see what you mean. Travel makes us happy. Even a short trip gives us good memories.
Ken: I like reading on the train and when I am tired of it, I can enjoy looking out of the train windows.
Jane: Do you want to take a trip by boat? I think you will be able to have a lot of time to read books.
Ken: Well, I'm afraid of getting *seasick before enjoying reading.

（注）seasick 船酔い

(1) Has Ken been abroad?
    ア He went to foreign countries.   イ He traveled around the world.
    ウ He did not read on the bus.   エ He has never been abroad.

(2) Why does Ken like traveling?
    ア Because he likes to learn a foreign language.
    イ Because he has a lot of time to read books.
    ウ Because he likes trains very much.
    エ Because he has been abroad.

(3) What does Jane think about travel?
    ア Travel gives us good memories.
    イ Travel gives us a lot of problems.
    ウ Travel gives us a chance to get away.
    エ Travel is good for her health.

(4) Who likes reading?
    ア Jane does.   イ Both of them do.
    ウ Ken does.   エ Nobody does.

(5) What is Ken afraid of?
    ア He worries about getting seasick.
    イ He is afraid of talking to foreign people.
    ウ He is afraid of missing the boat.
    エ He is worried about nothing.

---

158 〈適文選択②〉

次の **Doctor** と **Yuki** の対話文を読み，①～⑤の空所に入る最も適切な英文をア～エの中からそれぞれ１つずつ選び，記号を○で囲みなさい。 (佐賀・弘学館高)

Doctor: What's the problem?

Yuki:　Recently, I've had trouble with my eyes, especially my left one. I have worn contact lenses for five years.

Doctor: Soft or hard?

Yuki:　I use soft lenses. But lately, I often feel pain when, for example, I look up a word in a dictionary. I've never had anything like that happen before.

Doctor: (①   )

Yuki:　That's right. I only have pain while I am wearing contact lenses.

Doctor: (②   )

Yuki:　Usually I wear them all day long. But I don't wear them when I sleep.

Doctor: (③   ) You should not wear them for so long. And at school, you have to read small letters, so sometimes you should close your eyes to give them a rest. Now let me look at your eyes more closely.

　　　(*a few minutes later*)

Doctor: You have what we call "dry eyes."　That is caused by wearing contact lenses for too long.

Yuki:　　Really?　(④　　　　　)

Doctor: First of all, don't wear your contact lenses for so long, and you should rest your eyes as often as possible.　And actually, (⑤　　　　　)

Yuki:　　I've never tried hard ones, so I'm a little worried.　But OK, I'll try them.

① ア　Do you often look up words in a dictionary?
　 イ　How bad is the pain?
　 ウ　Do you also use glasses?
　 エ　Does the pain go away if you remove the lenses?

② ア　How often do you wear them a week?
　 イ　How long do you wear them a day?
　 ウ　How much did your lenses cost?
　 エ　How much pain do you have?

③ ア　That's too long.
　 イ　That's fine.
　 ウ　That's not so long.
　 エ　That's too short.

④ ア　Will I go blind?
　 イ　I should buy new contact lenses, shouldn't I?
　 ウ　What do I have to do?
　 エ　I can't read without them.

⑤ ア　you had better not use contact lenses.
　 イ　glasses are better than contact lenses.
　 ウ　you should buy new contact lenses.
　 エ　hard lenses are better than soft.

159 〈内容一致文の選択〉

次の対話文を読み，その内容に合うものを下のア〜カから２つ選び，記号を○で囲みなさい。

(神奈川・法政大第二高)

Paul and Jane are discussing the rehearsals for their concert in the school festival.

Paul: Our concert is in a week. Let's get together on Tuesday at a cafe to decide which songs we're going to play.

Jane: That's OK with me.

Paul: Then let's *rehearse on Wednesday.

Jane: But Ronald said he can't make it on Wednesday.

Paul: OK. Then we'll just have to rehearse without him. Let's rehearse on Thursday, too.

Jane: Oh, Thursday is a holiday.　We won't be able to use any of the studios at school.

Paul: Maybe we could go shopping together on that day for our concert clothes.

Jane: Good idea. Then the last rehearsal will be on Saturday, one day before the school festival.

Paul: I'm really looking forward to it!

（注）rehearse リハーサルを行う

ア　Paul and Jane are having this conversation on Tuesday.

イ　Ronald isn't going to join in the rehearsal on Wednesday.

ウ　Paul and Jane aren't going to have a rehearsal on Thursday.

エ　Paul and Jane won't have a rehearsal on the weekend.

オ　Paul doesn't really want to play in the concert.

カ　Paul, Jane and Ronald have their concert on Monday.

160　〈文の整序〉

2人（A：インタビュアー，B：映画監督）の対話文を完成させるために，次のようにア〜コの文を並べかえるとき，①〜③に入るものを記号で答えなさい。　　　　　　　　　　　　　　　（愛知高）

エ→ケ→（①　　　）→（　　　）→（②　　　）→（　　　）→（　　　）→（③　　　）→（　　　）→ク

ア　A: I'd like to see the room. So, when did you get interested in making movies?

イ　A: That's great. And what kind of movie do you want to make next?

ウ　A: First of all, I'd like to ask you about your childhood. What kind of child were you?

エ　A: Today our guest is James Johnson, the movie director of *Tommy's Wonderful Space Adventure*. Welcome to our program, James.

オ　A: Sounds interesting. I cannot wait to see it. Thank you for joining us today.

カ　B: Here's the story: a boy and a girl meet at a summer camp. They have a dream of making a family. After 20 years, their dream comes true. It's a gentle story in a beautiful *countryside.

キ　B: Well, I didn't like playing with other boys. I was always drawing things in my sketchbook. Oh, not only in my sketchbook. On my birthday, my father bought me paints and a brush. I painted animals and trains on the walls of my room. So my room looked like a movie set.

ク　B: My pleasure.

ケ　B: Thank you for inviting me.

コ　B: One day when I was 10, my mother took me to a movie studio. She was working there as a *make-up artist. That day I walked on a real movie set, and you know, it was a surprise. I couldn't say a word for a few moments. Since then, making movies has been my life.

（注）countryside 田舎　　make-up artist 映画の俳優などに化粧を施す人

161 〈読解総合問題〉

次の対話文を読み，あとの問いに答えなさい。   （東京・日本大豊山女子高改）

(Situation: Amy had a bad experience at a shop recently.)

Amy: I needed to buy a gift last weekend (A) I went shopping at that fancy new shop.   But no one helped me.   I'm sure it's because I wore my sportswear.   I just came from my yoga class.

Kim: They thought you didn't have enough money and couldn't buy anything in the store.   Didn't you feel ① out of place?

Amy: Not at first, (B) I started to feel really uncomfortable (C) they ignored me.   ②(they / judged / that / can't / I / from / things / believe / me / the) I was wearing.   I think that kind of discrimination based on first impression is so silly.

Kim: I know, but people judge you quickly from your clothes.   Once, my father invited me to a party at his company.   He said it was casual so I wore shorts and a T-shirt.   When I got there, everyone was wearing smart shirts and pants or skirts.   My idea of casual and ③ theirs were so different.   They looked at me a lot and my father was embarrassed.   I just wanted to leave.   It made me really self-conscious.

Amy: I think you're right, but ...

Kim: By the way, you're not going to wear your red dress tonight, are you?

Amy: I was planning to.

Kim: Well, you should think again.

Amy: (④) I really like that dress; it's my favorite.

Kim: Yeah, well, it's okay for a birthday party, but maybe it's just a little too short and too tight for tonight's party.   There'll be a lot of important people there.

Amy: I like it (D) I feel good in it.   I'm wearing it.

Kim: Have it your way, but I'm sure everyone will be in ⑤ more quiet clothes.

(注) fancy 高級な   uncomfortable 気分が悪い   ignore 無視する   discrimination 偏見
based on 〜 〜による   be embarrassed 恥ずかしい思いをする
self-conscious 人目が気になる   tight 細い

(1) (A)〜(D)に入る語の組み合わせとして適切なものを，次のア〜エの中から1つ選び，記号を○で囲みなさい。

　　ア A. and   B. so   C. when   D. but
　　イ A. so   B. but   C. when   D. and
　　ウ A. when   B. but   C. so   D. and
　　エ A. so   B. and   C. when   D. but

(2) 下線部①の意味として適切なものを，次のア〜エの中から1つ選び，記号を○で囲みなさい。
　　ア 店の外   イ 置き違い   ウ 場違い   エ 店違い

(3) ②の(   )内の語を意味が通る文になるように並べかえるとき，3番目と7番目にくるものの組み合わせとして適切なものを次のア〜エの中から1つ選び，記号を○で囲みなさい。ただし，文頭にくる語も小文字になっています。

ア　3番目 believe　7番目 me　　　　イ　3番目 judged　7番目 me
ウ　3番目 that　　　7番目 me　　　　エ　3番目 can't　　7番目 from

(4)　下線部③ theirs の具体的な内容を表しているものを，次のア～エの中から1つ選び，記号を○で囲みなさい。

ア　everyone　　　　　　　　　　　イ　shorts and a T-shirt
ウ　smart shirts and pants or skirts　エ　ideas that everyone had

(5)　空所（　④　）に入る最も適切な文を，次のア～エの中から1つ選び，記号を○で囲みなさい。

ア　What are you going to wear?
イ　Why should I do that?
ウ　Do you like that dress?
エ　Are you going to wear that dress?

(6)　下線部⑤ quiet はどのような意味か，次のア～エの中から1つ選び，記号を○で囲みなさい。

ア　単調な　イ　静かな　ウ　穏やかな　エ　地味な

(7)　次の質問の答えとして最も適切なものを，それぞれのア～エの中から1つずつ選び，記号を○で囲みなさい。

1　Why was Amy so angry?
ア　Because she didn't have enough money and couldn't buy anything in the store.
イ　Because she wore her sportswear.
ウ　Because no one helped her at the shop.
エ　Because no one watched her a lot.

2　What happened when Kim went to the party with her father?
ア　Everyone was dressed in a different way from her.
イ　Everyone was dressed in the same casual way as she was.
ウ　Her father and she were embarrassed and left there soon after the party started.
エ　Everyone was wearing shorts and a T-shirt.

3　Why did Kim think Amy's dress was not right for the party?
ア　Because she thought the red color was too strange.
イ　Because she thought the dress was her favorite one.
ウ　Because she thought the dress was too formal for the party.
エ　Because she thought the dress was a little too short and too tight for the party.

(8)　対話文の内容と合っているものを，次のア～エの中から1つ選び，記号を○で囲みなさい。

ア　Amy bought a gift last weekend at the fancy new shop.
イ　Kim wore her favorite red dress at the party.
ウ　Amy was helped by no one at the shop because she was judged from her clothes.
エ　Amy changed her mind and will wear more quiet clothes at tonight's party.

18 長文読解問題

▶解答→別冊 *p.61*

162 〈適文選択〉

次の英文中の（　）内に入れるものとして，最も適切な文を下のア～オから1つずつ選び，記号で答えなさい。 （東京農業大第一高）

German shepherds are good dogs because they have many advantages. For one thing, they are the right size — large and strong. (①　　)

The thick *fur coat of German shepherds is another plus. (②　　) The dogs can work outside even in bad weather. Their coat also keeps them from being
5 dirty.

(③　　) It is easy to train them to do hard jobs. When it works for the police, a German shepherd may have to *sniff out drugs or follow *faint tracks. When it works for the blind, the dog may need to "read" traffic lights. German shepherds are smart enough to learn skills like these quickly and well.

10 What's more, German shepherds are patient and calm. If their owners are busy, they will not be jumpy or draw attention. (④　　)

（注）fur 毛皮　　sniff out 嗅ぎつける　　faint かすかな

ア　They can wait quietly for a long time.
イ　It is hard for them to learn some skills.
ウ　German shepherds are also very smart.
エ　It protects them.
オ　Their chests are big enough for getting plenty of wind for long runs.

頻出 163 〈適語選択〉

次の英文を読み，①～⑩に入る最も適切な語を下のア～サから選んで記号で答えなさい。ただし，同じ記号を2度使用してはいけません。 （千葉日本大第一高）

It is not easy to get diamonds. There are diamonds in Africa, Australia, Russia, and Canada. In (①　　) of these places, they are deep underground. People have to dig far down to get them. In South Africa, for example, diamonds are sometimes found more than 3,000 feet (1,000 meters) underground. In other
5 places, diamonds are on the ground or in the rivers. But they are (②　　) to find. Very (③　　) people find big diamonds and become rich.

Why are diamonds so expensive? First of all, they are (④　　). In the past, kings and queens wanted to wear diamonds. Today famous people like to wear them. A diamond on your finger shows that you are successful and (⑤　　).
10 Diamonds also have other (⑥　　). In the United States and in India, for example, they mean love. They are something special that you give to someone special. Finally, diamonds are very (⑦　　) because they are very hard. People

can use them to cut metal and other stones.

The high (⑧　　) of diamonds means that people do terrible things to get them.　People fight wars and kill each other over diamonds.　This happened in the past in India.　These days it is still happening in Africa.　The civil wars in *Sierra Leone and the Congo happened partly because of diamonds.　In those wars, (⑨　　) sides got money from diamonds.　They used the money to buy guns, pay soldiers, and (⑩　　) fighting.　Because of diamond money, many people lost their homes and died.

（注）Sierra Leone　シエラレオネ（アフリカ西部の国）

ア price	イ give	ウ meanings	エ most	オ beautiful	カ hard
キ keep	ク both	ケ useful	コ few	サ rich	

164　〈脱落文の挿入〉

次はウミガメ（**sea turtle**）についての文です。あとの(1)～(3)の文が，本文中に入る箇所を記号で答えなさい。ただし，(1)は **A～D**，(2)は **E～H**，(3)は **I～L** から選ぶこと。　　　（東京・成蹊高）

Sea turtles are one of the oldest kinds of animals.　They are over 100 million years old.　That means there were turtles at the time of the *dinosaurs.　The dinosaurs all died, but the turtles are still living.　There are seven kinds of sea turtles in the ocean today.　They are usually larger than land turtles.　Large sea turtles can swim up to 9 kilometers an hour.

Can you imagine a hundred baby turtles running on a beach?　This actually happens on some beaches in *the South Pacific, and Southeast Asia.　In fact, once a year, the *female sea turtles leave the ocean.　(　A　) But they can't walk like land turtles.　(　B　) They push themselves through the *sand. (　C　) When they are on dry land, they lay their eggs — around 100 to 150 of them.　(　D　) Then they push themselves back down to the water.　The eggs stay in the warm sand for about two months.

When the baby sea turtles are born, they have to run for their lives.　(　E　) So, the little turtles soon run down toward the ocean.　(　F　) They *dive into the water, and they swim fast.　(　G　) In deep water, they will be safer.　(　H　) Many turtles cannot *survive until they grow up.　(　I　) Many others die in their first year.　(　J　) *Adult sea turtles have few natural *enemies.　(　K　) Only very large fish try to eat them.　(　L　) Sea turtles can live for a very long time — up to 80 years.

（注）dinosaur 恐竜　　the South Pacific 南太平洋　　female メス　sand 砂　　dive 潜る
　　survive 生き残る　　adult 大人の　　enemy 敵

(1)　They climb up to a beach.　　　　　　　　　　　　　　　　　（　　）

(2)　Birds and other animals are waiting to catch them.　　　　　（　　）

(3)　So female turtles lay lots of eggs.　　　　　　　　　　　　（　　）

165 〈適語補充〉

次の文の内容に一貫性を持たせるように，①～⑤の（　　）内に適当な1語を入れなさい。ただし，与えられた頭文字を用いること。　　　　　　　　　　　　　　　　　　　　　　（茨城・江戸川学園取手高）

I don't like birthdays. I grow older and I always get presents. But I can't use them. I have received many clocks, umbrellas, blouses, gloves. I have these presents in my closet.

One day, my Uncle Fred called me.

5 "Hello, Jessica," he said. "We're going to have a birthday party for my ①(w　　　　　), Jane. Will you be able to come to my house next Sunday at ②(t　　　　　) in the afternoon?"

"Hold on a minute. I'll look at my calendar," I said. "Yes, that day looks OK to me. I'll be there. Should I bring anything for the party?"

10 "No," answered Uncle Fred, "just bring ③(y　　　　　)."

The day of the party arrived. After I thought for some time, I decided to bring a little present for my aunt. Then I looked at my watch. I said to myself, "I'll not be there by two o'clock." So I went into the closet, took out the first box I saw, and left home quickly.

15 My relatives were all there when I arrived at my uncle's house. They were glad to see me. Aunt Jane looked very happy. She said to me, "Hello, Jessica. I ④(h　　　　　) seen you for a long time. How are you?"

"I'm fine. Happy birthday, Aunt Jane. Here you are. A little something for you," I said. "Oh, how kind!" said my aunt, and she opened the present. Then she
20 found a card in the box and began to read it. I was surprised. "A card?" I thought.

"Dear ⑤(J　　　　　)," she read, "Happy birthday. I hope you enjoy these gloves. Your fingers will always be warm in the winter. Your aunt, Jane."

166 〈要約文の適語選択〉

次の英文を読んで，あとの問いに答えなさい。　　　　　　　　　　　　　（福岡・西南学院高㈰）

When I was about thirteen, my father, Ken, and I were standing in line to buy tickets for the circus. He said to me, "John, this will be a day you'll never forget." Finally, there was only one family between us and the ticket counter. I still remember this family very well. There were eight children who looked
5 younger than I. I can't say that the family looked rich but their clothes were clean. The children were well-behaved. They stood in line two-by-two behind their parents. They were talking about the clowns, elephants and other things they would see that night, and they were very excited. I could guess it was their first time to see the circus and it was a very big night for them.

10 The father and mother looked very proud. The mother took her husband's hand and looked up at him. Her eyes were saying, "Thank you so much for making our children so happy." He looked at her and their children, and smiled.

The ticket lady asked the father how many tickets he wanted. He said, "I'd like to buy eight children's tickets and two adult tickets to take my family to the circus." ₁₅

The ticket lady told him the price.

The man's wife looked down. The man's lip began to quiver. The father asked again, "How much did you say?"

The ticket lady told him the price again.

The man didn't have enough money. ₂₀

How could he tell his eight children that he didn't have enough money to take them to the circus?

When my father saw what was happening, he put his hand into his pocket, took out some money and dropped it on the ground. (We were not rich at all!) Then my father picked up the money and said to the man, "Excuse me. This fell out ₂₅ from your pocket."

The man understood what my father was trying to do. He wasn't asking for the money, but he really appreciated my father's kind help. He looked into my father's eyes, held my father's hand in his hands, and took the money. His lip was quivering, and he had tears in his eyes. He said, "Thank you. Thank you very ₃₀ much. This really means a lot to me and my family."

My father and I went back to our car and drove home. We didn't see the circus that night, but we were [　　　　　] on the way home.

(1) 次の英文は本文を要約したものです。①〜⑤の(　　)内に入れるのに最も適切な語を，下のア〜スの中から1つずつ選び，記号で答えなさい。ただし，同じ語をくり返して用いてはなりません。

John and his father, Ken, went to see the circus and waited in line behind a large family. They were a nice family but they were (① 　　　　). The children looked very excited to go to the circus (② 　　　　) the first time. The parents were proud to make their children so happy. When the family was going to buy their tickets, the father did not have enough money. The father was (③ 　　　　) and did not know (④ 　　　　) to tell his children that they couldn't go to the circus. When (⑤ 　　　　) saw this, he gave the father some money in a way that did not show that the father was (① 　　　　). The father really appreciated this.

```
ア  John    イ  poor    ウ  for    エ  happy    オ  lucky    カ  sad
キ  Ken     ク  excited  ケ  angry  コ  how      サ  to      シ  what
ス  rich
```

(2) 本文の[　　]内に入れるのに最も適切な語を，次のア〜エの中から選び，記号を○で囲みなさい。
　　ア crying   イ smiling   ウ sad   エ angry

頻出 **167** 〈内容一致文の選択〉

次の英文を読み，あとの問いに答えなさい。   (静岡学園高改)

Michael Greenberg lived in New York City. Every day he walked to work. He walked fast, like the other people in New York. He looked down at the ground. He didn't look at other people on the street.

One winter morning, Michael was late for work. He walked very fast around 5 the corner. He *ran into an old man, and the man fell down. Michael stopped to help him. The old man didn't have warm clothes. Michael saw his hands. They were blue with cold!

Michael took off his gloves and gave them to the old man. The old man looked at the gloves, and he looked at Michael. Then he put the gloves on his hands. 10 Michael said goodbye. The old man just looked at the gloves and smiled.

That evening, Michael had (   ) gloves. His hands got very cold. He looked around the streets, and he saw other people with (   ) gloves. They were poor people, and they had (   ) homes. They stayed on the streets all day, and some of them slept on the streets at night. Michael wanted to 15 help these people. What could he do? He went to a store and bought some gloves.

The next morning, he saw a woman with (   ) gloves. He opened his bag and took out some gloves. The woman said no, she didn't have money for gloves. But Michael put the gloves on her hands. She had two children with her. 20 He gave them gloves, too. The gloves were very big, but the children were happy with them. Michael bought more gloves that evening. He bought big gloves for men and women and little gloves for children. The next day, he gave them all away. After that, he always had gloves in his bag in the winter. The homeless people soon knew Michael well. They called him "Gloves" Greenberg. "Here 25 comes Gloves," they said.

And so, for more than 25 years, Michael gave gloves to the poor people in New York. A pair of gloves is a small thing. But it can make a big difference to people in New York during the winter.

(注) run into ～ ～にぶつかる

(1) 文中の(   )内に共通して入る1語を書きなさい。   (   )

(2) 本文の内容と一致するものを，次のア～カから2つ選び，記号を○で囲みなさい。

　　ア One winter morning, Michael stopped helping the old man.

　　イ The old man who got the gloves ran away.

　　ウ The woman thought that Michael was trying to sell the gloves.

　　エ All the poor people in New York slept on the streets at night.

　　オ Michael went to a store to buy gloves because he wanted to help poor people.

　　カ Michael bought big gloves for men and small gloves for women.

168 〈英問英答の応答選択〉

次の英文を読み，あとの問いに答えなさい。 (茨城・東洋大附牛久高)

Sadaharu Mishina's life changed forever on March 11, 2011. In the morning, he went to work at a hotel in Sendai. That afternoon, a very strong earthquake shook the hotel. Mr. Mishina remained at the hotel to help others instead of going home. Later on, he got terrible news from his wife. Their young daughter had lost her life in the tsunami, and his family's house was damaged by the 5 waves.

Mr. Mishina continued to do his best to make the guests comfortable. Everyone was impressed by his hard work. One day, some people from the *British Embassy came to Sendai to do volunteer work. They stayed at Mr. Mishina's hotel. The British people were very impressed by Mr. Mishina, too. They told the 10 hotel's *manager about the torch *relay for the London Olympics. The manager decided to *nominate Mr. Mishina to be one of the people to carry the *Olympic torch.

Mr. Mishina was too busy to realize what the manager had done, so he was surprised when he was asked if he would go to England for the torch relay. 15 Though he had recently experienced deep *sadness, he agreed to go to a small town called Morley. The *employees of the hotel, his family and friends gave him <u>something</u> to take on the trip. It was a Japanese flag which was covered with messages that they had written to him.

On June 25, people cheered for Sadaharu Mishina as he ran through the town 20 with the torch held high. He ran around 300 meters before passing the torch to Simon Brown, a man who was seriously injured while trying to help others in the war in Iraq. Many people were moved by their courage. Some reporters spoke to Mr. Mishina after he finished running. They wanted to know what he thought of his experience. "At first, I was nervous," he said. "I was encouraged by the 25 voices of the supporters. The torch was quite heavy." That day, millions of people saw photos of Mr. Mishina carrying the torch. He also appeared on the evening news. Reporters said his courage gave hope to people not only in Japan but also around the world.

(注) British Embassy イギリス大使館　　manager 経営者　　relay リレー　　nominate 指名する
Olympic torch オリンピックの聖火　　sadness 悲しみ　　employee 従業員

(1) Who died in the earthquake and tsunami? (　　　　　)
　　ア　Mr. Mishina　　　　　イ　hotel guests
　　ウ　young daughter　　　　エ　Simon Brown
(2) Who decided to nominate Mr. Mishina to carry the torch? (　　　　　)
　　ア　volunteers　　　　　　イ　family
　　ウ　British people　　　　エ　hotel manager

(3) What is the "something" that Mr. Mishina took on the trip to England?

(   )

　ア　Olympic torch　　　イ　Japanese flag
　ウ　Japanese doll　　　エ　Mr. Mishina's message

(4) When did Mr. Mishina run with the torch?　　　(   )

　ア　March 11　　　イ　June 25
　ウ　through the town　　　エ　in the evening

(5) What is the best title of this story?　　　(   )

　ア　Japanese Hero　　　イ　London Olympics
　ウ　Running is Fun　　　エ　Terrible Earthquake

169 〈内容一致文完成〉
次の英文を読み，あとの(1)～(8)の文に続くものとして最も適切なものを，それぞれのア～エの中から
1つずつ選び，記号を○で囲みなさい。　　　　　　　　　　　　　　　　（獨協埼玉高）

　Calendars are very old. In *ancient times people had calendars.　At that time,
there were four important groups of people: farmers, men of the church, *traders,
and the king's family.　They all needed to know about the seasons.　Understanding
the change of seasons was very important for them.　The farmers needed to know
5 about the seasons to *plant *crops in their fields.　The men of the church needed
a calendar, too.　They wanted to know the days for holidays.　A calendar helps
people to remember important days.　Of course, traders and the king also needed
a calendar for their business.

　How did calendars begin?　Scientists studied the stars and the moon.　They
10 made calendars to help people in business and farming.　They began with the
stars.　The stars tell the seasons.　Farmers watched the stars and the changes in
the night sky.　This taught them when it was time for planting.

　The moon was also important for farmers.　Farmers looked for a night without
a moon.　Farmers marked the number of nights between full moons.　They could
15 see a pattern.　There is a new moon every 29 1/2 days.　They called the time
between two full moons a month.　Twelve months made a year. However, 29 1/2
times 12 equals 354 days ($29.5 \times 12 = 354$)!　And it takes 365 1/4 days for the sun to
go around the Earth.　So every year there was a difference of 11 1/4 days.　The
moon calendar caused problems.

20 Today the English-speaking world uses a different calendar.　There are 12
months.　Seven months have 31 days.　Four months have 30 days.　However,
February has 28 days for three years and 29 days for one year.　So we have a
calendar with 365 days three years out of four. A year with 366 days is called a
Leap Year.　There are fifty-two weeks in a year.　There are four seasons in a year.
25 There is also meaning in the colors on the calendar.　Weekdays are black and
holidays are red.　Red is for special days.　People use calendars every day.

　（注）ancient times 大昔　　trader 商人　　plant（種を）まく　　crop 穀物

(1) In ancient times, the four groups of people needed ...

ア　to make calendars.

イ　four important groups of people.

ウ　to know about the seasons.

エ　to change seasons.

(2) The men of the church ...

ア　planted crops.

イ　wanted holidays.

ウ　wanted people to remember important days.

エ　helped people.

(3) Scientists ...

ア　studied calendars.

イ　made calendars.

ウ　helped students to study science.

エ　began with the stars and the moon.

(4) Farmers ...

ア　changed the seasons for planting by watching stars.

イ　understood the changes in the moon by watching stars.

ウ　came with spring by watching stars.

エ　knew the time for planting by watching stars.

(5) Farmers ...

ア　could look without a moon.

イ　counted the number of nights without a moon.

ウ　counted the nights between full moons.

エ　could see a pattern of days.

(6) The moon calendar had ...

ア　problems.

イ　no problem.

ウ　366 days in a year.

エ　a year with 365 1/4 days.

(7) People who speak English ...

ア　no longer use the moon calendar.

イ　have a calendar with 365 days every year.

ウ　have a calendar with a Leap Year three years out of four.

エ　have a calendar with fifty-two or fifty-three weeks in a year.

(8) This is about ...

ア　how to make calendars.

イ　moon calendars.

ウ　when people made calendars.

エ　the history of calendars.

19 長文総合問題

170

次の英文を読み，あとの問いに答えなさい。 (栃木・作新学院高)

　　Do you get a plastic bag when you buy something?　Do you need it when you buy only one thing, like a box of chocolates or a bag of chips?　A bag in a bag — that's strange!　But it often happens.　And then we just *throw the plastic bag away.　What a waste!　Plastic bags are made from oil which is one of the natural
5 resources.　They are Earth's treasures.　You can do something to (　①　).

　　If we try to make a plastic bag, we need a *tablespoon of oil.　Do you think it is only a little oil? Imagine that all the people in Japan use one plastic bag every day.　The amount of oil will be about 1.8 million *liters a day!　It's very large!

　　Let's think about the things you can do in *daily life.　For example, you should
10 think about some ways to save plastic bags.　When you buy something small in a supermarket, tell the clerk that you don't need a plastic bag for it.　Just say *politely, "(　②　)" If the clerk puts your things in a plastic bag, you should say, "Sorry, I don't need it."　Or say to the clerk, "Please put a *seal on the box of chocolates."　It is also good to take a bag with you when you go shopping.　Use
15 plastic bags that you got from other stores.　Or use an eco bag.　In this way,
③our everyday actions will bring us a wonderful future.

　　(注) throw ~ away ~を捨てる　　tablespoon 大さじ　　liter リットル(容器の単位)
　　　　daily 毎日の　　politely ていねいに　　seal シール

(1)　①の(　　)内に入る最も適当なものを，次のア～エの中から選び，記号を○で囲みなさい。
　　ア　make the Earth's treasures　　　　イ　save the Earth's treasures
　　ウ　buy plastic bags　　　　　　　　　エ　use plastic bags
(2)　次の問いに対する答えとして最も適当なものを，ア～エの中から選び，記号を○で囲みなさい。
　　How much oil do we need when we make a plastic bag?
　　ア　1.8 million liters of oil.　　　　イ　180 liters of oil.
　　ウ　A large amount of oil.　　　　　エ　A tablespoon of oil.
(3)　②の(　　)内に入る最も適当なものを，次のア～エの中から選び，記号を○で囲みなさい。
　　ア　Yes, please.　　　　　　　　　イ　No, thank you.
　　ウ　Give me one more bag.　　　　エ　Here you are.
(4)　下線部③の具体例として最も適当なものを，次のア～エの中から選び，記号を○で囲みなさい。
　　ア　エコバッグを使うこと　　　　イ　レジ袋を捨てること
　　ウ　車に給油すること　　　　　　エ　毎日スーパーに行くこと

171

ある中学生が英語の授業で「都会の生活と田舎の生活，どちらがよいか？」という題でディベートを
行う際に書いた原稿の一部を読み，あとの問いに答えなさい。　　　　　　　　　（高知県・後期）

　　Some people think that living in a big city is better than living in the
countryside. They think that they can get better jobs in a big city. They also
think that they can enjoy going to more places because the public transportation
system in a big city is very good.

　　But I don't think so. I think that living in the countryside is better than living in 5
a big city. I have some reasons.

　　First, the countryside has beautiful nature. If you live in the countryside, you
can enjoy many outdoor activities. For example, you can enjoy walking in the
mountains and swimming in the rivers. (　A　) So living in the countryside is
good for your health. 10

　　Second, people in the countryside are very nice and friendly. (　B　) For
example, I have a grandmother. She lives in the countryside. She wanted to
make a new garden. One day she told <u>that</u> to the people living near her. The
next day she was very surprised that they came to her house and helped her with
her work. 15

　　Third, the countryside is more peaceful than a big city. There are many
dangerous things in a big city. Crimes happen in a big city more often than in the
countryside. (　C　) Do you want to live in such a dangerous place? I know
that your answer is "No."

　　For all of these reasons, I really think that living in the countryside is much 20
better than living in a big city. Thank you.

(注) the countryside 田舎　　job(s) 仕事　　public transportation system 公共交通機関
　　　reason(s) 理由　　outdoor activities 野外活動　　health 健康　　friendly 優しい
　　　garden 庭　　peaceful 穏やかな　　dangerous 危険な　　crime(s) 犯罪

(1)　次の英文(a)～(c)は，文中の A～C のいずれかに当てはまります。その組み合わせとして正しい
　　ものを，ア～エの中から選び，記号を○で囲みなさい。　　　　　ア　A—(b)　　B—(c)　　C—(a)
(a)　There are too many cars in the streets.　　　　　　　　イ　A—(c)　　B—(a)　　C—(b)
(b)　They often help each other.　　　　　　　　　　　　　ウ　A—(c)　　B—(b)　　C—(a)
(c)　Also, you can drink clean water.　　　　　　　　　　　エ　A—(b)　　B—(a)　　C—(c)
(2)　文中の下線部の内容が具体的に書かれている1文を，本文中からそのまま抜き出して書きなさい。

_____

(3)　本文の内容に合うように，次の文中の空所に当てはまる適切な英語1語を書きなさい。

　　I think that living in the countryside is better than living in a big city. I have
some reasons. First, the countryside has beautiful nature. To (①　　　　　　) with
nature is good for your health. Second, people (②　　　　　) live in the
countryside are so nice and friendly. Third, a big city is more dangerous than the
countryside. There (③　　　　　) more crimes in a big city. For these reasons, I
really believe that living in the countryside is better than living in a big city.

172

次の英文を読み，あとの問いに答えなさい。   (城北埼玉高)

　Once, when I first came to Japan, I tried to leave a tip at a restaurant. I thought the waitress ① will be happy. I wanted to show her my thanks (　②　) her excellent service and nice smile. I left a ¥100 coin under my coffee cup. Then I paid my check and left the shop. A few seconds later the waitress came running after me. She handed me my ¥100. She didn't take my tip. That's when I learned that (　③　).

　In America, tipping is supposed to be for good service only. But these days you almost have to leave a tip. If you don't, you'll look cheap. The taxi driver or waitress or bellboy may even *make fun of you. They will remember your face. ④ And next time ....

　I actually like tipping, though it can be expensive. Tips turn poor jobs — that is, poorly paid jobs — into good ones. ⑤ They give you the customer a chance to say thanks to those who serve and wait on you, and to show that you can be kind and ⑥ generous, too. In Japan, I *miss tipping. In crowded restaurants, the waiters and waitresses have to work too hard. They run and sweat and carry many dishes and glasses. Yet they don't get any extra money. I really feel sorry for them. But there's no way to show them how I feel. *Except, of course, to smile and say thanks.

　(注) make fun of ～をからかう　　miss ～がなくてさみしい　　except ～を除いて

(1)　下線部①を適切な形にかえなさい。　　　　　　　　　　　　　　　　　（　　　　　　　　　）

(2)　②の（　　）内に入れるのに最も適切なものを，次のア～エの中から選び，記号を○で囲みなさい。
　　　ア　about　　イ　for　　ウ　to　　エ　of

(3)　③の（　　）内に入れるのに最も適切なものを，次のア～エの中から選び，記号を○で囲みなさい。
　　　ア　she didn't need my ¥100 coin　　　　イ　my tip wasn't enough
　　　ウ　there is no tipping in Japan
　　　エ　I forgot a ¥100 coin under my coffee cup

(4)　下線部④のあとの部分を筆者は述べていないが，あとに続ける文として最も適切なものを，次の
　　ア～エの中から選び，記号を○で囲みなさい。
　　　ア　they won't make fun of you again
　　　イ　they won't give you good service
　　　ウ　they will have to leave a tip
　　　エ　they will work hard for you

(5)　下線部⑤の指す内容として最も適切なものを，次のア～エの中から選び，記号を○で囲みなさい。
　　　ア　tips　　イ　poor jobs　　ウ　poorly paid jobs　　エ　waiters and waitresses

(6)　下線部⑥とほぼ反対の意味で使われている単語を，本文から抜き出しなさい。（　　　　　　　）

(7)　本文中の a tip や tips とほぼ同じ意味で使われている語句を，2語で最後の段落から抜き出しな
　　さい。　　　　　　　　　　　　　　　　　　　　　　　　　　　　（　　　　　　　　　）

(8)　日本において客が店の人に対する感謝を表す方法として，筆者が挙げている行為は何か。本文か
　　ら英語で抜き出しなさい。　　　（　　　　　　　　　　　　　　　　　　　　　　　　　　）

難 **173**

次の英文を読み，あとの問いに答えなさい。　　　　　　　　　　　　　　　（千葉・芝浦工業大柏高改）

　Look for *the good in life, (　①　) you will find it.　That may seem like a *cliché these days, but ②it is just as true as it ever was.

　One man who believed it was Edward L. Kramer of St. Louis.　Back in 1948 Kramer tried to teach this *principle to his three children.

　He asked each of them to look each day for the good in at least three people, people to whom they could be thankful.　"It can be in your friends, your teachers ─ anyone with whom you come in contact," he told them.

　Each evening, after dinner, Kramer would sit down with his children and ask them for a report of the good they found in people that day.　Then postcards (　③　) their *appreciation were mailed to those people.

　At first the children found the job difficult.　But as they began to train themselves to look for acts of kindness, trust, and *generosity, they ④(1　and / 2　easier / 3　found / 4　do / 5　it / 6　to).

　After a time, their appreciation was returned to them ten times in the warmth and thankfulness of the people who received the cards.　The family found themselves mailing so many that they designed their own card.　It was patterned after the yellow *telegram of *Western Union.　They called it a ⑤Thank-U-Gram.

　During the next fifteen years or so, Kramer gave millions of Thank-U-Grams to people all over the country.　Such various people as President Eisenhower, Robert Frost, Leonard Bernstein, Bob Hope, Walt Disney, Henry Ford II, Jack Benny, and thousands upon thousands of people, both great and small, used Kramer's Thank-U-Grams ─ an idea that grew out of a father's desire to teach his children a moral principle about life.

　(注) the good 長所，美徳　　cliché（言い古された）決まり文句　　principle 原則，主義
　　　appreciation 感謝　　generosity 寛容　　telegram 電報
　　　Western Union ウエスタン・ユニオン（アメリカに本拠を置く金融，及び通信会社）

(1)　①の(　　)内に入れるのに最も適切なものを，次のア～エの中から選び，記号を○で囲みなさい。
　　ア　after　　イ　or　　ウ　before　　エ　and

(2)　下線部②が表す意味として最も適切なものを，次のア～エの中から選び，記号を○で囲みなさい。
　　ア　それは過去同様，今でも真実を言い当てている。
　　イ　それは，今では過去ほど真実を言い当ててはいない。
　　ウ　それは過去とは違い，現在にのみ当てはまることだ。
　　エ　それは過去よりさらに現在に当てはまることだ。

(3)　③の(　　)内に入れるのに最も適切なものを，次のア～エの中から選び，記号を○で囲みなさい。
　　ア　express　　イ　expressed　　ウ　was expressed　　エ　expressing

(4) ④の(　　)内の語(句)を正しく並べかえた順序として適切なものを，次のア～エの中から選び，記号を○で囲みなさい。

　　ア　3－5－2－1－6－4

　　イ　3－5－2－4－6－1

　　ウ　4－5－2－1－3－6

　　エ　4－5－6－3－2－1

(5) 下線部⑤の説明として最も適切なものを，次のア～エの中から選び，記号を○で囲みなさい。

　　ア　ウエスタン・ユニオンにデザインを委託された，感謝を伝えるための電報。

　　イ　ウエスタン・ユニオンの伝統を引き継いで送られた，黄色い葉書。

　　ウ　ウエスタン・ユニオンを利用して送る感謝を伝えるための電報。

　　エ　ウエスタン・ユニオンの電報のデザインを模した，感謝を伝えるための葉書。

(6) 本文の内容と一致するものを，次のア～エの中から1つ選び，記号を○で囲みなさい。

　　ア　Kramer asked each of his children to look for the good in at least three people every day.

　　イ　Every evening Kramer made a report about the good his children found that day.

　　ウ　The Kramer family was too busy to design their own card.

　　エ　President Eisenhower was one of the people who received a Thank-U-Gram from Kramer's children.

174

次の英文を読んで，あとの問いに答えなさい。　　　　　　　　　　　　　　　（城北埼玉高）

　I have a special rule for travel: never carry (　①　). I like to ask which way to go. Sometimes I get lost, but I usually have a good time. I can practice a new language, meet new people, and learn new customs. And ②I discover different "styles" of directions *every time I ask, "How can I get to the post office?"

5　Foreign tourists are often confused in Japan because most streets there don't have names; in Japan, people use ③landmarks in their directions *instead of street names. For example, the people in Japan will say to travelers, "Go straight down to the corner. Turn left at the big hotel and go past a fruit market. The post office is across from the big bookstore."

10　In the *countryside of the American Midwest, there are not usually many landmarks. There are no mountains, so the land is very flat; in many places there are no towns or buildings within miles. Instead of names of towns or buildings, people will tell you directions and distances. In *Kansas or *Iowa, for example, people will say, "(　④　). Turn east, and then go ⑤another mile."

15　People in Los Angeles, California, have no idea of distance on the map: they measure distance in Los Angeles in time, not miles. "How far away is the post office?" you ask. "Oh," they answer, "(　⑥　)." You say, "Yes, but how many miles away is it?" They don't know.

　People in *Greece sometimes do not even try to give directions because tourists

usually don't understand the Greek language. A Greek will often say, "(⑦)." ₂₀
Then he will lead you through the streets of the city to the post office.

Sometimes a person doesn't know the answer to your question. What happens
in this situation? A New Yorker may say, "Sorry, I have no idea." (⑧) in
*Yucatan, Mexico, no one answers, "I don't know." People in Yucatan believe that
"I don't know" is not good. They usually give an answer, sometimes a wrong one. ₂₅
⑨<u>One thing</u> will help you everywhere — in Japan, the United States, Greece,
Mexico, or any other place. You may not understand a person's words, but you
can probably understand the person's body language: he or she will usually turn
and then point in the correct direction. Go in that direction, and you will find the
post office. ₃₀

(注) every time ～するたびに　　instead of ～の代わりに　　countryside いなか
　　Kansas カンザス州　　Iowa アイオワ州　　Greece ギリシャ　　Yucatan ユカタン半島

(1)　①の(　)内に入れるのに最も適切なものを，次のア～エの中から選び，記号を○で囲みなさい。
　　ア　a map　　　　　　　　　　　　イ　a suitcase
　　ウ　a long list of my friends　　　エ　important things

(2)　下線部②の意味に最も近いものを，次のア～エの中から選び，記号を○で囲みなさい。
　　ア　I think that their customs are very different from ours
　　イ　I try hard to know about different ways of thinking
　　ウ　people tell me how to get there in many ways
　　エ　languages are different from place to place

(3)　下線部③を含む段落中で筆者が挙げている具体例のうち，下線部③に<u>相当しないもの</u>を次のア～
　　エの中から1つ選び，記号を○で囲みなさい。
　　For example, the people in Japan will say to travelers, "Go straight down to
　　the corner. Turn left at ₇<u>the big hotel</u> and go past ₄<u>a fruit market</u>. ₉<u>The post
　　office</u> is across from ₁<u>the big bookstore</u>."

(4)　④の(　)内に入れるのに最も適切なものを，次のア～エの中から選び，記号を○で囲みなさい。
　　ア　Go north two miles
　　イ　Go straight down to the bookstore
　　ウ　Drive your car about half an hour
　　エ　It's about ten miles

(5)　下線部⑤の意味に最も近いものを，次のア～エの中から選び，記号を○で囲みなさい。
　　ア　one　　イ　more　　ウ　other　　エ　one more

(6)　⑥の(　)内に入れるのに最も適切なものを，次のア～エの中から選び，記号を○で囲みなさい。
　　ア　It's about one kilometer from here
　　イ　It isn't far away
　　ウ　It's about five minutes from here
　　エ　It's about two miles from here

(7) ⑦の( )内に入れるのに最も適切なものを，次のア～エの中から選び，記号を○で囲みなさい。

　　ア　You don't understand our language

　　イ　Follow me

　　ウ　It's not so far away from here

　　エ　I'll draw you a map

(8) ⑧の( )内に入れるのに最も適切なものを，次のア～エの中から選び，記号を○で囲みなさい。

　　ア　And　　イ　For example　　ウ　But　　エ　So

(9) 下線部⑨が指す内容として最も適切なものを，次のア～エの中から選び，記号を○で囲みなさい。

　　ア　a map　　　　　　　　　　イ　a person's words

　　ウ　a person's body language　　　　エ　a direction

(10) この文章の題名として最も適切なものを，次のア～エの中から選び，記号を○で囲みなさい。

　　ア　How can I get to the post office?

　　イ　How long does it take to the post office?

　　ウ　How far is it to the post office?

　　エ　Everybody has an answer to your question.

175

次の英文を読み，あとの問いに答えなさい。　　　　　　　　　　　　　　　(東京・巣鴨高)

When Raymond sat down to dinner with Shiori's family, his *mother-in-law showed his tableware to Raymond. "This is Raymond's bowl," she said to him. "These are Raymond's chopsticks. This is Raymond's tea cup."

Raymond was very *confused. ①<u>Was the family (　　　) afraid of him (　　　)</u>
⁵ <u>they didn't want to share chopsticks with him?</u> Did his mother-in-law buy new bowls and cups just for him *so that he wouldn't contaminate the ones the family used?

He looked to Shiori for support. But Shiori didn't seem to notice anything unusual. So Raymond just smiled and said, "Thank you," ②<u>even though he</u>
¹⁰ <u>certainly didn't (　　　) (　　　) smiling and saying "thank you!"</u> But other than that, the first dinner went very well. Shiori's family was very polite to Raymond, and Raymond was very polite to them. They asked him many questions about England. Shiori's dad got a little drunk and soon fell asleep at the table.

The next morning, Raymond and Shiori came downstairs for breakfast.
¹⁵ Raymond went to the cupboard and took a bowl. Raymond saw his mother-in-law ③<u>freeze</u>. Her face looked like she was in pain. Raymond looked at the bowl in his hand. He realized that it wasn't "his bowl." Without thinking, he had taken the first bowl he'd seen in the cupboard — just like he did in England.

In the West, there are no different bowls for different people. All the (　④　)
²⁰ and forks look the same.

Raymond remembered that "his bowl" looked a little different, but he couldn't remember which one it was. "Does ⑤it really matter that much?" he thought. He decided to just use the bowl he had in his hands. After all, he'd already touched it.

Shiori looked at her mother and looked at Raymond, with the bowl in his hand. Shiori laughed and said, "Oh, Raymond is Dad today!" Raymond realized that all of the family members had their own bowls — not just him. This (⑥) him feel happy. Surely if it was such a big problem to use the wrong bowl, she would correct him!

So Raymond started to put rice in the bowl. He looked at his mother-in-law to see if she had relaxed. But *instead her face looked even more pained! ⑦Raymond didn't know what to do. Now what was the problem? Should he put the rice back in the rice cooker, wash the bowl, and put it back in the cupboard? Maybe he should just give up and go back to bed!

Then his mother-in-law asked *shyly: "Are you going to put miso soup in with the rice?" Raymond not only took the father's bowl, but also he was putting rice in the bowl for miso soup! When Raymond realized his ⑧"double mistake," he had to laugh. ⑨He put down the bowl and threw up his hands. "It's all too *complicated!" he said.

Then she explained to Raymond that in many Japanese families, it was the *custom for each member to have his or her own tableware. *In particular, some girls don't want to use the same cups and bowls that their fathers use, Shiori explained. Raymond thought this was sad — and a little strange!

"But doesn't everyone share the same bath water? That is (⑩) than sharing chopsticks, isn't it?" he thought but he didn't say anything.

Raymond was happy to learn that having "his bowl" was completely normal in Japanese culture. In fact, he realized that having his own bowl, cup, and chopsticks — just like everyone else — (⑪) him part of the family.

(注) mother-in-law 義理の母　　confused 困惑した　　so that he wouldn't contaminate ～を
彼が汚さないように　　instead 代わりに　　shyly おずおずと　　complicated 複雑な
custom 習慣　　in particular 特に

(1) 次の日本語を参考にして，下線部①②の空所にそれぞれ適切な語を入れなさい。
　　① 家族は自分のことを怖がっているので，自分といっしょの箸を使いたくないのだろうか
　　② 彼は笑って「ありがとう」となんて言いたくなかったが

　　　　　　　　　　①(　　　　　　　)(　　　　　　　) ②(　　　　　　　)(　　　　　　　)

(2) 下線部③は「だれのどんな状態」を表していますか。最も適切なものを，次のア～エの中から選び，記号を〇で囲みなさい。
　　ア　レイモンドが息苦しく感じている
　　イ　義理の母が自分の体調の悪さを気にしている
　　ウ　レイモンドが気まずく感じている
　　エ　義理の母が戸惑っている

(3) ④の(　　)内には「ナイフ」の複数形が入ります。英語で答えなさい。　　　　(　　　　　　　)

(4) 下線部⑤の it は何を指しますか。最も適切なものを，次のア～エの中から選び，記号を○で囲みなさい。

　　ア　家族みんなのお椀の形が少しずつ違っていること
　　イ　家族みんなが自分自身のお椀を使うこと
　　ウ　手を洗わずにお椀に直接触れてしまうこと
　　エ　お父さんのお椀をレイモンドが使ってしまうこと

(5) ⑥と⑪の（　　　）内に共通して入る最も適切な語を，次のア～エの中から選び，記号を○で囲みなさい。

　　ア　brought　　イ　had　　ウ　let　　エ　made

(6) 下線部⑦を次のように書きかえたとき，（　　　）内に適切な語を入れなさい。

　　Raymond didn't know what (　　　　　　) (　　　　　　) (　　　　　　).

(7) 下線部⑧の内容を，日本語で説明しなさい。

_____

(8) 下線部⑨を次のように書きかえたとき，（　　　）内に適切な語を入れなさい。ただし，空所に入れるべき語は本文中から連続する２語を探し，必要があれば語形を変えること。

　　He put down the bowl and (　　　　　　) (　　　　　　).

(9) ⑩の（　　　）内に入る最も適切な語を，次の語群から１つ選びなさい，ただし，必要があれば語形を変えること。

　　語群：[bad good happy sad]　　　　　　　　　　　　　　（　　　　　　）

> **176**

次の英文を読み，あとの問いに答えなさい。　　　　　　　　　　　　　　（東京・桐朋高）

　　The Olympic Games bring fame, status, and excitement to their host city. They also bring economic benefits. At the 2008 Summer Games in Beijing, China, for example, tourists spent more than $2 billion. But then the tourists go home. The excitement slowly ①<u>fades</u>. The host city now has something to worry
5 about — something really big. "The operation of stadiums after the Olympics," says one stadium manager in Beijing, "is a worldwide problem."

　　Most stadiums cost $7-10 million per year to operate. A lot of the money goes into maintenance. In addition, there are other costs, from paying stadium workers' salaries to fire insurance. As the costs add up, the stadiums can become
10 ②<u>a big economic headache</u>.

　　When Nagano, Japan, hosted the 1998 Winter Games, the city built five stadiums. ③<u>The plan was for people to enjoy the stadiums after the Olympics were over</u>. But today, only two are used. One, the bobsled stadium, is closed all but two months of the year. It costs $13,000 a day to keep the ice frozen.

15 Athens, Greece, host of the 2004 Summer Games, has the same problem. All but one of its twenty-two stadiums are now empty. There is no water in the Olympic swimming pool. Even so, the city has spent almost $1 billion on maintenance. ④<u>The situation</u> has many people in Athens feeling upset. "I used to think the Olympics were worth it," says Stelious Thanelas, who lives near one of

the empty stadiums. "(⑤) The stadiums aren't being used and nothing has been done." The Greek government hopes to rent or sell many of the stadiums to private companies. So far, it has had little luck.

It seems that the bigger a stadium is, the bigger the economic problem it creates. Perhaps the most famous example is the Olympic Stadium of Montreal, Canada. This stadium, built for the 1976 Summer Games, was originally called "The Big O" because of its circular shape. But today it is more often called "The Big Owe." The stadium's architect wanted "The Big O" to be one of the greatest buildings in the world.

⑥

Though it was originally expected to be around $115 million, the stadium's final cost was over ten times that amount. Canadian taxpayers only finished paying for the stadium in 2006, after thirty years. Today the stadium is in poor condition and rarely used.

To solve its stadium problem, the city of Montreal will need fresh ideas. Sydney, Australia, may have the answer. This city, the host of the 2000 Summer Games, found a way to solve its Olympic Stadium problem. In 2002, the Australian government sold the rights to name the stadium. For six years, the stadium was named after a telephone company. Now the naming rights belong to a bank, at a cost of $20 million over seven years. The city also rents the stadium to local sports teams. "For the first time, we expect to break even," says the manager.

Beijing hopes to break even on its stadiums as well. [A] But the idea of naming rights is very controversial in China. [B] As one writer said, "These are buildings of historical importance. [C] We cannot change their names just to make money." [D] As the people of Montreal know, a big stadium, if not carefully managed, can become a big mistake.

(注) benefit 利益　　insurance 保険　　all but ～以外すべて　　architect 建築家　　amount 量　owe 借り〔借金〕　　rarely めったに～しない　　rights 権利　　break even 赤字を出さない　controversial 論争となる

(1) 下線部①と同じ意味になるものを，次のア～エから１つ選び，記号を○で囲みなさい。
　　ア gets wilder　　イ disappears　　ウ builds up　　エ is welcomed

(2) 下線部②が起きる原因について35字程度の日本語で説明しなさい。

_____

_____

(3) 下線部③を日本語になおしなさい。

_____

(4) 下線部④の指す状況を40字程度の日本語で答えなさい。

_____

(5)　⑤の(　　)内に入れるのに最も適切なものを，次のア〜エの中から選び，記号を○で囲みなさい。

　　ア　Yes, I do now.　　イ　No, I didn't.

　　ウ　Now, I don't.　　エ　I have the same idea.

(6)　空欄⑥には，次の文が入ります。文意が通じるように正しい順番に並べかえなさい。

　　ア　The design was so complex that workers were unable to complete it in time for the opening of the Games.

　　イ　He also created a special roof that could open and close.

　　ウ　In fact, construction on the stadium was not completed until 1990, fourteen years later.

　　エ　He created a complex design, with a large tower on one side of the stadium and swimming pools at the base of the tower.

　　　　　　　　　　　　　　　　(　　　)→(　　　)→(　　　)→(　　　)

(7)　次の文は Beijing hopes で始まる最後の段落から抜き出したものです。入れるべきところを，[　A　]〜[　D　]から選び，記号で答えなさい。

　　Beijing, however, may not have any other choice.　　　　　　　(　　　)

(8)　本文の内容と合っているものを，次のア〜オの中から1つ選び，記号を○で囲みなさい。

　　ア　The bobsled stadium in Nagano is open ten months of the year.

　　イ　The Greek government has been successful in selling the stadiums.

　　ウ　Taxes are still being used for paying for the stadium in Canada.

　　エ　It cost more than 1 billion dollars to build "The Big O."

　　オ　The name of the Olympic Stadium in Sydney now comes from a telephone company.

177

次の英文を読み，あとの問いに答えなさい。　　　　　　　　　　(東京・明治大付中野高)

　If a cheetah, a wolf, and a well-trained human all entered a marathon, who would win?　The cheetah would take an early lead.　The wolf would probably pass the cheetah after a few miles.　But at the end of the marathon, the human would be the first to cross the finish line.　Humans have only two legs but a wonderful ability for running.　Our strong lungs give us the power needed to run long distances.　And because we can sweat, we can control our body temperature while we run.　Why are we so good at running? Running was (　①　) for early human survival.　Of course, we don't often need to run for survival these days.　All the same, running continues to play an important role in human cultures all over the world.

　Marathon running is perhaps the best-known example of human running culture.　That is because it is big business.　The best runners compete for millions of dollars in　②(watched / that / people / by / on / races / millions / are / of)　television.　And, of course, businesses promote products such as athletic shoes during the competition.

　How does someone become a top marathon runner? The legendary runners of

Kenya seem to have found the answer. Iten is a small farming town in Kenya's western highlands. It is also home to seven of the world's top ten marathon winners. Most of them are members of the Kalenjin tribe. The Kalenjini have ideal bodies for running. Their slim bodies and long legs are perfect for running. ₂₀ And because Iten is 8,000 feet above sea level, the Kalenjini develop an enormous lung capacity. They need it to get oxygen out of the (③) air. This gives the Kalenjini an important advantage when they compete in races at lower altitudes.

Thousands of miles away from Iten, in the mountains in western Mexico, the Tarahumara live. They call themselves the running people (④) they love to ₂₅ run long distances through the mountains. The Tarahumara do not have much contact with the outside world. However, their amazing capacity for long-distance running has caught the attention of researchers. Unlike top marathon runners, the Tarahumara do not compete for prize money. Instead, they run when they are playing traditional games and when they are competing in two- to three-day-long ₃₀ races over mountains. There is no million-dollar prize waiting for them. For the Tarahumara, running seems to be its own reward.

Some monks high in the mountains near Kyoto, Japan, run for a different reason. They run to reach enlightenment. The 1,000-day challenge of the monks of Hiei involves intense periods of running, as well as a period of extreme ₃₅ physical difficulty. The challenge takes seven years to complete. Only fifty monks have finished it since 1585, and only thirteen men have completed the race since World War II. The motivation to succeed is high, and monks solemnly promise to finish or kill themselves.

In each of the first three years, a monk must run about 30 kilometers every day ₄₀ for 100 days. In the fourth year and the fifth year, he has to run about 30 kilometers a day for 200 days. Then comes a different type of challenge. For nine days, the monk cannot eat, drink, or sleep. At the end of the nine days, he is often near death.

If the monk survives, he will go on to the next challenge. In the sixth year, he ₄₅ runs 60 kilometers every day for 100 days. And in the final year, he goes 84 kilometers a day for 100 days and then 30 kilometers a day for another 100 days.

The few monks who have completed the 1,000-day challenge say that they now see the world in a new way. They report that they experience things more intensely. They notice a dramatic improvement in all of their senses; they can ₅₀ see, hear, taste, and smell much (⑤) than before. They also say that they have a much greater appreciation for life.

It is true that these three running cultures are very different. However, they all remind us that running has always played an important role in human life and culture. The tradition continues today as people all over the world continue to ₅₅ run for money, sport, exercise, enlightenment, or just plain fun.

(注) lung 肺　distance 距離　sweat 汗をかく　compete 競う　legendary 伝説の
Kalenjin tribe カレンジン族　capacity 能力　altitude 標高　Tarahumara タラウマラ族
reward 報酬　monk 僧　enlightenment 悟り
1,000-day challenge 千日回峰行(比叡山延暦寺の修行)　involve 必要とする
intense 集中した, 真剣な　physical 肉体的な　complete 成し遂げる　solemnly 厳粛に
intensely 集中して　appreciation 感謝

(1) ①の(　)内に入れるのに最も適切なものを, 次のア～エの中から選び, 記号を○で囲みなさい。

　ア　necessary　　　イ　impossible　　　ウ　traditional　　　エ　unusual

(2) ②の(　)内の語を正しく並べかえなさい。

_____

(3) ③の(　)内に入れるのに最も適切なものを, 次のア～エの中から選び, 記号を○で囲みなさい。

　ア　hot　　　　　　イ　cold　　　　　　ウ　thick　　　　　　エ　thin

(4) ④の(　)内に入れるのに最も適切なものを, 次のア～エの中から選び, 記号を○で囲みなさい。

　ア　when　　　　　イ　because　　　　ウ　if　　　　　　　　エ　though

(5) ⑤の(　)内に入れるのに最も適切なものを, 次のア～エの中から選び, 記号を○で囲みなさい。

　ア　better　　　　　イ　more　　　　　ウ　easier　　　　　エ　harder

(6) 次の質問に対する答えとして最も適切なものを, ア～エの中から選び, 記号を○で囲みなさい。

1．What are two advantages that the Kalenjini runners have?
　ア　They have large lungs and the ability to sweat a lot.
　イ　They have strong lungs and perfect bodies for running.
　ウ　They have long legs and good athletic shoes.
　エ　They have special bodies and a love of running.

2．What is special about the Tarahumara?
　ア　They want to be strong.
　イ　They drink a lot of water when they run.
　ウ　They run for fun.
　エ　They win large amounts of money.

(7) 本文の内容と合うように, 次の文の(　)内に適する語を, ア～エの中から選び, 記号を○で囲みなさい。

The monks of Hiei follow a program that gets more and more (　) over the course of seven years. When they finish, they feel that they are sharper and more alive.

　ア　excited　　　　イ　useful　　　　ウ　careful　　　　エ　difficult

(8) 次の英文が本文の要旨となるように, ＡとＢの(　)内に適する語を答えなさい。

Although there is a clear (　Ａ　) between the running cultures of the Kalenjini, the Tarahumara, and the monks of Hiei, (　Ｂ　) is a part of all human cultures. We may no longer run as a way of moving from one place to another, but (　Ｂ　) is still important for sport, fun, or enlightenment.

A (　　　　　　) B (　　　　　)

次の英文を読み，あとの問いに答えなさい。   （東京・筑波大附高）

"Get up!" Keelut's voice wakes me up. My brother looks at me for a moment.
"Anyu! We are waiting for you." He kicks my foot lightly and walks away. I
watch him, and hope he will turn around and come back to me with a smile. We
used to tell each other everything, but since my father died Keelut has become a
stranger to me. This is the day of my first hunting. My father worked hard to ₅
prepare me for it. He said I was ready, but ①I am not so sure. Keelut has taken
care of us by himself. I don't want to be another mouth for him to feed. I want
to hunt together with him. How can I be like Keelut?

The early morning silence is broken by the cry of the dogs outside. "I'm
coming." Quickly, I put on my clothes, and get out of our house. Keelut is ₁₀
putting things on the sled. The dogs are running and jumping with energy.

"Anyu, work hard with your brother," my mother says. She pulls me to her
tightly. Keelut's cool brown eyes are on us now. Then, he turns his eyes away
and goes to check the dogs. He is the oldest son. Since my father died he has
played his new role as a father. I miss that old friendly Keelut. But I know ₁₅
②something has changed.

"Let's go," Keelut says. The sled starts running as soon as I climb on it. He
makes a loud cry, "Go! Go!"

The sun shines higher in the sky when we reach the ocean. It is covered with
ice and all white. It looks very much like hard ground.   ₂₀

The dogs slowly come to a stop. I watch Keelut in silence when he checks the
frozen sea before us. Keelut steps off the sled and stands on the ice.

"This is a good spot," he says. "Now, we look for breathing holes."

"It all looks the same."

" ③It's a tough job," he says.   ₂₅

Keelut pulls out a harpoon from the sled. It is my harpoon. It was made by my
father.

"Seals have to come up for air anyway," Keelut says. He holds up the harpoon,
and hands it to me. He takes the other harpoon for himself and turns away.

"We have ④(a / and / chance / cover / ground / better / if / more / separate / ₃₀
we)," he says.

I start to walk in a different direction. I walk around for hours. Finally, I find
a dark spot in the ice. This is the breathing hole I've looked for all morning. I
stand over it. I put my hand into my pocket and pull out a piece of bone with a
feather. I lightly cover the hole with snow. I push the bone into the snow until it ₃₅
stands up straight. Now, everything is set. I hold the harpoon and set my eyes
on that feather. I am waiting for the moment to strike.

Then, the last talk with my father comes back to my mind.

"When the seal comes up for air, his breath will move the feather.   It's time to
40 strike with your harpoon," he told me.

"When will I be ready to go with you?" I asked.

"Soon," he answered, "you will be ready for the hunting very soon."

I take a deep breath. "(⑤   )," I say to the wind. Tears run down on my
face.

45   I don't know how long I sit and look before the feather begins to move. It is
moving so gently that I feel my eyes are playing tricks on me. But the moving
becomes more rapid, and my heart is beating hard to the same rhythm.

I hold the rope at the end of the harpoon in one hand, and raise the harpoon
high over my head. I throw it into the cold water with all my power. There is a
50 silence. The harpoon is pulled into the water. I try my best to pull it up, but it
won't come up. The seal is really heavy and powerful. I am afraid that I will be
pulled down into the water. At this moment my father's voice comes with a soft
wind.

"My son, keep your feet on the hard ice. Put your arms on the sides of your
55 body." I follow his words.

"Now call your brother Keelut. He will come to help you. Anyu, I'm always
with you." His voice is gone with the wind.

⑥

Keelut looks at me for a while. We sit down on the ice.

"It won't be long before it's dark," he tells me. We drag the seal slowly across
60 the ice to the sled.

The sky is gray when we return to our house. My mother is waiting outside.
Her eyes look at Keelut's face. He looks back at her and (⑦   ) his head. She
smiles.

Keelut and I drag the seal to an open area behind our house. Keelut starts to
65 cut the seal meat like my father did. I sit and watch him.

"You did well today," he says. He continues without looking up.

"Keelut?"

"Yes."

"I think maybe our father brought that seal to me. I think he was there with
70 us." Keelut stops and looks at me without saying a word.

"Did you feel he was with us?" I ask.

"I feel he is with us all the time," he says. His eyes are soft and wet with
tears.

"(⑧   )" I ask.

75 "Yes, he does. He said that you were ready to hunt with me," he answers.

"I missed you," I tell him in tears.

"I have never left you, my brother. I'm always with you even if I'm not standing beside you." He looks up at me and smiles for the first time since our father died.

(注) lightly 軽く　sled そり　check 調べる　frozen 氷結した　breathe 呼吸をする
harpoon もり　rope ロープ　seal アザラシ　feather 羽根　drag 引きずる

(1) 下線部①のあとに語句を補って内容を明確にするとき，次の文の（　）内に入る最も適当な語を1語ずつ書きなさい。

I am not so sure that I am (　　　　　) (　　　　　) it.

(2) 下線部②のようになった原因を述べた1文が本文中にある。その文の最初と最後の2語をそれぞれ抜き出して答えなさい。

最初…(　　　　　　　　　　)　　最後…(　　　　　　　　　　)

(3) 下線部③が指す内容を，句読点を含めて25字以内の日本語で答えなさい。

_____

(4) ④の（　）内の語を，意味が通るように並べかえなさい。

_____

(5) ⑤の（　）内に入る最も適切なものを，次のア～エの中から選び，記号を○で囲みなさい。

　ア　Not soon enough　　イ　Not deep enough
　ウ　Not late enough　　エ　Not long enough

(6) 次のア～エは，本文中の空所⑥に入る英文である。意味が通るように正しい順番に並べかえ，記号で答えなさい。

　ア　Soon he comes.
　イ　He holds the rope and pulls it together with me.
　ウ　I call my brother's name at the top of my voice.
　エ　It doesn't take a long time for us to bring the seal up on the ice.

（　　　）→（　　　）→（　　　）→（　　　）

(7) ⑦の（　）内に入る最も適切な1語を答えなさい。　（　　　　　　）

(8) ⑧の（　）内に入る最も適切なものを，次のア～エの中から選び，記号を○で囲みなさい。

　ア　Does he look at you?　　イ　Does he talk to you, too?
　ウ　Does he leave you?　　エ　Does he stop you, too?

(9) 次の英文はこの日の晩にAnyuの母が書いたものである。本文の内容に沿って，①～④の（　）内に最も適切な1語を書きなさい。

Today was Anyu's (①　　　　　) hunting day. He wanted to hunt as well as his brother Keelut, but I was (②　　　　) about how he would work with Keelut. Before they left home, I (③　　　　) Anyu tightly. I hoped that he would have good luck. Luckily, they caught a seal. I smiled when they returned home with the seal. They believe their father always (④　　　　) with them and supports them.

179

次の英文を読み，あとの問いに答えなさい。 (東京・西高)

　　When I got into high school, I joined the basketball team for girls because I loved basketball very much.　That year there were seven new students who joined the team.　One of them was Saori, my classmate and good friend.　She played better than any of the first-year players, so she soon became the only
5　first-year *starter.　"*Congratulations, Saori," I said.　"Thank you, but I was just lucky," she said.　"I hope I will also be a starter in the near future," I said. "How can I become a starter like you?"　She thought *for a moment and answered, "*Practice makes perfect."　"①Is that all?" I asked.　"Yes, my father always says so," she answered, "so I never missed a practice in my junior high
10　school days."　Then I practiced and practiced to *catch up with her.

　　At last, my dream came true.　When I was a second-year student, our *coach asked me to be a starter on the team.　Of course, Saori was still one of the starters.　I was often able to *make baskets three or four meters away.　I began making them four or five times in a practice game and *getting recognition for
15　it.　At that time she said to me, "Congratulations! I'm really *counting on you. I'll pass you the ball as often as I can in the next game on Saturday.　Make many baskets!"　"②Sure, I will," I said.

　　The evening before the game, when I finished eating dinner, I got an email from Saori.　I was very surprised to read it.　It said, "I can't play in the game
20　tomorrow because I *got injured."　I got worried.　"What's (　　　　　　)?" my father asked.　I told him about her trouble.　Then he said, "*As you see, you can't play basketball alone.　So it is important to *believe in the team members at all times.　Even the team which has very good players cannot win the game if the members don't believe in each other."　He left me at the dinner table to think
25　about it.

　　The day of my first game as a starter came.　I was not happy because Saori wasn't there.　Our coach knew Saori couldn't play in the game, so he asked Moe to join the starters.　She was one of the new members when I joined this team, but she couldn't play better than Saori.　I was worried because the game
30　wouldn't go well with Moe.　Soon the game began and it went just as I thought. She sometimes couldn't pass the ball or make a basket.　"No problem.　It's OK," I said to Moe with a smile but I knew there was another person who was saying a different thing inside of me.　When I saw the faces of the other starters, I thought they were worrying about her, too.　Our teamwork was not going well.
35　③I knew missing just one player would make a big difference.　In the second *period, our team was ten points behind.

　　During the break between the second and the third period, Saori came to watch the game.　All the team members ran to her.　"Are you all right?" I asked. "No problem.　I rode my bike last night, and suddenly a cat ran out into the street. I *avoided hitting it but I fell down," she said. "The doctor said my ₄₀ right arm wasn't broken but I can't play basketball for a month." No one was able to say a word. "Come on! You have two more periods. Just keep going!" she said with a smile. Then everyone's smile came back. I was still sad because she couldn't play in the game with us, but at the same time I *felt safe while she was there with us. She finally said, "You can do it!" When I heard ₄₅ this, I remembered ④ my father's words. Then I found out why we were worried about Moe. "Can we talk?" Saori said to Moe. I was wondering what they were talking about, but the third period was just going to start. I said to all the starters, "We have always practiced hard, right? Believe in each other, and we will win." ₅₀

In the third period, Moe *regained her composure and she was able to pass the ball. Every starter ran, passed, and *blocked. Our team began to *take control of the game. In the last minute of the game, Moe caught a pass from me and got the *winning points.

After the game I talked with Saori. "We were able to win the game because you ₅₅ were here with us," I said. "Thank you," she said, "but you won because you and other members never gave (   ) until the game was over." "By the way," I said, "what were you talking about with Moe before the third period?" "That's very simple," she answered. "Just play as you do in practice."

(注) starter スターティングメンバー　　Congratulations おめでとう
for a moment ちょっとの間，一瞬　　Practice makes perfect. 継続は力なり。練習を続ければ完璧になる。　　catch up with 〜 〜に追いつく　　coach コーチ
make a basket シュートを決める　　get recognition for 〜 〜を認められる
count on 〜 〜を頼りにする　　get injured けがをする　as 〜 〜するように
believe in 〜 〜を信頼する　　period ピリオド(試合時間を4分割したうちの1つの時間帯)
avoid 避ける　　feel safe 安心する　　regain one's composure 落ち着きを取り戻す
block ブロックする　　take control of 〜 〜の主導権を握る　　winning points 決勝点

(1) 下線部① Is that all? とあるが，このときの「私」の気持ちを次のように表現するとき，(   ) 内に入れるのに最も適するものを，ア〜エの中から選び，記号を○で囲みなさい。
　I'm very surprised because (   ).
　ア　Saori was lucky enough to become a starter
　イ　Saori told me her way of practicing basketball
　ウ　Saori has done only practice to become a starter
　エ　Saori used her father's words, not her own words

(2) 下線部② Sure, I will とあるが，このときの「私」の気持ちに最も近いものを，次のア〜エの中から選び，記号を○で囲みなさい。
　ア　I'm sure of getting a lot of points in the next game.
　イ　I'm happy to imagine that Saori and I will play together.
　ウ　I'm afraid of getting more recognition for making baskets.
　エ　I'm looking forward to passing the ball to Saori as often as I can.

(3) 下線部③<u>I knew missing just one player would make a big difference.</u>とあるが，この内容を次のように表現するとき，（　　）内に入れるのに最も適するものを，ア～エの中から選び，記号を○で囲みなさい。

I understood that (　　　).

ア　we had to believe in each other without Saori

イ　Saori was a very important player to our team

ウ　Moe had to practice more to catch up with Saori

エ　our teamwork would go well with Saori and Moe

(4) 下線部④<u>my father's words</u>とあるが，その内容を25字以上35字以内の日本語で説明しなさい。句読点も字数に含めます。

_____

(5) 本文中の2つの（　　）内に共通して入る適切な英語1語を書きなさい。　　　（　　　　　）

(6) 本文の内容と合っている文を，次のア～クの中から3つ選び，記号を○で囲みなさい。

ア　There were seven first-year students who became starters on the team.

イ　Saori said it was natural for her to become a starter when I said "Congratulations" to her.

ウ　I often made baskets three or four meters away before I became a starter.

エ　Saori got injured on Friday because a cat suddenly ran out into the street and hit her.

オ　Moe was a first-year student when she played the game for Saori.

カ　When Moe couldn't pass the ball or make a basket, I didn't think it was all right.

キ　Saori couldn't play the game with us because her right arm was broken.

ク　Our team won the game because Moe made a basket in the last minute of the game.

(7) あなたが学級活動や部活動，その他の団体活動などを通じて学んだことを，40語以上50語以内の英語で書きなさい。なお，英文の数は問いません。また，「,」や「.」などは語数に含めません。

_____
_____
_____
_____
_____

模擬テスト

✓ 実際の入試問題のつもりで，1回1回時間を守って，模擬テストに取り組もう。

✓ テストを終えたら，それぞれの点数を出し，下の基準に照らして実力診断をしよう。

80 ～ 100点	国立・私立難関高校入試の合格圏に入る最高水準の実力がついている。自信を持って，仕上げにかかろう。
60 ～ 79点	国立・私立難関高校へまずまず合格圏。間違えた問題の内容について復習をし，弱点を補強しておこう。
～ 59点	国立・私立難関高校へは，まだ力不足。難問が多いので悲観は無用だが，わからなかったところは復習しておこう。

1 次の各組の単語を発音するとき，下線部の発音が他の3つと異なるものを，ア〜エから1つずつ選び，記号で答えなさい。 (各2点，計8点)

(1) ア book<u>s</u>　　イ boy<u>s</u>　　ウ cap<u>s</u>　　エ desk<u>s</u>　　（　　）

(2) ア b<u>ou</u>ght　イ br<u>ou</u>ght　ウ th<u>ou</u>ght　エ thr<u>ou</u>gh　（　　）

(3) ア c<u>oo</u>k　　イ c<u>oo</u>l　　ウ g<u>oo</u>d　　エ w<u>oo</u>l　　（　　）

(4) ア mou<u>th</u>　　イ <u>th</u>ank　　ウ <u>th</u>ere　　エ <u>Th</u>ursday　（　　）

2 次の文の（　　）内に入れるのに最も適当なものをア〜エの中から選び，記号で答えなさい。

(各2点，計10点)

(1) I have lost my umbrella.　I have to buy (　　　).
　　ア it　　　　　イ that　　　　ウ this　　　　エ one

(2) Tom can't run as (　　) as Bill.
　　ア faster　　　イ fast　　　　ウ fastest　　　エ the fastest

(3) He was kind (　　) to give me some money.
　　ア too　　　　イ very　　　　ウ much　　　　エ enough

(4) I like this cheesecake (　　　) at Nikko Station.
　　ア sells　　　イ selling　　　ウ sold　　　　エ sale

(5) (　　　) is a son or a daughter of your uncle or aunt.
　　ア A brother　イ A cousin　　ウ A family　　エ A parent

3 各組の2文がほぼ同じ内容を表すように，（　　）内に適当な1語を入れなさい。(各3点，計15点)

(1) Albert comes from Italy.
　　Albert was (　　　　　) in Italy.

(2) Look at that church.　It has been here for more than two hundred years.
　　Look at that church.　It was built here more than two hundred years
　（　　　　　）.

(3) Can I have a look at your passport, please?
　　Can you (　　　　　) me your passport, please?

(4) I am sorry that my mother is always busy.
　　I wish my mother (　　　　　) always busy.

(5) Because you worked hard, we won the first prize in the contest.
　　(　　　　　) to your hard work, we won the first prize in the contest.

4 次の各対話文の（　　）内に入れるのに最も適当な語を，英語で答えなさい。　（各2点，計10点）

(1) A: (　　　　　　　) do you like better, tea or coffee?
　　B: I like coffee better.

(2) A: Do you know how (　　　　　) she is?
　　B: I think she is twenty.

(3) A: Thank you very much for your help.
　　B: You are (　　　　　　).

(4) A: (　　　　　　) is the date today?
　　B: It is February 2nd.

(5) A: (　　　　　　) we go to a movie?
　　B: Yes, let's go.

5 次の各組の文の（　　）内に共通して入る1語を答えなさい。ただし，文頭にくる語でも小文字で解答を始めること。　（各3点，計9点）

(1) Mary plays tennis as (　　　　　　) as Sarah.
　　What day is it today? — (　　　　　　), it's Sunday.

(2) Roses are a (　　　　　) of flower.
　　It was (　　　　　) of Mike to help me with my homework.

(3) You shouldn't (　　　　　) your opinion easily.
　　That comes to 9 dollars. — Here is 10 dollars. Keep the (　　　　　).

(1) (　　　　　　　)　(2) (　　　　　　)　(3) (　　　　　　　)

6 次の日本文に合うように，ア～カの語（句）を正しい順序に並べかえ，①と②にくる語（句）を記号で答えなさい。ただし，文頭にくる語も小文字で示してあります。　（各3点，計15点）

(1) 駅に到着してすぐに，私は父を呼びました。
　　As (　　) (① 　) (　　) (　　) (② 　) (　　), I called my father.
　　ア I　イ at　ウ soon　エ as　オ arrived　カ the station

(2) インドにおける主要な言語は何ですか。
　　(　　) (　　) (① 　) (　　) (② 　) (　　) India?
　　ア in　イ major　ウ is　エ what　オ the　カ language

(3) 父は今朝からずっと仕事をしている。
　　My father (　　) (① 　) (　　) (② 　) (　　) (　　).
　　ア morning　イ been　ウ this　エ working　オ since　カ has

(4) この町に関して質問をしてもよろしいですか。
　　Can I (　　) (　　) (① 　) (　　) (② 　) (　　) town?
　　ア some　イ about　ウ questions　エ this　オ you　カ ask

(5) 彼はジュンコの誕生日に彼女に会おうと決めた。
　　He (　　) (① 　) (　　) (② 　) (　　) (　　) birthday.
　　ア Junko　イ decided　ウ meet　エ to　オ her　カ on

7 次の英文の表題として適切なものを，下のア〜エから1つ選び，記号で答えなさい。 （5点）

"Hi." "Hello." "Good morning." "Good afternoon." "Good evening." "Good night." You may say these words when you greet someone. You may also say, "How are you?" or "Thank you." You may say these words many times in a day. You should say these words in a friendly way because they make your first impression. From your words, 5 the listeners will know who you are. If you greet people well, they will be interested in talking to you and want to know more about you. Greetings give us a good chance to make friends with people.

（注）greet あいさつをする　　in a friendly way 友好的に　　first impression 第一印象
　　　 listener(s) 聞き手　　chance 機会　　greeting(s) あいさつ

　ア　あいさつの起源について　　イ　あいさつの種類について
　ウ　あいさつの回数について　　エ　あいさつの大切さについて　　　　　　（　　　）

8 次の対話文を読み，あとの問いに答えなさい。 （(1)〜(5)・(7)各3点，(6)・(8)各5点，計28点）

Tom and Lisa are talking on the phone.

Tom: Hello, Lisa. This is Tom.

Lisa: Oh, hi. Where are you?

Tom: I'm at work. I have to do some ...

Lisa: What? It's already seven thirty! We're going to meet (　①　) half an hour.

Tom: Well, I know that. You see, I have to work late, so ②I can't make it tonight. I'm sorry, Lisa, but ...

Lisa: Oh, all right. I haven't finished my work anyway.

Tom: What about tomorrow night?

Lisa: That's no good. I'm playing tennis tomorrow afternoon. You know I play tennis every Tuesday, (　③　)?

Tom: How about ④afterwards?

Lisa: I usually go to Pizza Queen with Mary afterwards. Are you free Wednesday evening?

Tom: No, I can't make it on Wednesday. I want to watch a baseball game on TV. Are you (　⑤　) on Thursday?

Lisa: Yes. I'm doing volunteer work at the hospital on Thursday this week.

Tom: Well, that's not so important ...

Lisa: Hey! ⑥It's much more important than just watching a baseball game on TV! Well, we won't see each other until Friday.

Tom: Friday? What's happening on Friday?

Lisa: It's the dance party! Don't you remember?

Tom: Oh, that's right. But Carol's having a party on Friday. It's her birthday, and everyone from the office is invited.

Lisa: Does ⑦ that mean you aren't going to the dance?

Tom: Well, yes ... uh ... I mean, no ... uh ...

Lisa: Do you know your problem, Tom?　You're easily *influenced by other people.

Tom: But you can go to the dance party without me, right?

Lisa: Oh, thank you very much for ⑧ your advice, Tom!　I'll be able to find someone who can dance with me!

Tom: Wait!　I didn't mean ...

Lisa: I'm sorry, I'm busy.　I have a lot of housework to do.　Goodbye.

Tom: Lisa ... Lisa?　Oh, no ...

　(注) influence　影響する

(1)　空所（　①　）に入れるのに最も適切な前置詞を書きなさい。　　　　　　（　　　　　　）

(2)　次の英文は，下線部②I can't make it tonight. の具体的な内容を示すものです。対話文中の単語を用いて，空所にそれぞれ 1 語ずつ書きなさい。

　　Tom can't (　　　　　　) (　　　　　　) tonight.

(3)　空所（　③　）に入る語句を，次のア～エの中から 1 つ選び，記号で答えなさい。

　　ア　do I　　　イ　do you　　　ウ　don't I　　　エ　don't you　　　（　　）

(4)　下線部④afterwards の内容として考えられるものを，次のア～エの中から 1 つ選び，記号で答えなさい。

　　ア　Monday evening　　　イ　Tuesday morning

　　ウ　Tuesday evening　　　エ　Wednesday evening　　　（　　）

(5)　空所（　⑤　）に入れるのに最も適切な語を，対話文中より 1 語抜き出して書きなさい。

　　　　　　　　　　　　　　　　　　　　　　　　　　　　　　　　　　（　　　　　　）

(6)　下線部⑥It の指し示す内容を，句読点を含めて20字前後の日本語で説明しなさい。

_____

(7)　下線部⑦that の内容を表す英文として最も適切なものを，次のア～エの中から選び，記号で答えなさい。

　　ア　Carol is having a birthday party on Friday.

　　イ　Carol's birthday is on Friday.

　　ウ　Everyone is invited to the dance party.

　　エ　Tom might go to the birthday party on Friday.　　　（　　）

(8)　下線部⑧your advice の内容を，句読点を含めて20字前後の日本語で説明しなさい。

_____

1 次の(1)と(2)の語と，最も強く発音する位置が同じものをア～エの中からそれぞれ選び，記号で答えなさい。 (各3点，計6点)

(1) fa-vor-ite ( )

　ア en-e-my　　イ en-gi-neer　ウ mu-se-um　エ in-tro-duce

(2) re-mem-ber ( )

　ア char-ac-ter イ com-pa-ny　ウ po-si-tion　エ af-ter-noon

2 次の文の( )内に入れるのに最も適当なものをア～エの中から選び，記号で答えなさい。

(各2点，計14点)

(1) Speak slowly, ( ) I can understand you.

　ア because　　　イ or　　　　　ウ but　　　　　エ and

(2) He will tell ( ) he can come to the concert.

　ア to me that　　イ me that　　　ウ that me　　　エ that to me

(3) Satoshi runs ( ) faster than Kenta.

　ア much　　　　イ very　　　　ウ more　　　　エ so

(4) Please stay with me. You don't ( ) to look for a hotel.

　ア have　　　　イ go　　　　　ウ come　　　　エ must

(5) It stopped ( ) when I got home.

　ア rain　　　　イ raining　　　ウ rained　　　エ to rain

(6) This chair is made ( ) wood.

　ア in　　　　　イ from　　　　ウ with　　　　エ of

(7) I have two friends. One is from America, and the ( ) is from Australia.

　ア other　　　　イ another　　　ウ one　　　　エ next

3 各組の2文がほぼ同じ内容を表すように，( )内に適当な1語を入れなさい。(各3点，計12点)

(1) Why did he go home early yesterday?

　( ) made him go home early yesterday?

(2) I had almost no chance to meet her.

　I had ( ) chances to meet her.

(3) Kanae didn't have any clothes for the party.

　Kanae had nothing to ( ) for the party.

(4) My camera is not as expensive as yours.

　My camera is ( ) than yours.

4 次の対話文の(　　)内に入れるのに最も適当なものを，ア～エの中から選び，記号で答えなさい。

（各3点，計12点）

(1) A: How was your weekend?

　　B: It was terrible.

　　A: Why?

　　B: (　　)

　　ア　My father gave me a New Year's gift.

　　イ　I had fun reading many books.

　　ウ　I don't know what you mean.

　　エ　I lost my wallet.

(2) A: The movie we saw yesterday was not interesting.

　　B: I didn't think so.

　　A: What do you mean?

　　B: (　　)

　　ア　It was great.　　　　　　　イ　The story was bad.

　　ウ　I knew the story.　　　　　エ　I agree with you.

(3) A: Tom was really angry with you.

　　B: Was he? I don't know the reason.

　　A: I think you haven't returned his book yet.

　　B: Oh dear, you're right! (　　)

　　ア　I've already returned it.　　　イ　He should give it back to me.

　　ウ　It's all my fault.　　　　　　エ　He didn't mind.

(4) A: You look pale. Are you cold?

　　B: Yes. I feel a little cold.

　　A: (　　)

　　B: Yes, please.

　　ア　Will you open the window?　　イ　Do you want me to close the window?

　　ウ　Can you open the window?　　エ　Would you close the window?

5 日本文の意味に合うように，＿＿＿に適切な英語3語を書きなさい。　　　（各3点，計12点）

(1) 私はとても疲れていたので，家にいました。

　　I was ＿＿＿＿＿＿＿＿＿＿＿＿＿＿＿＿＿＿＿＿＿＿＿＿＿＿＿＿＿ I stayed home.

(2) (電話で)サムをお願いします。

　　＿＿＿＿＿＿＿＿＿＿＿＿＿＿＿＿＿＿＿＿＿＿＿＿＿＿＿＿＿ to Sam, please?

(3) その箱の中にはボールが何個ありますか。

　　How ＿＿＿＿＿＿＿＿＿＿＿＿＿＿＿＿＿＿＿＿＿＿＿＿＿ there in the box?

(4) これがだれの本かわかりますか。

　　Do you know ＿＿＿＿＿＿＿＿＿＿＿＿＿＿＿＿＿＿＿＿＿＿＿＿＿ is?

6 次の各文の **this**，**these** にあたる日本の事物を，日本語で答えなさい。　　　（各3点，計9点）

(1) These are paper dolls made by school children before going on a picnic or a hike, hoping that it will not rain.

(2) This is rice cooked together with red beans. Japanese people think that red is the color of joy, so this is eaten at festivals or on birthdays.

(3) These are New Year's greeting postcards for wishing a happy New Year to your friends and people you know well. But today there are many people who send e-mails instead on New Year's Day.

(1)(　　　　　　　　　)　(2)(　　　　　　　　　)　(3)(　　　　　　　　)

7 次の書き出しの英文に続くものとして，A～D の文を最も適切な順に並べかえたものを選び，記号で答えなさい。　　　（各5点，計10点）

(1) When Lincoln grew up, he became a shopkeeper for a few days.

> A. She left without waiting for her change.
> B. When he caught up with her, he said politely, "Here is your change, madam."
> C. When Lincoln noticed that, he ran after her.
> D. One day an old lady who bought some food at his shop left the shop in a hurry.

ア　B→A→D→C　　　イ　B→D→C→A
ウ　D→A→B→C　　　エ　D→A→C→B　　　　　　　　　　（　　　）

(2) It is Thanksgiving Day.

> A. As it is a holiday, Dad has been at home all day.
> B. Mother has been working hard in the kitchen all morning.
> C. She is cooking the Thanksgiving dinner.
> D. The children are also at home because they don't need to go to school today.

ア　A→C→B→D　　　イ　A→D→B→C
ウ　B→C→D→A　　　エ　C→B→A→D　　　　　　　　　　（　　　）

8 次の英文を読み，あとの(1)～(5)の文がその内容と一致していれば○を，そうでなければ×を書きなさい。　　　（各5点，計25点）

　John Myatt was an artist in England. He was married, and he had two little children. Then one day, she left her husband and the children.

　Now John was alone with the children. He didn't get much money from his job at an art school. He couldn't take another job because of the children. He needed a job that
5 he could do at home.

Art was something he could do at home. But he was not a famous artist. His pictures did not sell for a lot of money. Then he remembered that *copy of a *Picasso painting.

Some years before, a rich friend wanted to buy a picture by Picasso. It was very expensive. John said, "Don't buy it. I'll make a picture by Picasso for you." So he did. 10 He painted a picture that looked just like a real Picasso. His friend gave John a few hundred dollars and put the painting in his living room.

This was something John could do. He could paint just like any famous artist — like Picasso, *Van Gogh, or *Matisse. So he decided to make money this way, *copying famous pictures. He wrote his name on all of the pictures. He didn't want people to 15 think they were really by famous artists.

Then a man named Drewe bought some of John's pictures. A short time later, he bought some more, and then more. He paid John a lot of money for them. John understood that Drewe was not putting all the pictures in his living room. But he didn't tell John what he was doing, and John didn't ask. 20

After six years, John decided to stop selling pictures to Drewe. He didn't like the man, and he had enough money. But it was too late. The police knew about Drewe. They soon came to John's house. Then he learned from the police what Drewe did with his pictures. He removed John's name from them, and he sold them as pictures by famous artists. Everyone thought they were real. They paid a lot of money for 25 them.

But they were John's pictures, so John had to go to *jail for four months. When he came out, he was famous, too. The newspapers wrote about him. People wanted to know how he painted his pictures.

After that, he went to work for the police and worked with them to find copies of 30 famous art. He kept painting and had a big show in London of his pictures. They were copies of famous pictures. Now, of course, they had his name on them. But he sold them all for a lot of money.

(注) copy 模造品, 模造する　　Picasso, Van Gogh, Matisse いずれも世界的な画家の名前
　　　jail 刑務所

(1)　John started his painting job because he had to take care of his children at home.

(　)

(2)　John copied many famous artists' pictures and wrote their names on each picture.

(　)

(3)　At first John didn't know why Drewe bought his pictures.　　　　(　)

(4)　John's *fake pictures sold well because he never wrote his name on his pictures.

(　)

(5)　John was caught by the police and had to stop painting pictures after that.

(注) fake にせものの　　　　　　　　　　　　　　　　　　　　　(　)

⏱ 時間50分 | 得点 ／100

---

1 次の対話で, Bの発言のうち, ふつう最も強く発音する語(句)を記号で答えなさい。

(各2点, 計4点)

(1) A: Who drove you home?

　　B: I met <u>Brian</u> on my way <u>home</u>, and he <u>gave</u> me a <u>ride</u>.　　　(　　)
　　　　　　ア　　　　　　　　イ　　　　　　　ウ　　　　　エ

(2) A: What will you do if you find some money on the road?

　　B: Of course, <u>I'll</u> take <u>it</u> <u>to</u> <u>the police</u>.　　　(　　)
　　　　　　　　　ア　　　イ　ウ　　エ

---

2 次の文の(　　)内に入れるのに最も適当なものをア～エの中から選び, 記号で答えなさい。

(各2点, 計12点)

(1) Jonathan hoped to visit Canada again.

　　=Jonathan hoped that he (　　) Canada again.

　　ア　visited　　　　イ　visits　　　　ウ　will visit　　　エ　would visit

(2) John must take care of his baby.

　　=John must look (　　) his baby.

　　ア　after　　　　イ　into　　　　ウ　for　　　　エ　at

(3) Ben began playing soccer two hours ago.　He is still playing it.

　　=Ben (　　) playing soccer for two hours.

　　ア　was　　　　イ　had been　　　ウ　has been　　　エ　is

(4) Learning is different from teaching.

　　=Learning is one thing, and teaching is (　　).

　　ア　the other　　イ　another　　　ウ　others　　　エ　something

(5) No one could understand his English.

　　=He could not make himself (　　) in English.

　　ア　understanding　イ　understand　　ウ　to understand　エ　understood

(6) You don't have to hurry up.

　　=You (　　) not hurry up.

　　ア　must　　　　イ　may　　　　ウ　need　　　　エ　should

---

3 次の(1)～(5)の文には, 1箇所ずつ文法上・語法上あるいは意味上の誤りがあります。例にならって, 文中の誤っている箇所の記号を書き, その部分を正しく訂正しなさい。　(各3点, 計15点)

例　We <u>have known</u> <u>each other</u> <u>since</u> we <u>have met</u> in London by chance.
　　　　　ア　　　　　イ　　　　ウ　　　　エ

　誤　エ　⇒　正　met

(1)　We'll stay at <u>home</u> <u>if</u> it <u>will rain</u> tomorrow.
　　　　　　　　 ア　　　イ　　　ウ　　エ

(2)　She <u>has come</u> back <u>from</u> school <u>when</u> it began <u>to rain</u>.
　　　　　　 ア　　　　　イ　　　　　　ウ　　　　　　　エ

(3)　Do you know <u>the boy</u> and the dog <u>who</u> <u>are running</u> <u>along the river</u>?
　　　　　　　　　　 ア　　　　　　　　　イ　　　　ウ　　　　　エ

(4)　<u>As soon as</u> I <u>heard</u> the <u>surprised news</u>, I <u>called</u> my friend.
　　　　 ア　　　　　　イ　　　　　　ウ　　　　　　エ

(5)　I had <u>to leave</u> suddenly, so I <u>stopped</u> <u>to talk</u> <u>with</u> her.
　　　　　　　 ア　　　　　　　　　　　イ　　　ウ　　　エ

(1)　誤（　　　）⇒ 正（　　　　　）　　(2)　誤（　　　）⇒ 正（　　　　　　）

(3)　誤（　　　）⇒ 正（　　　　　）　　(4)　誤（　　　）⇒ 正（　　　　　　）

(5)　誤（　　　）⇒ 正（　　　　　）

4　（　　）内の語（句）を並べかえて，日本文の意味を表す英文にしなさい。ただし，不要な語が1
　　　語ずつあります。また，文頭にくる語も小文字にしてあります。　　　　（各3点，計9点）

(1)　今夜は星が何と美しく見えるのだろう。

　　（ the / how / what / look / stars / beautiful) tonight!

_____

(2)　彼女の目を見れば，友達に腹を立てているのがわかる。

　　(is / she / her friend / her eyes / see / with / show / that / angry).

_____

(3)　その男の人は確かにピーターと呼ばれていたと思う。

　　I am (was / the man / that / sure / Peter / think / called).

_____

5　次の文は日本に滞在しているアメリカ人 **Rose** と，日本の友達 **Mika** との会話です。（　　）
　　　内に当てはまる文をア〜オから選び，記号で答えなさい。ただし，同じ記号を2度以上使わな
　　　いこと。　　　　　　　　　　　　　　　　　　　　　　　　　　　　　（各3点，計15点）

Mika:　What are you going to do this Saturday, Rose?

Rose:　(①　　　　　　　) Why?

Mika:　I'm going to make some chocolates for Valentine's Day at home.　Why don't
　　　　you join me?

Rose:　(②　　　　　　　) Then I'll visit you around noon.

Mika:　Good.　By the way, how do you spend Valentine's Day in the U.S.?

Rose:　(③　　　　　　　) Some people go out for dinner, too.

Mika:　Interesting!　It's a little different, isn't it?

Rose:　Yeah, and boys give gifts to girls, too, actually.　(④　　　　　　)

Mika:　Oh, is that so?　(⑤　　　　　　)

Rose:　Right.　But this year, let's make some chocolates for both of us!

```
ア　We exchange candies, cards, or flowers.
イ　Sounds like a lot of fun!
ウ　Well, I'd like to get some chocolates from a nice boy!
エ　Nothing special.
オ　We exchange gifts both ways.
```

6 次の英文を読み，あとの問いに答えなさい。　((1)～(5)・(7)各2点，(6)・(8)・(9)各3点，(10)5点，計30点)

Everyone hopes the weather will be nice (　①　) they are out.　Sometimes, the weather is good in the morning but it rains later in the day.　Is there any way ② to know how the weather will be? Yes, ③ you can learn a lot about the weather by looking at the clouds.

5　Clouds are signs of the weather.　Usually, the higher the clouds are, the better the weather will be.　On the other hand, the lower the clouds are, the ④ (bad) the weather will be.

For example, there is a type of cloud called a "*cirrus cloud."　This kind of cloud is *formed at ⑤ 6,000 meters from the ground.　Its shape is long and thin.　When cirrus 10 clouds stay high in the sky and move very slowly, this means good weather is coming. But if ⑥ they change into thick and gray clouds and get lower, that means it is going to rain.

There is also a type of cloud called a "*cumulus cloud."　Cumulus clouds are found 2,000 meters from the ground.　They look like ⑦ (float) balls of white cotton. 15 You often see them on a fine day.　But when they get bigger, they change into "*cumulonimbus clouds."　⑧ That tells you it is going to rain.　If it gets dark and you feel a sudden, cool wind, you should run away.　It means that a storm is coming.

Other than clouds, ⑨ there are two ways to know how the weather will be.　First, 20 the colors in the sky can also tell us about the weather.　A golden ring around the moon tells us that a storm is going to start.　When the color of the sunset is *pale yellow, it means that rain may be coming.　Second, rainbows have a message, too.　If you see the sun in the east and a rainbow in the west, this means it is going to rain soon.　If the sun is in the west and the rainbow is in the east, the rain will be moving 25 away from you.

Clouds are a sign of changing weather.　⑩ So are the colors in the sky or rainbows.　When you have forgotten to check the weather *forecast, just look up at the sky.　The sky will ⑪ (you / the / will / what / tell / be / weather) like.

(注) cirrus cloud 巻雲　　form 形成する　　cumulus cloud 積雲　　cumulonimbus cloud 積乱雲　　pale 薄い　　forecast 予報

(1) 空所①に入れるのに最も適切な語を次から選び，記号で答えなさい。

　　ア　where　　　　イ　while　　　　ウ　since　　　　エ　because　　　（　　）

(2) 下線部②と同じ用法の不定詞を含む文を次から1つ選び，記号で答えなさい。

　　ア　She hopes to work for the United Nations.

　　イ　I got a chance to visit Australia last year.

　　ウ　I am very happy to hear the news.

　　エ　To see is to believe.

　　オ　I am studying hard to pass the examinations.　　　　　　　　　（　　）

(3) 下線部③・⑨・⑩を，日本語になおしなさい。

　　③ _____

　　⑨ _____

　　⑩ _____

(4) ④の（　　）内の語の比較級を書きなさい。　　　　　　　　　　（　　）

(5) 下線部⑤の読み方を英語で書きなさい。　　　　　　　　　（　　）

(6) 下線部⑥の指しているものを，文中の英語で答えなさい。　　　（　　）

(7) ⑦の（　　）内の語を適切な形になおしなさい。　　　　　　（　　）

(8) 下線部⑧の指している内容を，日本語で答えなさい。

　　（　　　　　　　　　　　　　　　　　　　　　　　　　　　　　　）

(9) ⑪の（　　）内の語を並べかえて，意味の通る文にしなさい。

　　The sky will (you / the / will / what / tell / be / weather) like.

　　The sky will _____ like.

(10) 本文の内容と一致しているものを1つ選び，記号で答えなさい。

　　ア　The weather will be bad when the clouds stay high in the sky.

　　イ　When cirrus clouds stay high in the sky and move quickly, the weather will be good.

　　ウ　Cumulus clouds are found lower than cirrus clouds.

　　エ　You often see cumulus clouds on a cloudy day.

　　オ　When the color of the sunset is dark, rain may be coming.　　　（　　）

7　与えられた語を使って，次の日本語を英語になおしなさい。　　　（各5点，計15点）

(1) 何か冷たい飲み物でもいかがですか。　　　　（something）

_____

(2) 私の家がもっと大きければいいのに。　　　　（wish）

_____

(3) 私のおばが亡くなってから8年が経ちます。（dead）

_____

⏱ 時間50分　得点　／100

---

1 次の文を1か所区切って読むとすれば，どこで区切るのがよいか，記号で答えなさい。

(各2点，計10点)

(1) He came　to Japan　last month　to work　in　Tokyo.
　　　　 ア　　　 イ　　　　 ウ　　　　 エ　 オ　　　　　　　　（　　）

(2) The boy　playing　with a dog　by the house　is　my brother.
　　　　　 ア　　　 イ　　　　 ウ　　　　　　 エ　 オ　　　　（　　）

(3) Yuka and　I made　a birthday cake　and took　it　to the party.
　　　　　 ア　　 イ　　　　　　　 ウ　　　　 エ　 オ　　　　　（　　）

(4) This morning　he　cooked　breakfast　for　his family.
　　　　　　　 ア イ　　ウ　　　　 エ　　 オ　　　　　　　　　（　　）

(5) We　didn't play　tennis yesterday　because　it was　raining.
　　 ア　　　　 イ　　　　　　　 ウ　　　　 エ　　　 オ　　　（　　）

---

2 次の文の（　　）内に入れるのに最も適当なものをア〜エの中から選び，記号で答えなさい。

(各2点，計16点)

(1) I asked two people the way to the station, but (　　) of them could help me.
　　ア none　　　　イ either　　　　ウ both　　　　エ neither

(2) Paris is one of the cities (　　) I've long wanted to visit.
　　ア that　　　　イ where　　　　ウ what　　　　エ to which

(3) A new supermarket is going to (　　) next year.
　　ア build　　　　イ be built　　　　ウ be building　　　　エ building

(4) I'm not tired enough to go to bed. If I (　　) to bed now, I wouldn't sleep.
　　ア will go　　　　イ went　　　　ウ had gone　　　　エ would go

(5) Are you looking forward (　　) on holiday?
　　ア going　　　　イ to go　　　　ウ to going　　　　エ that you go

(6) Do you want (　　) with you or do you want to go alone?
　　ア me coming　　　　　　　　イ me to come
　　ウ that I come　　　　　　　エ that I will come

(7) The police officer stopped us and asked us where (　　).
　　ア were we going　　　　　　イ are we going
　　ウ we are going　　　　　　エ we were going

(8) Robert didn't help (　　) the boxes.
　　ア to me carry　　　　　　　イ me to carry
　　ウ for me to carry　　　　　エ carry me

3 次の英文のうち，誤りのあるものについては，誤りを含む下線部の番号を答えなさい。誤りがないものについては，○を書きなさい。 (各3点，計15点)

(1) In this village, ①anyone who wanted to ②take part of the festival ③was welcomed by those kind farmers. （　　）

(2) You should ①try on ②the shoes you want even if ③you will like them very much. （　　）

(3) The boy ①who knew the city very well kindly ②showed me around when I ③first came here. （　　）

(4) ①It's very dangerous to ②leave open the door because many hungry bears ③are around this house. （　　）

(5) No students ①knew he is the first astronaut ②to walk on the moon ③in July twenty-first in 1969. （　　）

4 各組の2文がほぼ同じ内容を表すように，（　　）内に適当な1語を入れなさい。 (各3点，計9点)

(1) May I sit next to you?
　　 Do you (　　　　　) me (　　　　　) next to you?

(2) The officer spoke to a man who was wearing a pink shirt.
　　 The man (　　　　) (　　　　) (　　　　) the officer was wearing a pink shirt.

(3) Maria said to me, "Do you know Dr. Yamanaka?"
　　 Maria (　　　　) me (　　　　) (　　　　) (　　　　) Dr. Yamanaka.

5 次の対話の意味が通るように，それぞれの（　　）内の語句に1語補って並べかえた英文を書きなさい。 (各3点，計15点)

(1) A: (Japan / have / how / in / lived / you)?
　　 B: For five years. I like Japan.

　　 _____

(2) A: Do you think (children / for / good / is / play / to / video games)?
　　 B: No, I don't. Some of them are too violent.

　　 _____

(3) A: (about / dinner / for / going / out / tonight)?
　　 B: No, thank you. I feel sick. I want to stay home.

　　 _____

(4) A: The news (about / made / missing dog / me / the).
　　 B: I was sad, too. I hope the family will find the dog soon.

　　 _____

(5) A: The book (bought / difficult / I / read / too / yesterday / was).
　　 B: Why didn't you read some pages before you bought it?

　　 _____

6　次の英文を読み，あとの問いに答えなさい。　((1)・(2)・(4)・(6)・(7)各3点，(3)・(5)・(8)各2点，計35点)

　Are you looking forward to playing games with your friends during your vacation? Yes, ① you must be. Then, what kind of games are you going to play? Have you decided yet?

　When you hear the word "games," you may imagine "video games" such as online computer games, TV games, or some game machines in game centers. They are very popular among young people these days. Also, ② they are so exciting that some people can't stop playing them. However, if you are planning to play such games, please wait for a moment. I want to introduce something that is more interesting than video games. Some of them are well (　A　) to people of all ages so you can even play them with your grandparents. They are *board games.

　The first board game was played 4,000 years ago. In some countries, they were used for *religious events or to make important decisions for the country. In the world market today, you can choose from about 42,000 board games and new board games are (　B　) every year. When you go to a department store, you will ③ 子供用だけでなく大人用の様々なボードゲームも見つける。To play a board game is very simple. Just take it out from under the bed and put it on the table (　ⓐ　) front of the players. *Shuffle the cards, *roll the dice, and you are in the game. When you buy a game, you can keep it and play anytime and anywhere you want. ④ You don't use electricity or a TV monitor and you don't need to press many buttons at the same time. And of course, you don't spend 100 yen for each play.

　The greatest point of a board game is that you can enjoy (　C　) with other players face to face. You have many chances to talk about the rules, what is going to happen next, and who is winning or losing. You can actually see the smiles on other players' faces. You laugh and sometimes shout together. Sharing an exciting time in this way is ⑤ a great experience. Family and friends teach each other how to play. The game plays an important part (　ⓑ　) a great communication *tool.

　It is also good for parents to buy board games for their children instead of video games. Please look at the *table below.

⟨*Board Games for Children*⟩

*Characteristics of Board Games	Children will learn ...
Players will talk a lot before / during / after the game.	[　　1　　]
Players have to understand the rules.	[　　2　　]
Sometimes players need to teach rules to other players.	[　　3　　]
Players cannot *reset the game until it is finished.	[　　4　　]

　Although most board games are played just for fun, the table shows that board games teach children a lot of important skills.　And their parents, too.　So, why don't you put away your video games and start looking (　ⓒ　) board games you like?

　(注) board game 将棋やすごろくなどのゲーム　　religious 宗教的な
　　　shuffle the cards カードを切る　　roll the dice さいころを転がす　　tool 道具
　　　table 表　　characteristic 特徴　　reset リセットする

(1)　下線部①you must be のあとに省略されている内容を，日本語で答えなさい。

_____

(2)　下線部②と同じ意味になるように，次の英文の（　）内に適当な語を入れなさい。
　they are (　　　　　) exciting (　　　　　) some people (　　　　　)
　(　　　　　) (　　　　　).

(3)　(　A　)〜(　C　)に入る適切な語を次から選び，適当な形になおして答えなさい。
　[communicate / sell / excite / know]
　　　　　　　　　　　A (　　　　) B (　　　　) C (　　　　)

(4)　下線部③の意味になるように，1語を加えて，（　）内の語(句)を並べかえなさい。
　You will (but also / not / board games / find / which are / for adults / many kinds of / for children).
　You will _____
　_____ .

(5)　(　ⓐ　)〜(　ⓒ　)に入る適切な語を次から選び，記号で答えなさい。ただし，それぞれの記号は1度しか選べません。
　ア for　　イ to　　ウ from　　エ in　　オ by　　カ as
　　　　　　　　　　　　　ⓐ (　　) ⓑ (　　) ⓒ (　　)

(6)　下線部④について，筆者は何が言いたいのか。次から1つ選び，記号で答えなさい。
　ア　ビデオゲームはそんなにボードゲームとは変わらず，手間やお金もかからない。
　イ　ビデオゲームはわずか100円払うだけで様々な楽しみ方ができる。
　ウ　ボードゲームはビデオゲームとは異なり，簡単で手間いらずである。
　エ　ボードゲームにもいい点がたくさんあり，それぞれのゲームに利点がある。　(　　)

(7)　下線部⑤の内容を具体的に表すもので，正しくないものを次から1つ選び，記号で答えなさい。
　ア　ともに笑ったり，ときには叫んだりすること。
　イ　だれが勝っているかについて話し合える機会がたくさんあること。
　ウ　次に何が起こるかまったくわからなくて，1人でもドキドキできること。
　エ　他のプレーヤーの笑顔を実際に見ることができること。　(　　)

(8)　文中の表の1〜4に入る適切なものを次から選び，記号で答えなさい。
　ア　to never give up.
　イ　the way to explain things in a clear way.　　1 (　　)
　ウ　why it is important to keep rules.　　　　　2 (　　)
　エ　to think and plan carefully before making rules.　3 (　　)
　オ　good communication skills.　　　　　　　　4 (　　)

□ 編集協力 ㈱カルチャー・プロ 鹿島由紀子 白石あゆみ
□ 本文デザイン CONNECT
□ イラスト よしのぶもとこ

シグマベスト
最高水準問題集 高校入試
英語

本書の内容を無断で複写（コピー）・複製・転載することを禁じます。また，私的使用であっても，第三者に依頼して電子的に複製すること（スキャンやデジタル化等）は，著作権法上，認められていません。

編　者　文英堂編集部
発行者　益井英郎
印刷所　株式会社天理時報社
発行所　株式会社文英堂
　　　〒601-8121　京都市南区上鳥羽大物町28
　　　〒162-0832　東京都新宿区岩戸町17
　　　（代表）03-3269-4231

© BUN-EIDO　2021　　Printed in Japan
●落丁・乱丁はおとりかえします。

Σ BEST
シグマベスト

最高水準
問題集

高校
入試

英語
解答と解説

文英堂

1　動詞・助動詞

001 (1) **studies**　(2) **drew**
　　(3) **brought**　(4) **meant**
　　(5) **taught**

解説 (1)　原形と3人称単数現在形の関係。study は，語尾の y を i に変えて es をつける。
(2)～(5)　原形と不規則動詞の変化形の関係で，(2)と(4)は過去形，(5)は過去分詞。(3)の made は make の過去形・過去分詞。bring も，bring－brought－brought と，過去形と過去分詞が同じ形である。

002 (1) **エ**　(2) **ウ**

解説 (1)　**may** には，「～してもよい」と許可を表す意味と，「～かもしれない」という可能性(推量)を表す意味がある。ア「私たちのチームはこの試合に勝つかもしれない」イ「彼はプールで泳いでいるかもしれない」ウ「地図を持っていかなければ，あなたは道に迷うかもしれない」エ「別の医師にみてもらいたいと望むのなら，そうしてもよい」オ「私を待たないで―2，3分遅れるかもしれない」
(2)　**must** には，「～しなければならない」という義務の意味と，「～にちがいない」という推量の意味がある。ア「あなた(たち)は10時までに戻らなければならない」イ「ベティーにもっとお金(の使い方)に気をつけなければならないことを伝えて」ウ「彼は会社で遅くまで働いているにちがいない」エ「私はもう行かなければならない」オ「お年寄りは十分に注意して世話されなければならない」

003 (1) ① **must**　② **need not**
　　(2) ① **didn't go**　② **went**
　　(3) ① **don't go**
　　　 ② **won't, either**

解説 (1)　①「～しなければならない」だから，must。②「～する必要はない」は need not。
(2)　①・②それぞれ yesterday, two months ago があるから，どちらも過去の文。日本語につられて，現在完了形を選ばないこと。

(3)　①**If** の文では，未来のことでも現在形で表す。②否定文で「～も(…ない)」は，too や also ではなく，either を用いる。won't は will not の短縮形。

004 (1) ウ　(2) イ　(3) エ　(4) ウ
　　(5) ウ　(6) イ　(7) ア　(8) ア
　　(9) ウ　(10) イ　(11) イ

解説 (1)　for three years(3年間)があるが，現在完了形ではない。when she was a child(彼女が子供のとき)があるから，過去の文。
(2)　「このホテルのどの部屋も清潔な浴室がついている」という文。主語の Every room は3人称単数なので，has を選ぶ。なお，この意味では have は進行形では使えない。
(3)　「私が帰宅したとき」に合うのは，過去進行形。主語が複数であることに注意。
(4)　「2年前ここに大きな木があった」で，be動詞の過去形が入る。a big tree は単数名詞だから，was を選ぶ。
(5)　「～しなければなりませんか」に，「いいえ，その必要はありません」の応答。
(6)　「私は彼がそんなことをするだろうとは思わなかった」。I didn't think に合わせて，will の過去形 would を選ぶ。
(7)　「マイクは今日，一生懸命に働いたので，彼は疲れているにちがいない」
(8)　「彼らは雨がやむまで試合を始めないだろう」。if や when と同様に，接続詞 until に続く文では未来のことでも現在形で表す。
(9)　問いの文は現在完了形だが，答えの文は an hour ago があるので過去の文。
(10)　あとの文は「彼は今，友達とサッカーをしています」という意味だから，「トムは家にいて病気のはずがない」とするのが適当。
(11)　had better(～したほうがいい)の否定形。**had better not** のあとに，動詞の原形が続く。

入試メモ　時制を選択させる問題はよく出される。時を表す副詞語句から現在・過去・未来を判断するもののほかにも，進行形とからめた問題，現在完了(次の単元)との区別も問われる。主語の人称と時による be動詞の使い分けも必ず再確認しておこう。

005
(1) **did**　　(2) **Shall**
(3) **must**　　(4) **Is, looks**

解説 (1)「だれがあなたにそんなにおもしろい話をしたのですか」の問いに,「私のおじがしました」と答える。told(tell の過去形)を受けて, did を使う。

(2) Yes, let's.(はい, そうしましょう)で答えているので, Shall we ～?(～しましょうか)の問い。

(3) 対話の意味から判断する。友達とサッカーをするつもりだという子供への母親の発言としては,「ちょっと待ちなさい！ あなたはまず宿題をしなければなりません」が適当。should でもよい。

(4)「彼は本当に58歳ですか」―「はい, 彼は実際よりもずっと若く見えます」という対話。

006
(1) **Does**　　(2) **are, do**
(3) **has**　　(4) **It, rained**
(5) **Were, able, to**
(6) **Shall, we**　　(7) **must, not**
(8) **Shall, I**　　(9) **took**
(10) **He, cannot[can't]**

解説 (1) must → have to の書きかえ。主語が3人称単数の疑問文だから, 文頭には Does。

(2)「今度の日曜日のあなたの予定は何ですか」→「あなたは今度の日曜日に何をするつもりですか」

(3)「1週間は7日あります」という意味。There is[are] ～. の文は, 主語が無生物の場合, have[has] を使った文に書きかえられることがある。

(4) 名詞の rain(雨)を使った文を, 動詞 rain(雨が降る)を使った文に書きかえる。主語には It を使い, rain を過去形にすることにも注意。

(5) can → be able to の書きかえ。can の過去形 could を使った疑問文なので, be動詞の過去形で始まる Were you able to ～? の形。

(6) 相手を誘ったり提案したりする Let's ～. の文は, Shall we ～?とほぼ同じ意味。

(7) 否定の命令文 Don't ～. は, 禁止の意味を表す You must not ～.とほぼ同じ意味。

(8) 上の文は直訳すると「あなたは私にドアを開けてほしいのですか」となるが, 意味的には「(私が)ドアを開けましょうか」と申し出る文に近い。

(9)「～に撮られた写真」を,「～が撮った写真」とする。take－took－taken の変化に注意。

(10)「彼にとってギターを弾くことは難しい」を,

「彼は簡単にはギターを弾くことができない」に。

入試メモ　助動詞と同意語句の書きかえは必出。定番の must ＝ have to, can ＝ be able to に加え, **You must not ～.＝Don't ～.** といった命令文への書きかえも見られる。最近では, **Do you want me to ～?＝Shall I ～?** などもねらわれるのでマークしておこう。

007
① **thought**　　② **fell**
③ **found**　　④ **took**

解説 ① 直後の that は接続詞。「彼が実験を始める前は, 人々は～だと思っていた」という意味で, think の過去形が入る。

② 「人々は常に重い物は軽い物よりも速く落ちると思っていた」という意味だが, ①の think の過去形に合わせて, fall も過去形にする(時制の一致という)。2つめの②の文も「それらは同じ速さで落ちた」で, 過去形がふさわしい。

③ 「彼はこれが真実ではないことを発見した」で, find out(発見する, 見破る)の過去形が適当。

④ 「彼は重いボールと軽いボールを取って, 高い位置からそれら2つを落とした」という意味で, take の過去形 took が入る。

008
(1) (Excuse me,) but may I have your name(?)
(2) I will have to walk to school tomorrow(.)
(3) (You) do not have to finish the work (before noon.)
(4) (It) won't be long before he gets here(.)
(5) Our students had better learn both English and Chinese (for the future.)
(6) She may not be able to go hiking tomorrow(.)

解説 (1) 直訳すれば「あなたのお名前をいただいてもよろしいですか」と許可を求める May I ～?の文で表す。

(2)「～しなければならないでしょう」は, have

to の前に will を置く。「歩いて学校へ行く」は，walk to school。

(3) 「〜する必要はない」は，do not have to 〜 で，must が不要。must not 〜 は「〜してはならない」と禁止の意味を表す。**must と have to 〜 はほぼ同じ内容を表すが，それぞれの否定形は意味が異なるので注意しよう。**

(4) long と before に着目して，「彼がここに着くまでに長くはないでしょう」という文を作る。時間などを表す文の主語 It のあとに won't be long を続け，そのあとに接続詞 before がくる。

(5) 「学ぶほうがよい」は，had better のあとに動詞の原形 learn を置く。「A と B の両方」は both A and B。不要な語は助動詞 must。

(6) 「〜できないかもしれない」という場合，**may と can't の 2 つの助動詞は続けられない。**can の同意語句 be able to を使って，may not be able to 〜 で表す。

---

009 (1) He did not go anywhere yesterday.
(2) You don't[do not] have to go to school tomorrow.
(3) Can I borrow this CD until[till] next Friday?
(4) He must be happy.
(5) When you get your new textbooks in April, you should write your name on[in] them.
(6) It rained hard, but no one came to school late.
[Although we had a heavy rain, nobody was late for school.]

解説 (1) 一般動詞の過去の否定文で表す。「どこへも〜ない」は，not 〜 anywhere。

(2) 「〜しなくてよい」は，don't have to 〜。need を使って，don't need to 〜 や need not 〜 という言い方もできる。

(3) 日本文が「借りてもいい？」となっているので，May I 〜? よりも Can I 〜? がふさわしい。「借りる」は borrow。動作や状態の継続を表して

「〜まで(ずっと)」は，until か till を用いる。

(4) 「〜にちがいない」を表す助動詞 must のあとに，be動詞の原形 be を続ける。

(5) 「〜しなきゃだめだよ」は，must や have to を使ってもよいが，日本文のニュアンスから助動詞 should(〜すべきである)を使うのがよい。「〜をもらったら」は「〜をもらったとき」と考えて，接続詞 when を用いる。**when に続く文では，未来のことでも現在形で表す。**

(6) 「だれも〜なかった」という否定文は，no one か nobody を主語にして，動詞は過去の肯定形で表す。「学校に遅刻する」は，come to school late や be late for school で表せる。

2　現在完了

010 (1) エ　(2) ウ　(3) ウ　(4) ア
(5) ウ　(6) ア　(7) エ　(8) ア

解説 (1) since last year (昨年から〈ずっと〉) があるので，現在完了「継続」の文と判断できる。アの gone to 〜 (〜へ行ってしまった)は「結果」の文で，イの been to 〜 (〜へ行ったことがある)は「経験」の文でよく使われる。

(2) 現在完了「完了」の否定文で「まだ(〜していない)」というときは，yet を文末に置く。

(3) ア の Do とイの Did で始まる疑問文の場合，あとの動詞は finish と原形がくるはずなので不適。現在完了「完了」の疑問文と考えて，ウが適当。

(4) 文末に肯定の付加疑問 have they? があるので，前半の文は現在完了の否定文と考えられる。主語 Bob and John は複数だから，have never been を選ぶ。never の位置にも注意。

(5) 現在完了で使われる接続詞は，ウの since。「私が子供だったときから(ずっと)」の意味。

(6) 「京都へは何回行ったことがありますか」と頻度・回数をたずねるときは，文頭に **How many times** か **How often** を置いて表す。

(7) 「彼女は東京にどのくらい住んでいますか」→「彼女は東京に住むようになってどのくらいになりますか」。継続期間をたずねるときは，**How long** で文を始める。

(8) 「早く雨が降ればいいのに。ほぼ 1 か月 1 滴の雨も降っていません」。現在完了「継続」の否定文。

入試
メモ　動詞部分の形を選択する問題や副詞・接続詞の使い分けは必出。(1)のような問題は，動詞の意味と使い分けを正確に区別すること。
・have gone to 〜（〜へ行ってしまった〔今ここにいない〕）
・have been to 〜（〜へ行ったことがある／〜へ行ってきたところだ）
・have been in 〜（ずっと〜にいる／〜にいたことがある）

011 (1) **yet**　(2) **ウ**

(3) **How many times[How often] has Tim seen the movie?**

解説 (1)「あなたの腕時計は見つかりましたか」―「いいえ，まだ見つかりません。今も探しているところです」という対話。

(2)「あなたたちは知り合いになってどのくらいになりますか」という問い。「7年間(＝7年前から)です」と継続期間を答えているウが適当。イは Since last year.(昨年からです)，エは Since I was ten.(10歳のときからです)なら正解。

(3)「ティムは2度その映画を見たことがあります」。経験の回数や頻度をたずねるときは，How many times か How often を文頭に置く。

012 (1) **イ**

(2) ① **was → has been**

② **went → been**

③ **have → has**

④ **never → ever**

解説 (1)「ケンジは長い間入院していますが，見舞いに来る人はほとんどいません」。現在完了の「継続」の文。イも「彼は生まれたときから神戸に住んでいます」で「継続」を表す。アは「彼は宿題をたった今，終わらせました」で「完了」，ウは「彼はオーストラリアへ一度も行ったことがありません」で「経験」を表す。

(2) ①「彼女はこの前の月曜日から病気で寝ています」という文は，過去の文ではなく現在完了で表す。②「あなたはアメリカへ行ったことがありますか」。「(今までに)〜へ行ったことがあります

か」と経験をたずねるときは，**Have you ever been to 〜?** の形を用いる。go の過去分詞 gone ではなく，be動詞の過去分詞 been を使うことに注意。③「姉〔妹〕が札幌へ行ってから1か月が過ぎました」。主語 A month は3人称単数なので，have ではなく has を用いる。④「これは私が今までに見た中で最もわくわくする映画です」→「こんなにわくわくする映画を見たのは初めてです」。現在完了「経験」の文が〈最上級＋名詞〉を後ろから説明して，「今まで経験した最も〜な―」という意味を表す。英語特有の表現に着目しよう。

013 (1) **have, known**

(2) **just, arrived**

(3) **brought**

(4) **been, studying**

(5) **the, best, tea, I, have, ever**

(6) **has, been, covered, since**

解説 (1)「彼と知り合って8年になります」→「8年間ずっと彼を知っています」と言いかえる。know－knew－known の変化に注意。

(2)「ちょうど」は just で表し，has と過去分詞の間に置く。

(3) 直訳すると，「何があなたをここに連れてきたのですか」となるが，「どういう風の吹き回しでここに来たの？」と思いがけない気持ちやあきれた感情が含まれる場合が多い。

(4) 過去に始まった動作の継続を表す文で，状態よりも動作の意味合いが強い場合は，現在完了進行形〈have[has] been 〜ing〉を用いる。

・現在完了
I have studied English for two years.
(私は2年間英語を勉強しています)

・現在完了進行形
I have been studying English for two hours.
(私は2時間ずっと英語を勉強しています)

(5)「こんなにおいしい紅茶を飲んだのは初めてです」→「これは私が今までに飲んだ(中で)最もおいしい紅茶です」と言いかえる。「おいしい」は good の最上級 best で表す。drunk は drink (飲む)の過去分詞。

(6)「〜で覆われる」は be covered with 〜 で表す。主語が3人称単数なので，現在完了は

has been covered with 〜 の形になる。

014 (1) (Kyoko) **has been a good friend of mine** (for a long time.)

(2) (She) **has just arrived at the** (airport.)

(3) **Has he finished his homework yet**(?)

(4) **Have you ever heard the name of** (Charlie Brown?)

(5) (I) **have never seen such a beautiful city**(.)

(6) (I have) **not written a letter to my father yet**(.)

(7) **How long has Hiroko lived in Australia**(?)

(8) **I have not eaten anything since this morning**(.)

(9) **I have been waiting for you for almost thirty** (minutes.)

(10) **How long has your brother been studying in the library**(?)

(11) (This is) **the longest bridge that I've ever crossed**(.)

解説 (1)「私のよい友達」は a good friend of mine で表す。主語が3人称単数，be動詞の文なので，現在完了は has been の形。

(2)「〜に着く」は，arrive at 〜。「彼女はちょうど〜に着いたところだ」なので，現在完了「完了」で表して She has just arrived at 〜. とする。

(3)「彼はもう〜しましたか」（完了）とたずねる文は，Has he 〜 yet? の語順になる。疑問文で使

われる「もう」は文末に yet を置いて表す。肯定文で使われる already（もう，すでに）と区別して覚えておこう。

(4)「（あなたは今までに）〜したことがありますか」と経験をたずねる文は，Have you ever 〜? の形。heard は hear（聞く）の過去分詞。hear－heard－heard と変化する。「〜の名前」は the name of 〜 で表す。

(5)「今までに〜したことがない」と経験を否定する文は，have[has] と過去分詞の間に never を置く。seen は see（見る）の過去分詞。see－saw－seen と変化する。「そんなに美しい街」は such a beautiful city。〈such a＋形容詞＋名詞〉の語順に注意しよう。

(6)「まだ〜していません」（完了）と否定する文は，文末に yet を置いて表す。否定文で使われる yet は「まだ」の意味。「〜に手紙を書く」は write a letter to 〜。よって for が不要。write（書く）は，write－wrote－written と変化する。

(7)「どのくらい」と継続期間をたずねるときは，How long を文頭に置く。あとは疑問文の語順〈has[have]＋主語＋過去分詞〜?〉が続く。

(8)　継続を表す否定文なので，〈主語＋have[has] not＋過去分詞〜.〉の語順になる。否定文で「何も（〜ない）」というときは anything を用いる。「今朝から」は since this morning。

(9)　過去に始まった動作の継続を表すときは，現在完了進行形〈have[has] been 〜ing〉を用いる。「30分近く」は for almost thirty minutes で表す。

(10)「どのくらい」は How long を文頭に置く。あとに現在完了進行形の疑問文の語順〈has[have]＋主語＋been 〜ing〉を続ける。

(11)「私が今までに渡った」は現在完了「経験」で表して，I've ever crossed となる。「一番長い橋」は最上級を使って the longest bridge。最上級を含む先行詞を修飾する場合，関係代名詞には that を用いることにも注意しよう。

015 (1) has, been, dead

(2) has, for

(3) have, seen, for

(4) never[not], such

(5) has, gone

(6) have, been

⑺ **It, rained**

⑻ **has, been, abroad**

⑼ **passed, since**

⑽ **heard, from**

解説 ⑴ 「私のおばは15年前に亡くなりました」→「私のおばは15年間ずっと死んでいます」。be dead（死んでいる）を現在完了「継続」で表す英語特有の表現に着目しよう。

⑵ 「彼は5年前に東京に来て、今もそこに住んでいます」→「彼は5年間ずっと東京に住んでいます」。「ずっと〜に住んでいる」は has［have］lived in 〜，「5年間」は for five years で表す。

⑶ 「私が最後にいとこに会ってから長い時間が経っています」→「長い間、私はいとこに会っていません」。現在完了「継続」の否定文は、〈have［has］not＋過去分詞〉の形。

⑷ 「これは私が今までに見た（中で）最も大きい魚です」→「私は今までにそんなに大きい魚を見たことがありません」。「経験」を表す現在完了の否定文で「今までに一度も〜ない」と強調したいときは、not ではなく **never** を用いる。「そんなに大きい魚」は such a big fish。

⑸ 「姉〔妹〕は友達といっしょに買い物に行きました。今はここにいません」→「姉〔妹〕は友達といっしょに買い物に行ってしまいました（今は不在です）」。「結果」を表す現在完了で言いかえる。go shopping（買い物に行く）を現在完了 has gone shopping にする。

⑹ 「私は切手を買いに郵便局へ行きました。今は戻っています」→「私はたった今、切手を買いに郵便局へ行ってきたところです」。「たった今〜へ行ってきたところだ」は have［has］just been to 〜。

⑺ 「私たちは4日間雨に恵まれていません」→「4日間雨が降っていません」。We have rain. ＝ It rains. の関係に着目する。

⑻ 「これは彼の初めての外国旅行です」→「彼は今までに一度も外国に行ったことがありません」。「外国に行ったことがある」と言うときは has［have］been abroad の形になる。

⑼ 「彼らは10年前に結婚しました」→「彼らが結婚してから10年が経ちました」。「（年月が）経つ」は pass、「〜してから」は since を使う。

⑽ 「私の友達は2005年以降手紙をくれません」→「私は2005年以降友達から便りがありません」。「〜に手紙を書く」は write to 〜、「〜から便り

がある」は hear from 〜。

入試メモ ⑴，⑺，⑼のような英語独特の言い回しで書きかえる問題は要注意。定番の過去と現在の文→現在完了形の文の言いかえのほか、⑽ **write to 〜 → hear from 〜** の関連熟語の知識が試される問題もマークしておこう。

---

016 ⑴ **She has been cleaning the room since this morning.**

⑵ **We haven't［have not］had a big earthquake in this area for a long time.**

⑶ **Where have you been (until［till］now)?**

⑷ **Have you ever written a letter in English?**

⑸ **I have［I've］used that［the］ player for only［only for］ one［a］ year.**

解説 ⑴ clean は動作動詞なので、過去に始まった動作の継続は現在完了進行形で表す。「朝から」は since this morning。

⑵ 主語は They や People でもよい。また、A big earthquake hasn't happened in this 〜. のように、「大地震」を主語にすることもできる。

⑶ 単純に考えて「どこに行ってたの？」なら解答例の通り。過去の文と考えて Where were you until now? としてもよい。「今まで（ずっと）」は、until now か till now を使う。

⑷ 経験をたずねる疑問文なので、Have you ever 〜？の形。「英語で手紙を書く」は、write a letter in English で表す。

⑸ 「ほんの1年間だけ使っています」と英訳しやすいように言いかえる。have used は、現在完了進行形の have been using にしてもよい。

---

3 受け身［受動態］

017 ⑴ イ　　⑵ イ　　⑶ イ　　⑷ エ
　　　 ⑸ エ　　⑹ イ　　⑺ ウ　　⑻ ウ

(9) エ　　(10) エ

解説 (1) The Olympic Games(オリンピック〈大会〉)が主語にきているので，イの受け身形を選ぶ。hold は「(会などを)開く，開催する」の意味。「オリンピックは4年毎に開催されます」。

(2) 「日本のいくつかの小学校では英語が教えられています」。teach(教える)は teach–taught–taught と変化する。

(3) 「彼はその知らせにとても興奮しました」。excite は「(人を)興奮させる」という意味。The news excited him very much.(その知らせは彼をとても興奮させました)を受け身にした形。

(4) 「トムは寝かしつけられてぐっすり眠りました」。take 〜 to bed(〜を寝かしつける)を受け身に書きかえると，「〜は寝かしつけられる」という意味になる。sleep well は「ぐっすり眠る，熟睡する」の意味。take–took–taken, sleep–slept–slept と変化する。

(5) 「その事故で数名が死亡しました」。主語 A few people は複数で過去の受け身の文だから，be動詞は were を使う。

(6) 「はがきはその店では売られていません」。受け身の否定文なので，〈be動詞＋not＋過去分詞〉の形。sell(売る)は sell–sold–sold と変化する。

(7) 「これらの魚はどこで捕まえたのですか」。場所をたずねる受け身の疑問文なので，Where を文頭に置いて，あとに〈be動詞＋主語＋過去分詞 ?〉の語順が続く。catch–caught–caught。

(8) 「1通の手紙がこの前の日曜日，姉〔妹〕から私に送られてきました」。My sister sent a letter to me last Sunday.(姉〔妹〕がこの前の日曜日，私に手紙を送ってきました)を受け身にした形。

(9) 「これらのケーキはパーティーで彼によってカットされるでしょう」。助動詞を含む受け身は〈助動詞＋be＋過去分詞〉の形になる。cut(切る)は cut–cut–cut とすべて同形。

(10) 「ビルはクラスでみんなに笑われました」。laugh at 〜(〜を笑う)を受け身にすると，be laughed at by ...(…に笑われる)となる。

入試メモ 受け身の問題では動詞の形が必ず問われる。同様に be動詞といっしょに使われる進行形とは正確に区別すること。(9)助動詞を含む受け身，

(10)群動詞(2語以上で1つの動詞と同じ働きをする連語)の受け身もよくねらわれる。
　He took care of May.
　(彼はメイの世話をしました)
→ May was taken care of by him.
　(メイは彼に世話をしてもらいました)

018 (1) イ　　(2) broken

解説 (1) 古い写真を見ながら対話しているので，選択肢の take が「(写真を)撮る」の意味で使われていることがわかる。A:「この古い写真に写っている背の高い男性はどなたですか」，B:「私の祖父です」，A:「それはいつ撮られたのですか」，B:「30年ほど前です」という対話。

(2) A:「悲しそうね。何があったの？」，B:「メガネが壊れちゃった！ 登校途中で落としたの」。自分の不注意で壊した場合でも，英語では be broken(壊れる)と受け身表現で表す。break(壊す)は break–broke–broken と変化する。

019 (1) ① made　② written　③ shocked
(2) ① known　② used

解説 (1) ①「その箱は私の兄〔弟〕によって作られました」。前の was，あとの by ... から受け身と判断する。②「この本は英語で書かれています」。直後の in English(英語で)がヒントになる。write–wrote–written。③「私はそのニュースにとてもびっくりして何も言えませんでした」。be shocked at 〜(〜に衝撃を受ける)は慣用的な連語として覚えておこう。

(2) ①「ベルは電話の発明家として知られています」。be known as 〜(〜として知られている)もよく出題される慣用的な表現。②「それら(＝記号)は耳の不自由な人に話し方を教えるために使われました」。be used to 〜 は「〜するために使われる」という意味で，受け身のあとに副詞的用法の不定詞が続いた形。

020 (1) ウ　(2) ア　(3) イ　(4) イ
(5) イ　(6) イ　(7) ウ　(8) ウ
(9) ア

解説 (1) 「これらの机はトムによって作られま

す」。典型的な受け身の文。〈be動詞＋過去分詞＋by ...〉の形で「…によって〜される」の意味。

(2)「新しいソファは白い布で覆われています」。be covered with 〜 で「〜で覆われている」。

(3)「この歌手はみんなに知られていて，私たちにもとても人気があります」。be known to 〜 で「〜に知られている」，be popular with 〜 で「〜に人気がある」の意味。

(4)「だれもがそのニュースに驚きました」。be surprised at 〜 で「〜に驚く」。surprise（驚かせる）を受け身にした形なので，意味は「驚く」と能動的になる。

(5)「この指輪は金でできています」。「(材料)でできている，作られている」と言うときは，前置詞に of を使って〈be made of＋(材料)〉で表す。

(6)「このチーズは牛乳から作られるのですか」。「(原料)でできている，(原料)から作られる」と言うときは，前置詞に from を使って〈be made from＋(原料)〉で表す。

(7)「これらのペットボトルは衣服に加工される予定です」。「加工して(製品)にする，(製品)に加工される」と言うときは，前置詞に into を使って〈be made into＋(製品)〉で表す。

(8)「沖縄はその美しい海で知られています」。be known for 〜 で「〜で知られている，〜で有名である」の意味。be known as 〜 (〜として知られている)や，(3)の be known to 〜 (〜に知られている)とまとめて覚えておこう。

(9)「私の姉〔妹〕は科学に興味があります」。be interested in 〜 で「〜に興味がある」の意味。

入試メモ be made の受け身は of, from, into の使い分けをマスターしよう。
・The desk is made of wood.
（その机は木で作られています）
・Wine is made from grapes.
（ワインはブドウから作られます）
・Wood is made into paper.
（木材は紙に加工されます）

---

021 (1) were, read
(2) is, spoken   (3) are, eaten
(4) were, sung   (5) be, seen
(6) Do, speak   (7) Was, given
(8) was, found, by

(9) is, called
(10) was, given, by
(11) broken, by   (12) was, born
(13) was, this, novel, by
(14) kept, open   (15) was, built
(16) were, taken, care, of
(17) is, being, repaired

解説 (1)「太郎は冬休み中に本を5冊読みました」→「冬休み中に5冊の本が太郎に読まれました」。〈be動詞＋過去分詞＋by ...〉の形に書きかえる。read[ríːd]－read[réd]－read[réd]。

(2)「その国では何語を話しますか」→「その国では何語が話されていますか」。What language が主語の文に。speak－spoke－spoken。

(3)「フランスでは，普段どんな種類の魚を食べますか」→「フランスでは，普段どんな種類の魚が食べられていますか」。単複同形の fish はここでは複数として使われている。be動詞は are を用いる。eat－ate－eaten。

(4)「お祭りでは歌を何曲歌いましたか」→「お祭りでは歌が何曲歌われましたか」。sing－sang－sung。

(5)「この町ではたくさんのカエルを見ることができます」→「この町ではたくさんのカエルが見られます」。助動詞 can があるので，受け身は〈can be＋過去分詞〉の形。see－saw－seen。

(6)「カナダではフランス語が話されていますか」→「カナダでは(人々は)フランス語を話しますか」。people は複数扱いなので，疑問文は Do 〜？の形。speak－spoke－spoken。

(7)「トムがあなたにこの贈り物をくれたのですか」→「この贈り物はトムからあなたに贈られたのですか」。過去の疑問文なので Was が文頭にくる。give－gave－given。

(8)「メアリーは家の中で何を見つけましたか」→「家の中で何がメアリーに見つけられましたか」。find－found－found。

(9)「この犬の名前は何ですか」→「この犬は何と呼ばれていますか」。What do you[they] call this dog?(この犬を何と呼びますか)という SVOC の文の受け身。

(10)「彼は私にその腕時計をくれました」→「私は彼にその腕時計をもらいました」。SVOO の文の受け身。

(11)「だれがその窓を割りましたか」→「その窓はだ

れ に 割 ら れ ま し た か」。break－broke－broken。

⑿ 「私の誕生日は11月13日です」→「私は11月13日に生まれました」。be born で「生まれる」の意味。

⒀ 「だれがこの小説を書きましたか」→「この小説はだれによって書かれましたか」。

⒁ 「ドアを開けておかなければなりません」→「ドアは開いたままにしておかなければなりません」。SVOC の文の受け身。keep－kept－kept。

⒂ 「この家は築何年ですか」→「この家はいつ建てられましたか」。build－built－built。

⒃ 「おばはこの前の週末，うちの犬たちの世話をしました」→「うちの犬たちはこの前の週末，おばに世話をしてもらいました」。**take care of〜** で「〜の世話をする」。

⒄ 「作業員が橋を修復しています」→「橋は作業員によって修復されているところです」。現在進行形の受け身。

入試メモ　⑾，⒀のような Who 〜？の受け身は要注意。「だれが〜したか」→「だれによって〜されたか」の書きかえは多出。⒄進行形の受け身〈**be being＋過去分詞**〉の形と「〜されているところだ」の意味をしっかり押さえておこう。

---

022 ⑴ **A lot of computers were made last (year.)**

⑵ **(My) brother was invited to dinner by (Mr. Mori last night.)**

⑶ **This song is known to young people (all over the world.)**

⑷ **(He) was spoken to by a man on (his way home.)**

⑸ **The book will be read all over the world(.)**

⑹ **Many stars can be seen around here(.)**

⑺ **Letters must not be written in red ink(.)**

解説 ⑴ 「多くのコンピューター」が主語なので A lot of computers で文を始める。

⑵ 「〜に招待される」は be invited to 〜。そのあとに「森さんに（によって）」の by Mr. Mori が続く。

⑶ 「〜に知られている」は **be known to 〜** の形。「若者」は young people。

⑷ speak to 〜（〜に話しかける）を受け身にすると **be spoken to** の形。そのあとに by a man（男の人に）を続ける。「帰り道で」は on one's way home で表す。

⑸ 「読まれることになるだろう」は助動詞 will と受け身を使って，**will be read** となる。「世界中で」は all over the world。

⑹ 「たくさんの星が見られます」と言いかえると，主語は many stars，動詞部分は〈**can be＋過去分詞**〉の形になる。よって，過去分詞 seen を補う。around here は文頭においてもよい。

⑺ 「〜で書いてはいけません」は「〜で書かれてはいけません」ということなので，must not（〜してはいけない）のあとに受け身 be written を続ける。よって，be を補う。「（インク）で」には前置詞 in を用いる。

---

023 ⑴ **This mountain is painted by many people.**

⑵ **My brother was not[wasn't] interested in basketball.**

⑶ **I am[I'm] sometimes asked to make dinner by Ayako.**

⑷ **I was made[forced] to sing the song.**

解説 ⑴ 「（絵の具で）描く」は paint だが，draw（〈鉛筆やクレヨンで〉描く）を使ってもよい。「多くの」は a lot of や lots of などでも表せる。

⑵ 「〜に興味がある」は be interested in 〜。過去の否定文なので，was not か wasn't を使う。

⑶ Ayako sometimes asks me to make dinner.（アヤコはときどき私に夕食を作るように頼む）の受け身形。「夕食を作る」は，cook dinner でもよい。

⑷ 「（無理やり）その歌を歌わされる」と言うとき

は，make me sing the song の受け身形 **be made to sing the song** を用いる。「(強制的に)〜させられる」という意味の be forced to 〜 を使ってもよい。

4 不定詞

024	(1) ウ	(2) ウ	(3) エ	(4) イ
	(5) ウ	(6) エ	(7) エ	(8) ア
	(9) エ			

解説 (1)「トムはおじさんに会いに駅へ行きました」。ここの不定詞は副詞的用法で，「〜しに，〜するために」の意味で動作の目的を表す。

(2) I'd like to のあとには動詞の原形が続き，「〜したいものだ」の意味を表す。**want to 〜 よりもていねいな表現。**

(3) 〈疑問詞＋不定詞〉で文意が最適なのはエ。「兄は母の誕生日に何を買えばよいか私に教えてくれました」。

(4) **It is ... for ＿ to 〜.** で「〜することは―には…です」の意味。「この質問に答えることは私には難しい」。

(5) 〈**tell＋(人)＋to 〜**〉で「(人)に〜するように言う」。「ナカタさんは彼らに静かにするように言いました」。 Mr. Nakata said to them, "Be quiet." と同じ意味の文。

(6) 英文として成り立つのはエ。〈advise＋(人)＋to 〜〉で「(人)に〜するように助言する」。「彼女は彼にもっと一生懸命勉強するように助言しました」。イは to がなければ正解。

(7) 形容詞的用法の不定詞は，名詞・代名詞の直後にきて「〜する…，〜すべき…」の意味。「彼女はクラスに話し合える友達がたくさんいます」。talk to 〜 は「〜と話す，〜に相談する」。

(8) help は to のない不定詞(「原形不定詞」という)を導いて，〈**help＋(人)＋動詞の原形**〉の形で「(人)が〜するのを助ける」の意味を表す。「ササキさんは私がかばんを運ぶのを手伝ってくれました」。ただし，〈help＋(人)＋to＋動詞の原形〉の形になることもある。

(9) remember to 〜 で「〜するのを忘れない，忘れずに〜する」。「明日，帰宅途中でパン1斤を忘れずに買ってください」。

入試メモ　不定詞は単独で問われるよりも，(3)疑問詞がらみ，(5)，(6)，(8)動詞がらみで問われることが多い。(9)は動名詞との違いに着目しよう。
・remember to 〜：忘れずに〜する
　Remember to read this book.
　(忘れずにこの本を読みなさい)
・remember 〜ing：〜したのを覚えている
　I remember reading this book.
　(私はこの本を読んだ覚えがあります)

025	(1) イ	(2) ウ

解説 (1) 入学年齢に関する対話。紛らわしい選択肢なので意味を正確に把握すること。A：「息子さんは来春入学ですか」，B：「いいえ，まだです。入学できる年齢ではありません」という対話。**be old enough to 〜** で「〜できる年齢だ，〜してもよい年頃だ」の意味。

(2) A：「スミス先生の数学の授業はどうでしたか」，B：「理解しようとしたけれども，私には難しすぎました」。try to 〜 は「〜しようと努める」，too difficult は「難しすぎる」の意味。

026	(1) イ	(2) エ	(3) ウ	(4) エ

解説 (1)「アメリカでは16歳で運転免許証を取得できると知って，私は驚きました」の意味。be surprised to 〜 (〜して驚く)は，原因を表す副詞的用法の不定詞。ア「彼の趣味は切手を収集することです」…名詞的用法，イ「彼女はあなたといっしょにいられて幸せでした」…副詞的用法(原因)，ウ「私は情報を得るために図書館へ行きました」…副詞的用法(目的)，エ「彼には住む家がありませんでした」…形容詞的用法。

(2)「彼らはその料理にとても興味を持ち，それについて知りたくなりました」。want to 〜 (〜したい)は名詞的用法の不定詞。ア「兄のトムは音楽を勉強するためにニューヨークに行きました」…副詞的用法(目的)，イ「昨夜はしなければならない宿題がたくさんありました」…形容詞的用法，ウ「彼は吉報を聞いてうれしくなりました」…副詞的用法(原因)，エ「彼女は仕事を全部終わらせようとしましたが，できませんでした」…名詞的用法。

(3)「犬はまた―生死を問わず―人を発見するために優れた嗅覚を使います」。目的を表す副詞的用

法の不定詞。ア「アメリカで運転免許証を取得するのは簡単です」…It is ... to ～.の文で名詞的用法，イ「しなければならない仕事がたくさんあります」…形容詞的用法，ウ「彼らは住宅を購入するために一生懸命働いています」…副詞的用法（目的），エ「私たちはそのニュースを聞いて驚きました」…副詞的用法（原因）。

(4)「買いものでいっぱいになったワゴンやカートがありました」。things to buy は「買うもの，買い物」の意味で，形容詞的用法の不定詞。ア「私は始発電車に間に合うために早起きしました」…副詞的用法（目的），イ「彼女は犬を連れて散歩するのが好きです」…名詞的用法，ウ「日本でゴルフをするのはお金がかかります」…It is ... to ～.の文，エ「ジェーンはその言語を理解する能力がありました」…形容詞的用法，オ「彼は彼女と握手してとてもうれしかったです」…副詞的用法（原因）。

---

027 (1) (I want) you to help me with my homework(.)

(2) (Yes, but I) don't know how to get (there.)

解説 (1) A：「あなたに私の宿題を手伝ってほしいの」，B：「いいよ。何をすればいいの？」という対話。〈want＋(人)＋to ～〉の形で「(人)に～してほしい」の意味。help ～ with ... は「～の…を手伝う」。

(2) A：「ジョン，私の家に来てくれない？」，B：「いいけど，君の家への行き方がわからないんだ」という対話。how to get there は「そこに着く方法，そこへの行き方」の意味。

---

028 (1) nothing, to　(2) how, to
(3) to, see　(4) to, play
(5) when, to　(6) to, do
(7) to, with
(8) the, book, to
(9) too, difficult, to
(10) of, you
(11) take, to, write
(12) him, to
(13) asked, to, help, her

解説 (1)「ベティはパーティー用の服を持っていません」→「ベティはパーティーに着ていくものを何も持っていません」。nothing to ～ は〈代名詞＋形容詞的用法の不定詞〉の形で「～するものは何も…ない」の意味。

(2)「このカメラを使えますか」→「このカメラの使い方を知っていますか」。how to ～ で「～する方法，～のしかた」の意味。

(3)「その事故を見たとき，私は驚きました」→「私はその事故を見て驚きました」。

(4)「ギターを弾くことは私には簡単ではありません」。「ギターを弾くこと」は，動名詞を使えば playing the guitar となり，文の主語になる。不定詞を使えば to play the guitar となり，ふつうは It is ... to ～.の文で用いる。

(5)「私はいつ出発すべきかわかりません」。「いつ～すべきか」は，〈疑問詞＋不定詞〉の形で when to ～ でも表せる。

(6)「彼は今晩とても忙しい」→「彼は今晩することがたくさんあります」。形容詞的用法の不定詞を用いる。

(7)「鉛筆か何かを私にくれませんか」→「何か書くものを私にくれませんか」。「(何か)～するもの」は代名詞 something のあとに形容詞的用法の不定詞が続く。文末に，write with a pen（ペンで書く）のような道具を表す前置詞 with がくることに注意しよう。

(8)「ビルはその本が世界中で読まれることを望んでいます」→「ビルはその本が世界中で読まれてほしいと思っています」。〈want＋(もの)＋to be ～〉の形で「(もの)が～されてほしい（と思う）」の意味。

(9)「その問題はとても難しかったので私は答えることができませんでした」→「その問題は難しすぎて私には答えられませんでした」。so ... that ＿ cannot ～ の文を too ... for ＿ to ～ の文に書きかえる定番問題。

(10)「バスにかばんを置き忘れるとはあなたは不注意でしたね」。You are careless to ～.も It's careless of you to ～.も「～するとはあなたは不注意でしたね」の意味。

(11)「昨夜，レポートを書くのに何時間費やしましたか」→「昨夜，レポートを書くのにどのくらいかかりましたか」。How many hours did you spend ～ing? で「～することに何時間費やしましたか」，How long did it take you to ～? で「～することにどのくらい（時間）がか

かりましたか」。

(12)「彼が偉大な科学者であることに私は気づきました」。I found that he is 〜. と I found him to be 〜. はほぼ同じ意味を表す。

(13)「キョウコは友達に『私の宿題を手伝ってくれない？』と言いました」→「キョウコは友達に自分の宿題を手伝ってくれるように頼みました」。

> **入試メモ** (4), (9)は定番の書きかえ問題。(1), (7)〈代名詞＋不定詞〉, (2), (5)〈疑問詞＋不定詞〉の書きかえもよくねらわれる。(13)say to ..., "〜"の文は, ask と tell の使い分けをしっかり押さえておこう。
> ・ask ... to 〜：…に〜するように頼む
> I asked him to open the window.
> （私は彼に窓を開けてくれるように頼みました）
> ・tell ... to 〜：…に〜するように言う
> I told him to open the window.
> （私は彼に窓を開けるように言いました）

029 (1) **He is tall enough to reach the ceiling.**
(2) **It is difficult[hard] for me to ride a bike well.**

解説 (1)「彼はとても背が高いので天井に手が届きます」→「彼は天井に手が届くほど背が高い」。〈形容詞＋enough＋不定詞〉の形で「〜するのに十分なほど…」の意味。

(2)「私は上手に自転車に乗れません」→「私が上手に自転車に乗ることは難しい」。It is difficult[hard] for ＿ to 〜. で「—が〜することは難しい」の意味。

030 (1) **(Please) give me something cold to drink(.)**
(2) **My dream is to be an astronaut(.)**
(3) **(It) is important for us to keep (the sea clean.)**
(4) **My teacher told me to study to pass the examination(.)**

(5) **Don't forget to buy milk when you come (home.)**
(6) **It's very nice of you to lend me (your dictionary.)**
(7) **Would you like me to lend some money (to you?)**

解説 (1) something のあとに形容詞や不定詞が続くときは〈something＋形容詞＋不定詞〉の語順になる。「(何か)温かい食べ物」なら, something hot to eat となる。

(2)「私の夢は〜になることです」は My dream is to be 〜. の形。名詞的用法の不定詞 to be 〜は「〜になること」の意味で, 文の補語になっている。

(3) It で始まるので, まず It is ... for ＿ to 〜. の文を予想する。「海をきれいにしておく」は keep the sea clean の語順。

(4)「先生は(私に)勉強するように言った」は tell ... to 〜 の文,「試験に合格するために」は副詞的用法の不定詞。この2つが合体した形。

(5)「〜するのを忘れないで」は否定の命令文を用いて, Don't forget to 〜. の形。「家に帰るときに」は接続詞 when を使って, when you come home で表す。

(6)「私に辞書を貸してくれるとは(あなたは)とても親切です」と言いかえてみる。It's very nice of you to 〜. の形になる。英語特有の表現として覚えておこう。「私に辞書を貸す」は lend me your dictionary の語順。

(7)「〜しましょうか」と申し出るときは, Would you like me to 〜? を用いる。Shall I 〜? よりもていねいな表現。Would you like to 〜?（〜したいですか, 〜しませんか）の文と紛らわしいので混同しないこと。

031 (1) **She asked me how to use the dictionary.**
(2) **I decided not to follow his advice.**
(3) **My mother told me to come home by seven o'clock.**
(4) **He is looking for a house to live in.**

解説 (1) 「(人)に(もの)をたずねる」は〈ask＋(人)＋(もの)〉の語順。「～の使い方」は how to use ～ を用いる。

(2) 「～しないことに決める」は decide not to ～。不定詞を not で否定する形にする。「(助言に)従う」は，take や obey を使ってもよい。

(3) My mother said to me, "Come home by 7 o'clock." でもよい。「家に帰ってくる」は，come back home や get[return] home でもよい。

(4) 「住む家」は，a house to live in で表す。「～を探す」は look for ～。

5 動名詞・分詞

032 (1) エ (2) イ (3) ウ (4) エ
(5) ウ (6) イ (7) ウ (8) イ

解説 (1) finish は目的語に不定詞ではなく動名詞をとる。よって，エを選ぶ。**finish ～ing** で「～し終える」の意味。「あなたはできるだけ早く宿題をし終えなければなりません」。

(2) 後ろから children を説明する現在分詞を選ぶ。現在分詞は「～している…」と訳す。「塔の前で立っている子供たちの写真はすばらしい」。

(3) 後ろから pictures を説明する過去分詞を選ぶ。過去分詞は「～された…，～されている…」と訳す。「スミスさんは京都と奈良で撮られた写真を何枚か持っています」。

(4) 単独の分詞は形容詞と同じように名詞の前に置く。broken は「壊れた，割れた，折れた」などの意味を表す。「壊れたいすに座ってはいけません。危険です」。

(5) 「向こうでテニスをしている男子たちは私の友達です」。文の主語 The boys を playing tennis over there が後ろから説明している。

(6) 「タマと呼ばれるネコがテーブルの下で横になっています」。主語 The cat を called Tama が後ろから説明している。lying は lie(横たわる)の現在分詞。

(7) 「娘は到着時刻を私に教えるのを忘れたので，車で迎えに行けませんでした」。**forget to ～** は「～するのを忘れる」の意味で，**forget ～ing** は「～したのを忘れる」。pick ～ up は「～を拾い上げる，～を車で迎えに行く」。

(8) 「すぐ近くの自動車販売店は昨年車を売ることをやめました。今は修理のみを行っています」。give up などの群動詞は目的語に動名詞のみをとる。**give up ～ing** で「～するのをあきらめる，～するのをやめる」。

033 (1) **visiting** (2) **raining**
(3) **taught**
(4) **disappointing**
(5) **being** (6) **fixed**
(7) **wearing**

解説 (1) look forward to は群動詞なので，to のあとには動名詞が続く。**look forward to ～ing** で「～するのを楽しみに待つ」の意味。「この夏オーストラリアを訪問するのを楽しみにしています」。

(2) 「私たちが駅に着くと，雨がやみました」。stop や finish は目的語に動名詞をとる代表的な動詞。**stop ～ing** で「～するのをやめる」。

(3) 「中国語はこの学校で教えられる外国語です」。〈過去分詞＋語句〉が前の a foreign language を説明している。

(4) 「彼は不本意な結果になるかもしれないと心配していました」。have a disappointing result で「不本意な結果になる，期待はずれな成績に終わる」の意味。be afraid (that) ～ は「(好ましくないことを予想して)～かもしれない，～ではないかと心配する」。

(5) 前置詞 for のあとなので動名詞がくる。「今夜は私たちといっしょにいてくれてありがとう」。**Thank you for ～ing** で「～してくれてありがとう」の意味。

(6) 「私たちの時計をその店で修理してもらうのに時間はかかりませんでした→すぐ修理してもらいました」。〈have＋(もの)＋過去分詞〉で「(もの)を～させる，～してもらう」という意味。It didn't take me long to ～. は「～するのに時間はかからなかった，すぐ～した」。

(7) **try ～ing** は「(ためしに)～してみる」，**try to ～** は「～しようと(努力)する」の意味。「彼女は赤いブーツを(ためしに)はいてみて，それがゆるすぎることに気づきました」。

入試メモ　語形変化問題では動名詞・分詞は必出項目。(1), (2), (5), (7)動詞や前置詞の直後にくれば，まず動名詞を考えよう。名詞が前後にあるときは，「～している」と訳せるなら現在分詞，「～された，～した」と訳せるなら過去分詞を考える。

034 (1) ウ
(2) ① to play → playing
② speaking → spoken
③ are → is
④ asleep → sleeping

解説 (1) 「あなたとアマンダはいっしょに何をするのが好きでしたか」。like の目的語になっているので，doing は動名詞。ウ「彼女は私といっしょに歌って楽しみました」も動名詞の文。**enjoy ～ing** は「～して楽しむ」の意味。ア「向こうでテニスをしている学生が見えますか」，エ「ステージで踊っている少女は私の友達です」は，どちらも名詞を修飾する現在分詞。イ「姉〔妹〕は今，宿題をしているところです」は，進行形の ～ing形。
(2) ①「私たちはその日の午後テニスをして楽しみました」。enjoy は目的語に不定詞をとらないので，〈enjoy＋動名詞〉の形にする。②「その国で話されている言語は英語です」。「話されている→言語」だから過去分詞。③「クリスマス・ソングを歌うのはとても一般的です」。**主語になる動名詞は3人称単数扱い。**④「彼らは森で眠っているクマを見ました」。asleep(眠って)は be動詞のあとなどで使われる形容詞で，名詞の前には用いない。「眠っているクマ」と言うときは，sleep の現在分詞 sleeping を bears の前に置く。

035 (1) (I) enjoyed watching movies on TV(.)
(2) The pretty girl sitting in front of me does(.)
(3) That red car covered with snow is (mine.)
(4) (The) boy talking to a woman is my (brother.)

解説 (1) A：「今週末，何をしましたか」，B：「テレビで映画を見て楽しみました」。「テレビで」は on TV で表す。
(2) A：「写真の女の子の中でだれが一番速く泳ぎますか」，B：「私の前に座っているかわいい女の子です」。「私の前に座っている→かわいい女の子」の部分が長い主語になる。動詞は代動詞 does で，swims the fastest の代わりに用いられている。
(3) A：「今朝はとても寒い。気温は今日マイナス5度になるって」，B：「本当？　凍えちゃう。あなたの車はどこ？」，A：「雪をかぶったあの赤い車が私のよ」，B：「よし，車に急ごう！　今すぐ乗り込みたい」。covered with snow(雪で覆われた)が前の That red car を説明する過去分詞の文。
(4) A：「やあ，ユキ，ここで何をしているの」，B：「母が買い物に行ったので，弟と公園に来たのよ」，A：「あら，彼はどこにいるの」，B：「女性と話している男の子が弟よ」。talking to ～ (～と話している)が前の主語 The boy を説明する現在分詞の文。

入試メモ　(2), (3), (4)長い主語の英文に注意しよう。〈名詞＋分詞＋語句〉が主語になる英文は語順を間違えやすい。それぞれの単語が主語部分なのか動詞部分なのかを見きわめながら答えること。

036 (1) mountain, covered, with[in]
(2) answering　(3) book, written
(4) ア remember　イ lending
(5) taking, care, of

解説 (1) 「雪で覆われている→あの山」を過去分詞を使って表す。
(2) 「私の質問に答える前によく考えなさい」という文で表す。前置詞 before のあとに answer の動名詞を続ける。
(3) 「彼の書いた本」とは「彼によって書かれた本」ということなので，過去分詞を使って表す。
(4) 「～したことを覚えている」は，〈remember＋動名詞〉の形で表す。「(これから)～することを覚えている」なら，〈remember＋不定詞〉の形になる。「君に(私の)辞書を貸す」は，lend you my dictionary の語順。
(5) like は目的語に不定詞・動名詞の両方をとる

ことができるが，ここでは空所が3つなので動名詞を使う。「〜の面倒をみる」は take care of 〜。ただし，同意語句の look after 〜 を不定詞で用い，to look after としても正解とする。

---

037 (1) **sitting, is**
(2) **Learning, long**
(3) **drawn, by**　(4) **being**
(5) **sung**　　　(6) **going, to**
(7) **enjoyed, watching**
(8) **shop, selling**
(9) **People, singing**
(10) **known**

解説 (1)　主語 The man のあとに現在分詞で始まる sitting under the tree を置く。「木の下に座っている男性はジェームズです」。

(2)　It takes a short time to 〜. は「〜するのにあまり時間はかからない」の意味。to 以下を動名詞で始まる主語の文にする。short の反意語 long を使った否定文の形にも注意。「箸の使い方を覚えるのはふつうたいして時間はかかりません」。

(3)　「ポールが描いた絵」を「ポールによって描かれた絵」と言いかえて，過去分詞を用いる。「ポールによって描かれた絵は美しい」。

(4)　I'm sorry that 〜. の文を I'm sorry for 〜ing .... に書きかえる。どちらも「〜して申し訳ない」の意味。「集会に遅れてごめんなさい」。

(5)　「私たちはクラスで毎朝，その歌を英語で歌います。それを聞いたことがありますか」→「クラスで毎朝，英語で歌われる歌を聞いたことがありますか」。

(6)　〈before＋文〉を〈before＋動名詞〉の形に書きかえる。「兄〔弟〕は学校へ行く前にいつもテレビを見ます」。

(7)　〈enjoy＋動名詞〉の形に。「私は昨夜，テレビを見て楽しみました」。

(8)　a shop のあとに現在分詞で始まる selling 〜 を続ける。「彼はいろいろなアイスクリームを売っている店に私を連れて行ってくれました」。

(9)　〈関係代名詞＋進行形〉の文から関係代名詞と be動詞を省略した形。「歌を歌っている人たちはまもなくホールから出てきます」。

(10)　「有名な音楽家」を「多くの人に知られている音楽家」と言いかえる。「彼の父は日本で多くの人に知られている音楽家です」。

入試メモ　(2)はややハイレベルな問題。単なる書きかえ能力だけでなく，文意を正確にとらえて解答できるかが試される。

---

038 (1) **Taking care of the horses is hard work (for me.)**
(2) **She was looking for the book written in English(.)**
(3) **(I took) a picture of a bird flying over my head(.)**
(4) **(The song) sung by them is popular in (Japan.)**
(5) **I'm sorry to keep you waiting for such (a long time.)**
(6) **The song sung by Michael is my favorite(.)**
(7) **(Don't be) afraid of making mistakes while speaking (English.)**

解説 (1)　「馬の世話(をすること)」が主語なので，動名詞 Taking で文を始める。horses まで長い主語で，そのあとに is がくる。

(2)　「英語で書かれた本」は過去分詞 written を補って表す。

(3)　a bird のあとに現在分詞で始まる flying 〜 を続ける。

(4)　The song のあとに過去分詞で始まる sung 〜 を置く。

(5)　「〜してすみません」は不定詞を使って be sorry to 〜，「あなたを待たせておく」は現在分詞を使って keep you waiting となる。「(そんなに)長い間」は for such a long time。

(6)　「マイケルによって歌われた歌」と言いかえると，過去分詞 sung が不足する。

(7)　「英語を話すとき」は「あなたが英語を話している間に」と考えて，while (you are) speaking English で表す。主節の主語と while の節の主語が同じときは，〈主語＋be動詞〉は省略することができる。

039 (1) I will[I'll] finish writing this Christmas card in about five minutes.

(2) The man talking to Taro over there must be a new teacher.

(3) My father stopped reading a newspaper and went out of the room.

(4) He is[He's] good at speaking in public.

解説 (1)「書き終える」は〈finish＋動名詞〉。「5分くらいで」は in about five minutes。

(2)「～と話す」は speak to ～ や talk with ～ でも表せる。

(3)「読むのをやめる」は〈stop＋動名詞〉。「～から出て行く」は go out of ～。

(4)「～するのが得意だ」というときは，be good at のあとに動名詞を続けて表す。「人前で話す」は speak in public でも speak before [in front of] (other) people でもよい。

6　比較

040 (1) ウ　(2) ウ　(3) エ　(4) イ
(5) ア　(6) イ　(7) ウ　(8) エ
(9) エ　(10) ウ

解説 (1) heavy は，heavy－heavier－heaviest と変化する。than の前なので比較級を選ぶ。「太郎はお兄さん〔弟〕よりも（体重が）重い」。

(2) happy－happier－happiest。前に the，あとに on earth（地球上で，この世で）があるので最上級を選ぶ。「試合後，主将は地上で一番幸福な男に見えました」。

(3) quick は形容詞で「速い，迅速な」，quickly は副詞で「速く，素早く」。ここでは〈as＋副詞＋as ... can〉の形で「（…が）できるだけ～」の意味。「私たちはできるだけ急いで昼食を終わらせようとしました」。

(4)「（複数）の中で一番～」という最上級の文は，〈the＋最上級＋of ...〉の形。「ジョンは3人兄弟

の中で一番早く結婚しました」。

(5) 比較級を強調して「ずっと～」と言うときは，比較級の前に much を置いて表す。「父は私よりもずっと速く走ります」。

(6) less は little（少しの，少ない）の比較級。〈less＋名詞＋than ...〉で「…よりも～の量が少ない，…よりも少なめに～」の意味。「姉〔妹〕は兄〔弟〕よりも食べる肉の量が少ない」。

(7) better は，good（よい）・well（上手に）の比較級。ここでは well の比較級。than anyone else は「ほかのだれよりも」の意味。「ジェニーはクラスのほかのだれよりもフランス語を上手に話すことができます」。

(8)〈one of＋the＋最上級＋複数名詞〉の形で，「最も～な…の1つ」の意味。「大阪は日本最大の都市の1つです」。

(9) あとの文に「彼女が生まれたとき，彼はロサンゼルスにいました」とあるので，彼（＝トム）が彼女（メアリー）よりも年上だとわかる。「トムはメアリーよりも2歳年上です」。

(10)「2番目に～」というときも最上級を使って，〈the second＋最上級〉の形で表す。second は「2番目の，第2の」の意味。「この教会はこの国で2番目に古い建物です」。

041 (1) earliest
(2) more quickly
(3) better
(4) worse

解説 (1) 前に the，あとに of us all があるので最上級の文。early－earlier－earliest と変化する。「父は私たち全員の中で一番早く起きます」。

(2) quickly は，前に more を置いて比較級に，the most を置いて最上級になる。「グリーンさんはホワイトさんよりも早口で話します」。

(3) well－better－best と不規則に変化する。「ナンシーはクラスでほかのどの生徒よりも上手にピアノを弾けます」。

(4) bad（悪い）や ill（病気で，気分が悪い）は不規則に変化して，比較級は worse，最上級は worst となる。get worse で「もっとひどくなる」の意味。A:「ひどい歯痛だそうね。大丈夫？」，B:「いいえ，昨日よりひどくなってるかも」。

042 (1) **Sally**　(2) **Tony**

解説 (1), (2)　身長に関する記述で重要な箇所はメモしておこう。
・トニーはディックの3倍，ルイーズは2倍の身長
・一番背が低い人の身長は60センチ
・ルイーズはサリーほど背が高くない
よって，トニー＞サリー＞ルイーズ＞ディックの順。

全文訳
ディックには兄が1人と姉が2人います。トニー，ルイーズ，サリーです。トニーは野球がとても上手で，ディックの3倍の身長があります。4人の中で一番背が低い人は60センチです。サリーはディックよりもずっと背が高く，彼が大好きです。ルイーズはディックの2倍の身長で，トニーはサリーよりも長身です。ルイーズはサリーほど背が高くありません。両親は4人をとても愛しています。

入試メモ　適度な長さの英文や対話文，絵や図の内容を読み取って，日本語または英語の設問に答える問題はよく出される。比較の文は比べる相手が多くなれば，それに比例して難易度も高くなる。要点を箇条書きにメモしたり，紛らわしい比較対象をわかりやすく視覚化する工夫が必要だ。

043 (1) ① ア　② ア
(2) ① **Which do you like better, summer or winter(?)**
② **(But) I like SF movies much better than love stories(.)**
③ **(In Australia,) the sun sets much earlier in August than (in December.)**

解説 (1)　①A：「父は蔵書がたくさんあります。それらをとても誇りに思っています」，B：「なるほど。でも，私の父はあなたのお父さんと同じくらいたくさんの本を持っています」。〈as many＋名詞＋as ...〉の形で「…と同じくらいたくさんの～」の意味。
②A：「この写真の男の子はだれ？」，B：「私の弟です」，A：「とても幼く見えます。これは古い写真なの？」，B：「はい。その頃はとても小さ

かったのが，今は私と同じくらいの身長です」。smaller や smallest では but で接続した前文と意味がつながらない。
(2)　①文末は winter or summer の順でもよい。A：「夏と冬では，どちらが好きですか」，B：「スキーを楽しむので，冬のほうが好きです」。
② like ～ much better than ... で「…よりも～のほうがずっと好きだ」の意味。A：「どんな種類の映画が好きですか」，B：「あなたがラブストーリーが好きなのは知っています。でも私はラブストーリーよりも SF 映画のほうがずっと好きです」，A：「じゃあ，今日は SF 映画を見ましょう」。
③ sets は3単現の -s がついた動詞で「(太陽が)沈む」の意味。A：「オーストラリアでは，太陽は12月よりも8月のほうがずっと早く沈みます」，B：「日本はまったく逆ですね」。

044 (1) **earlier, than**
(2) **younger, than**
(3) **most, interesting, of**
(4) **My, as, his**
(5) **any, other, boy**
(6) **isn't, as**
(7) **more, than, else**
(8) **the, most**
(9) **better[more], than**
(10) **No, other, boy**
(11) **the, best, singer**

解説 (1)　「ニックはボブよりも遅く来ました」→「ボブはニックよりも早く来ました」。late(遅く)の反意語 early(早く)の比較級を用いる。
(2)　「ジルは14歳です。ゲーリーは17歳です」→「ジルはゲーリーよりも3歳若い」。比較して差異を数値や単位で明示するときは，by ～ の形を用いるか比較級の前に置く。two years older than ... ＝older than ... by two years(…よりも2歳年上)。
(3)　「この番組はほかのどの番組よりもおもしろい」→「この番組はすべての中で一番おもしろい」。
(4)　「彼の時計は私のよりもよい」→「私の時計は彼のほどよくない」。
(5)　「トムは私のクラスで一番背が高い少年です」→「トムは私のクラスでほかのどの少年よりも背

が高い」。〈any other＋単数名詞〉の形に注意。

(6) 「この時計は実際よりも高価に見えます」→「この時計は見た目ほど高価ではありません」。文末の than it is と as it looks の対比に着目する。

(7) precious（貴重な，大切な）は more・most 型の形容詞。anything else は「ほかの何もかも，ほかに何か」の意味。「時間は万物の中で最も貴重です」→「時間はほかの何よりも貴重です」。

(8) beautiful の最上級は前に the most を置いて表す。「私はそんなに美しい場所を訪れたことがありません」→「ここは私が今までに訪れた中で最も美しい場所です」。

(9) prefer *A* to *B*＝like *A* better[more] than *B* で「*B* よりも *A* が好きだ」。どちらも「彼は肉よりも魚が好きです」の意味。

(10) 〈No other＋単数名詞〉を主語にして，比較級の文に書きかえる。「ほかのどの…も〜でない」の意味。「ケンはクラスで一番行儀が悪い少年です」→「クラスのほかのどの少年もケンよりは行儀が悪くない」。

(11) 「だれもマリコほど上手に〜できない」を「マリコは一番上手な〜」の文に。good の最上級を用いる。「私たちのクラスのだれもマリコほど上手に歌えません」→「マリコは私たちのクラスで最高の歌い手です」。

入試メモ 比較の同意表現は必出。(1)〜(5)，(7)，(8) の定番の書きかえ問題だけでなく，(6)比較対象が〈主語＋動詞〉の場合，(9)同意語句の応用問題，(10)〈no other＋単数名詞〉が主語にくる場合など，書きかえパターンは多種多様。(11)can sing の文 → be動詞の文の書きかえも要チェック。

045 (1) **much, higher[taller], than**
(2) **the, best, of**
(3) **not, as[so], as**
(4) **had, much, more, than, usual**

解説 (1) 「…よりずっと高い」は〈much＋比較級＋than …〉の形。「高い」は high か tall を使う。
(2) 「…の中で〜が一番好きだ」は like 〜 the **best of** … の形。
(3) 「…ほど〜でない」は **not as[so] 〜 as** … の形。肯定形の as 〜 as … は「…と同じくらい〜

の意味で，同程度であることを表す。

(4) 「（雨が）たくさんの」には much を使い，ここでは比較級の more を用いる。「いつもより」は than usual。

046 (1) **(The climate) of Japan is warmer than that of Korea(.)**
(2) **Which do you like the best of these (cars?)**
(3) **(She) bought as many notebooks as she could(.)**
(4) **Tokyo Skytree is nearly twice as tall as Tokyo Tower(.)**
(5) **(She is) one of the most important friends of mine (at this school.)**
(6) **She is better at reading English than speaking(.)**
(7) **I don't have as many CDs as my sister(.)**
(8) **Which is more difficult to speak, French or Spanish(?)**

解説 (1) that は前の the climate を受けて，that of Korea（韓国のそれ〔＝気候〕）のように用いる。
(2) Which で始まる最上級の疑問文にする。「これらの車の中で」は of these cars の語順で，文末に置く。
(3) 主語は She，時制は過去なので，「できるだけ多くのノート」は as many notebooks as she could の語順になる。as many notebooks as possible とすることもできるが，その場合は，she, could の2語が余ってしまう。
(4) 「…の2倍近くの高さ」は as tall as … の前に nearly twice を置いて表す。
(5) 「最も〜な友達の1人」は〈one of the＋最上級＋friends〉の形で表す。important は more・most 型の形容詞。
(6) be good at 〜（〜が得意だ）の比較級の文は，be better at 〜 than … の形。「英語を話すよ

りも読むほう」というのは動名詞を使って表す。先にくる reading English に対して，あとの speaking は目的語の English を省略する。

(7) 「…ほどたくさんの～を持っていない」という一般動詞の否定文なので，〈don't have as many＋複数名詞＋as ...〉の語順。

(8) 「どちらが話すのが（より）難しいか」なので，Which を主語にした比較級の文にする。

入試メモ　整序英作文で出題される比較の文は長めのものが多い。(3)，(4)，(7) as ～ as ... の応用表現は「できるだけ」，「2倍近く」などの修飾語句がらみで問われるので，位置関係には特に注意して答えよう。(6)動名詞がらみ，(8)不定詞がらみの比較の文も語順ミスには要注意。

047 (1) **It costs much more to travel by plane than by train.**

(2) **This is the second longest river in Japan.**

(3) **It is not as cold as last week.**

解説 (1) 「～するのにずっと費用がかかる」は，It costs much more to ～. の形。「飛行機で旅行する」は travel by plane，「汽車で旅行する」は (travel) by train を用いる。動詞の重複を避けるため，あとの travel はふつう省略する。

(2) 「2番目に長い川」は，最上級 the longest river の the のあとに second を置いて表す。

(3) 「…ほど～ではない」は，not as ～ as ... の形。気候を表す文なので，It を主語にする。

7 関係代名詞・間接疑問

048 (1) エ　(2) エ　(3) ウ　(4) ウ
(5) イ　(6) イ　(7) イ　(8) ア
(9) イ　(10) ウ　(11) エ　(12) ア
(13) ウ　(14) ウ

解説 (1) 先行詞は songs で「もの」，直後に動詞

touched が続くので，**主格の関係代名詞 which** を選ぶ。「スティーブは世界中の人々を感動させる歌を作りました」。

(2) 先行詞は the library ではなく，少し離れた a boy で「人」，直後に動詞 kept が続くので，**主格の関係代名詞 who** を選ぶ。「読書中にとても静かにしていた少年を図書館で見かけました」。

(3) 先行詞は the girl and the cat で「人＋動物」，直後に動詞 are sleeping が続くので，**主格の関係代名詞 that** を選ぶ。「ベッドでいっしょに寝ている少女とネコをご覧なさい」。

(4) understand の目的語が，〈疑問詞＋主語＋動詞…〉の語順になっているので，間接疑問だと判断する。文意が通じる疑問詞は why のみ。「なぜあなたがこれらのことをするのか私には理解できません」。

(5) answer の目的語が「何時（だった）か」という意味の間接疑問。「何時かを答えることができませんでした」。

(6) 先行詞は The dress で「もの」，直後に〈主語＋動詞〉が続くので，目的格の関係代名詞 which を選ぶ。「彼女のお母さんが作ったドレスはとても美しい」。

(7) 〈tell＋（人）＋（もの）〉の語順で「（人）に（もの）を教える」の意味。（もの）の位置に間接疑問がくることもある。「どちらの本がよりおもしろいのかその少年に教えてあげてください」。

(8) 直後の名詞が少女の何かを示しているとき，**所有格の関係代名詞 whose** を選ぶ。「昨日，写真が新聞に載っていた少女は私の友達です」。

(9) 先行詞は the month。あとの関係代名詞節が「その月に～する」という意味を表すとき，関係代名詞の前に前置詞 in を補う。「9月は彼がたいてい休暇をとる月です」。

(10) 先行詞は the meat。空所のあとに動詞 sell が続いているが，主格の関係代名詞と考えると意味が通じない。**目的格の関係代名詞は省略できる**ので，sell の主語として they を選ぶ。「私たちは（彼らが）その店で売っている肉が好きです」。

(11) know の目的語になる間接疑問を考える。「ジムは新車を買う予定だとジャックが教えてくれました。彼がどんな種類の車をほしがっているのかあなたは知っていますか」。

(12) 先行詞 The man は「人」，〈関係代名詞（主格）＋動詞〉の形で文意が通じるものを選ぶ。「教室に入ってきた男性はとても長身でした」。

(13) 〈疑問詞（which）＋名詞（bus）＋主語（I）＋助動

詞（should）＋動詞（take）〉の語順になる。「市役所に行くにはどのバスに乗るべきか私にはわかりません」。

(14)　先行詞 the man のあとにきて文意がつながるものを選ぶ。「あなたが車を借りたその男性の名前は何ですか」。

入試メモ　適語選択問題では関係代名詞や疑問詞もよくねらわれる。(8)，(14)所有格の関係代名詞，(9)〈前置詞＋関係代名詞〉は高校レベルの問題。関係代名詞節での役割に焦点を当てて理解しよう。(10)関係代名詞を補うことばかりに注目するとミスを犯す。主語を補うなど，発想の転換も必要。

049　(1) ウ　　(2) who
(3) ① (Do you) know where the bookstore is(?)
② (I have a) book which has interesting pictures(.)
③ Do you know where he lives(?)
④ Do you know how many children he has(?)

解説　(1)　先行詞は the cake。あとに〈主語＋動詞〉が続くので，目的格の関係代名詞 which を選ぶ。A：「おいしそう！」，B：「ええ，これは母が大好きなケーキです」。

(2)　Do you know のあとに間接疑問が続く。「人」を答えているので，「だれが」とたずねる文が考えられる。A：「だれが彼に自転車をあげたのか知っていますか」，B：「もちろん。おばあちゃんだよ」。

(3)　① know のあとに〈疑問詞＋主語＋動詞〉を置く。A：「その書店がどこにあるかわかりますか」，B：「わかります。この通りをまっすぐ行って2つ目の角で右に曲がります。すると左手にありますよ。見落とすはずはありません」。
②空所の前にaがあるので，先行詞は単数の book だとわかる。which は主格の関係代名詞。A：「おもしろい絵が載っている本があります。読みたいですか」，B：「はい，ぜひ」。
③間接疑問は where he lives。よって，house が不要。A：「トムの家に行きましょう」，B：「彼

がどこに住んでいるのか知っていますか」。
④間接疑問は how many children he has。
A：「彼は子供が何人いるのかわかりますか」，
B：「はい。3人います。娘が1人と息子が2人」。

050　(1) old，he，is
(2) who，join，volunteer，is
(3) ア whose　イ known
(4) What，whether

解説　(1)　「彼が何歳か」の部分を間接疑問で表す。How old is he? → how old he is と主語と動詞の語順を入れかえる。

(2)　先行詞は young people。直後に動詞 join がくると考えられるので，主格の関係代名詞 who か that を用いる。number が全体の主語で3人称単数扱いなので，be動詞は is を用いる。

(3)　先行詞は a great scientist。「世界中に名の知れた」は「その名前が世界中に知られている」と言いかえて，所有格の関係代名詞 whose を使って表す。よって，a great scientist whose name is known ～ となる。

(4)　「問題は～だ」は matters が与えられているので，What matters is ～. の形を使う。「～するかどうか」は whether ～ or not で表す。「君が全力を尽くす」は you do your best。

051　(1) How did you like the movie you saw (yesterday?)
(2) Do you know how much this watch is(?)
(3) (The) students who go to this school have (to wear uniforms.)
(4) (This is) the only letter that my sister sent to Kumiko(.)
(5) This book will show you how they live (in Korea.)
(6) (Please) show me the cheapest room that you have (in your hotel.)
(7) (All) you have to do is give

it (to him.)

(8) **Do you have a doctor who is as young (as Tom in this hospital?)**

(9) **Do you know who played tennis (with him?)**

(10) **Do you know how many books I read last month(?)**

(11) **(Tom,) which coat do you think is better (, the red one or the blue one?)**

解説 (1)　目的格の関係代名詞が語群にないので，先行詞の the movie の直後に you saw を置く。「～はどうでしたか」は How did you like ～? を用いる。

(2)　Do you know のあとに間接疑問 how much this watch is を続ける。a は不要。

(3)　先行詞は The students。主格の関係代名詞 who が導く節をあとに続ける。「～しなければならない」は have to ～ を使う。

(4)　先行詞は the only letter と **only** がついているので，関係代名詞(目的格)には **that** を使う。

(5)　「この本は(人)に(もの)を見せてくれる」という英文。〈show＋(人)＋(もの)〉の語順で，(もの)の部分に間接疑問がくる。「韓国での暮らしぶり」は「韓国で彼らはどのように生活しているか」と言いかえてみる。

(6)　先行詞は the cheapest room と最上級がついているので，関係代名詞(目的格)には **that** を使う。与えられた日本語は「ホテルで」だけだが，「あなたのホテルであなたが所有している…」の意味を加えて英訳すること。will は不要。

(7)　直訳すれば，「あなたがしなければならないすべてのことは彼にそれをあげることです」となる。補語となる (to) give it to him は原形不定詞で使われることが多く，give の前の to はほとんど省略される。

(8)　「～はいますか」は「(あなたたちは)～を持っていますか」と言いかえる。先行詞 a doctor のあとに主格の関係代名詞 who 以下を続ける。there は不要。

(9)　疑問詞が主語の場合，間接疑問の語順に変化はない。〈who(主語)＋動詞 ...〉のまま。

(10)　「何冊本を読んだか」を間接疑問で表すと，how many books I read となる。したがって，

many が不足している。

(11)　「どちらの…がよいと思いますか」という疑問文は，**do you think** と **which ... is better** を合体した形と考えよう。**Which ... do you think is better** となる。Yes・No では答えられないので，Do you think の前に疑問詞(＋名詞)がくることに注意する。

入試メモ　整序英作文は，(6)与えられた日本語が言葉足らずの場合や，(7)意訳しすぎてある場合に，難易度が上がる。単語をヒントに言葉を加えたり直訳したりして正解に近づこう。(11)2つの基本形が合体したような疑問文だが，英語特有の表現として慣れておこう。

---

052 (1) **who**, **live**
(2) **whose**, **roof**
(3) **which**[**that**], **like**
(4) **what**, **means**
(5) **how**, **many**
(6) **when**, **was**, **born**
(7) **which**[**that**], **made**
(8) **when**, **was**, **built**[**founded**]
(9) **what**, **that**, **flower**, **is**
(10) **if**[**whether**], **I**, **previous**

解説 (1)　〈名詞＋現在分詞〉を〈先行詞＋関係代名詞＋動詞〉の形に書きかえる。「カナダに住んでいる友達が何人かいます」。

(2)　with a yellow roof (黄色い屋根を持った) → whose roof is yellow(その屋根が黄色い)。所有格の関係代名詞を使って書きかえる。go out of business は「廃業する，倒産する」。「あの屋根が黄色いレストランは廃業予定です」。

(3)　目的格の関係代名詞 which や that を使って書きかえる。「私は英語が一番好きです」→「私が一番好きな教科は英語です」。

(4)　間接疑問を使って what the word means に書きかえる。「その単語がどんな意味か私に教えてください」。

(5)　「クラスの学生数」→「クラスに何人学生がいるか」の書きかえ。「あなたのクラスには学生が何人いるか教えてください」。

(6)　「彼の誕生日」を when を使った間接疑問に書

きかえる。「彼がいつ生まれたのかわかりません」。

(7) 目的格の関係代名詞 which や that を使って書きかえる。「トムが昨日作ったケーキはとてもおいしい」。

(8) 「この学校は築何年か」→「この学校はいつ建てられたか」の書きかえ。「この学校はいつ建てられたのか知っていますか」。

(9) 受け身の間接疑問に書きかえる。「彼はその花が英語で何と呼ばれているのか私にたずねました」。

(10) 「〜かどうか」は接続詞の if か whether を使って表す。「彼は私が前夜，彼に電話したかどうかたずねました」。

入試メモ　現在分詞や前置詞句の文を関係代名詞で書きかえる問題，間接疑問の同意表現問題は確実にマスターしておこう。(10)は高校レベルの問題。直接話法→間接話法の書きかえでは，時制の変化だけでなく，代名詞の対応や語句の入れかえなど，ミスポイントが多い。納得できるまで何度でも確認すること。

053 (1) **Kyoto is one of the cities (that[which]) I'd like to visit.**
(2) **I saw a man who[that] was reading an English newspaper in[on] the bus.**
(3) **Do you know how many schools there are in this city?**
(4) **She is the woman that [who/whom] you are looking for.**
(5) **Whose hat[cap] do you think this is?**

解説 (1) 「〜してみたい」は I'd like to 〜 のほか，I want to 〜 でもよい。
(2) 現在分詞を使えば，I saw a man reading an English newspaper in the bus. となる。
(3) 間接疑問の語順で how many schools *are there* ... とするミスに注意。
(4) 「〜を探す」は look for 〜。目的格の関係代

名詞は省略できるが，9語という条件があるので不可。
(5) whose hat this is という間接疑問に do you think がドッキングした形と考えよう。

8 前置詞・接続詞

054 (1) イ　(2) エ　(3) エ　(4) ウ
(5) ウ　(6) イ　(7) イ　(8) イ
(9) ア　(10) イ　(11) ウ　(12) ウ
(13) ウ　(14) ウ　(15) ア

解説 (1) 「朝に」なら in the morning だが，「〜の朝に」と特定の日の朝を表すときは on the morning of 〜 の形になる。「私は12月25日の朝に生まれました」。
(2) 橋と川の位置関係から適切な前置詞を選ぶ。「川にかかっている→橋」と考えるのが一般的なので，across(〜を横切って)を選ぶ。「向こうの川にかかっている橋を見なさい」。
(3) 文意から判断して，「(なぜならば)〜だから」と理由を表す接続詞 because が最適。「お腹が痛かったので，私はパーティーでは何も食べませんでした」。
(4) 〈without＋動名詞〉の形で「〜せずに，〜することなしで」の意味。「祖父はメガネをかけずに新聞を読むことはできません」。
(5) 「もし〜ならば」の if を入れると文意が通じる。「忙しければ手伝わなくてもいいですよ」。
(6) ハエは天井に接してとまるので，「〜に(接触して)」の意味を表す前置詞 on が適切。「1匹のハエが天井にとまっています」。
(7) 「〜のとき」を表す接続詞 when を入れると文意が通じる。「私が14歳だったとき，家族は大阪へ引っ越しました」。
(8) 「〜する前に」の意味を表す接続詞 before を選ぶ。go to sleep は「寝つく，眠る」の意味。「寝つく前に明かりを消しなさい」。
(9) 「〜の間に，〜している最中に」を表す接続詞 while を選ぶ。「あなたが眠っている間にジェーンが訪ねてきました」。
(10) 「〜まで(ずっと)」を表す until と「〜までに(は)」を表す by の使い分けに着目。「私は3時まであなたを待つつもりです」。
(11) 文と文をつなげる接続詞の位置にも注意しよう。

問題文は，I went out <u>though</u> it was snowing hard. の同意文。「大雪が降っていましたが，私は出かけました」。

⑿　時の経過を表して「〜のうちに，〜たてば」というときは，前置詞 in を用いる。「ここにいなさい。10分<u>で</u>戻ってきます」。

⒀　「（2つ）の間に」なら between を使うが，「（3つ以上）の間に」なら among を使う。「彼は若者の<u>間</u>で最も偉大なアーティストとして知られています」。

⒁　「〜だけれども，〜にもかかわらず」の意味を表す接続詞 though を入れると文意が通じる。「とても忙しかった<u>にもかかわらず</u>，彼は私の宿題を手伝ってくれました」。

⒂　**both A and B** で「AもBも両方とも」，**at the same time** で「同時に」の意味。「英語<u>と</u>ドイツ語の<u>両方</u>を<u>同時</u>に学習することはできません」。

055　(1)　① **from**　② **or**
　　　　　　③ **with**
　　(2)　① A **for**　B **to**
　　　　　② A **at**　B **from**
　　　　　③ A **in**　B **on**
　　(3)　① **from → at**
　　　　　② **to → for**
　　　　　③ **will rain → rains**

解説　(1)　①be made <u>from</u> 〜 で「（原料）でできている」，be different <u>from</u> 〜 で「〜と異なる」。「ワインはブドウ<u>から</u>作られます」，「私の意見はあなたの意見<u>と</u>異なります」。
②接続詞 or は「AですかそれともBですか」の疑問文や，〈命令文，or 〜.〉の形で「…しなさい，さもないと〜」の意味で使われる。「この携帯電話はあなたのですか，<u>それとも</u>お兄さんの〔弟さんの〕ですか」，「すぐ起きなさい，<u>さもないと</u>学

校に遅れますよ」。
③前置詞 with は，道具・手段を表して「〜で，〜を使って」の意味と，所有を表して「〜のある，〜を持っている」の意味を表す。「彼女は手<u>で</u>自分の鼻に触れました」，「青い目を<u>した</u>その人形をご覧なさい」。

(2)　①上から順に，「私の友達の1人は1週間ずっと病気で寝ています」，「私たちはたくさんの動物，<u>たとえば</u>トラやキリン，パンダを見ました」，「彼女が話すところです。彼女の言うこと<u>を</u>注意して聞きなさい」，「素敵なプレゼントを<u>ありがとう</u>。とても気に入っています」。
②「彼女は早朝に高尾駅<u>に</u>着きました」，「彼は九州<u>出身</u>なので，ときどき話す言葉がわかりません」，「すべての人がそのニュース<u>に</u>驚きました」，「おばはクッキーを焼くの<u>が</u>上手です」。
③「彼は病院の前<u>に</u>車を止めました」，「私たちは1996年か1997年<u>に</u>生まれました」，「あなたは韓国のポピュラー音楽（Kポップ）<u>に</u>興味がありますか」，「教室の壁<u>に</u>世界地図が貼ってあります」。

(3)　①日本語では「6時30分<u>に</u>始まる」ことを「6時30分<u>から</u>始まる」と表現することがよくある。その習慣が英語文に反映されたミス。「レディー・ガガのコンサートは明日の晩6時30分に始まります」。英語では at を用いる。
②〈for＋食事〉で「（食事）に，（食事）として」の意味。「あなたは昨夜，夕食<u>に</u>何を食べましたか」。
③接続詞 if の文では，未来のことでも現在形で表すので，if it <u>rains</u> tomorrow となる。「明日<u>雨</u>が降れば，あなたは何をするつもりですか」。

056　(1) **with**　　(2) **from**
　　(3) **by**　　　(4) **for**
　　(5) **in**　　　(6) **on**

解説　(1)　道具・手段を表す前置詞の代表的なものが with。with a pencil（鉛筆で），with a pen（ペンで）など。「インクで」なら in ink の形。
(2)　「（ミルクなどの原料）<u>から</u>作られる」ということなので，前置詞は from を使う。「（木材などの材料）<u>で</u>作られる」なら be made of 〜 の形。材料がもとの形をとどめているときは of を，とどめていないときは from を用いる。
(3)　「自転車<u>で</u>」など交通手段を表すときは，by を用いる。by car（車で），by bus（バスで），by train（列車で），by plane（飛行機で）など。
(4)　「〜<u>で</u>有名だ」は be famous <u>for</u> 〜 を用いる。

「〜として有名だ」なら be famous **as** 〜。

(5) 時の経過を表して「（1時間）のうちに，（1時間）で」の意味を表すときは，前置詞の in を使う。in five minutes（5分で），in a day（1日にして），in two weeks（2週間たてば）など。

(6) 「テレビで」は on television[TV] で表す。同様の表現に，on the cellphone（携帯電話で），on the radio（ラジオで）などがある。

---

057 (1) **イ**　　(2) **ウ**

解説 (1) 「そこにいたことを示すために銅板を残すと，彼らは記録に書き込みました」。この that は接続詞で「〜ということ」の意味。ア「私はそんなに遠くへは行きたくありません」…副詞，イ「彼女が明日，大阪に来ることは知っています」…接続詞，ウ「これは駅へ通じる道です」…関係代名詞（主格），エ「それが彼がパーティーに出席しなかった理由です」…代名詞。

(2) that 以下の文に〈主語＋動詞〉があるかないかに着目する。ア「私たちは田畑を増やしてさらに穀物を増産するために新しい科学技術を利用することができると考えたとしても，大きな問題が2つあります」…接続詞，イ「肉食とはこれらの動物を飼育するために大量の穀物が必要になるということを意味します。そのため貧困国の人々が食べられる穀物の量はさらに減少します」…接続詞，ウ「日本はたくさんの食物をむだにする国のひとつだと聞いています」…関係代名詞（主格），エ「次に，私たちは食べ物がない人々がいることを想像すべきです」…接続詞。

> **入試メモ**　多様な意味・用法で使われ，種々の問題で問われる that。識別問題では不定詞と並んでねらわれる確率が高い。特に接続詞の that は長文にも頻繁に登場するので徹底的にマークしよう。また，同格の that もよく出題されるのであわせて確認しておくこと。
> ・同格：「〜という…」の意味で前の名詞を説明。
> 　Face the fact that he's a liar.
> 　（彼が嘘つきだという事実を直視しなさい）

---

058 (1) **against**　　(2) **from**
　　　(3) **when**　　(4) **if**
　　　(5) **without, saying**

(6) **during, stay**
(7) **of, for**

解説 (1) どちらも「私はその考えに反対です」。**disagree with** 〜 は「〜に同意できない，〜に反対だ」，**be against** 〜 は「〜に反対だ，〜に反する」。

(2) 「彼は2時に図書館に来て5時に帰りました」→「彼は2時から5時まで図書館にいました」。**from** 〜 **to** ... の形で「〜から…まで」の意味。時間だけでなく場所にも使われる。from Tokyo to Kyoto（東京から京都まで）。

(3) どちらも「ケンは18歳のときに日本に来ました」。**at the age of** 〜 は「〜歳で」。時を表す接続詞 when で書きかえる。

(4) 「速く走りなさい，さもないとバスに間に合いませんよ」→「速く走らなければ，あなたはバスに間に合いません」。仮定・条件を表す接続詞 if で書きかえる。

(5) 「卒業するとき，彼女は別れを告げませんでした」→「彼女は別れを告げずに卒業しました」。〈without＋動名詞〉の形で「〜せずに，〜することなしで」。

(6) どちらも「京都に滞在中，私はたくさんの寺院を訪れました」。〈接続詞 while＋主語＋動詞〜〉の文を〈前置詞 during＋名詞〉の句に書きかえる。during one's stay in 〜 で「〜に滞在中に」という意味。

(7) 「私に誕生日プレゼントを買ってくれてどうもありがとう」→「私に誕生日プレゼントを買ってくれるとはあなたはやさしい」。**Thank you for** 〜**ing.** は「〜してくれてありがとう」，**It is**[**It's**] **kind of you to** 〜**.** は「〜してくれるなんてあなたは親切だ，〜してくれるとはありがたい」という意味。

> **入試メモ**　前置詞や接続詞をからめた慣用的な同意表現は必出。(3)〜(6)の定番の書きかえ問題は，書きかえパターンをしっかりマスターしておこう。(7)下の英文は英語独特の言い回しなので日本人には敷居が高い。慣用表現としてまるごと覚えておくこと。

---

059 (1) (I) know that English is important because (it is

spoken all over the world.)
(2) **(You should) arrive at the hotel before it begins to rain(.)**
(3) **(We) have ten days before the birthday of our teacher(.)**
(4) **(I'm) afraid my father will come home late at night(.)**
(5) **You should be quiet when you are in a library(.)**

解説 (1) 接続詞が2つあるが，that は know の目的語になる名詞節（英語は重要だということ）を導き，because は理由を表す副詞節（世界中で話されているので）を導く。
(2) 「雨が降り始める前にホテルに着くべきです」と言いかえる。「雨が降り始める」は it begins to rain の語順。その前に不足している接続詞 before を置く。
(3) We が主語なので，「私たちの先生の誕生日の前に10日あります」と言いかえる。「私たちの先生の誕生日」は the birthday of our teacher の語順。「～の前に10日ある」は We have ten days before ～. の形。よって，before の反意語である after が不要。
(4) 「残念ながら～」は I'm afraid ～. で表す。よって，sure が不要。「夜遅く帰宅する」は come home late at night。
(5) 「図書館にいるときは静かにしているべきです」と考える。You should で始め，when ～ を文の後半にもってくるのがよい。

060 (1) **It rained hard last Thursday, so we could not[couldn't] go out.**
(2) **Let's meet in front of the zoo at eleven (o'clock).**
(3) **I hope (that) it will be sunny[fine] tomorrow.**
(4) **I will[I'll] draw a map for you so (that) you will not[won't] get lost.**

解説 (1) We couldn't go out because it rained hard last Thursday. としてもよい。
(2) 「11時に動物園の前で待ち合わせしましょう」と言いかえる。
(3) 「～だといいな」は，I hope (that) ～. の文を用いる。「晴れた」の意味の形容詞は，ほかに bright，clear，fair などがある。
(4) 「君に地図をかく」は draw you a map の語順でも表せる。「(君が)道に迷う」は lose your way としてもよい。

9　名詞・代名詞・冠詞・数量の表し方

061 (1) イ　(2) ア　(3) ウ　(4) ウ
(5) エ　(6) イ　(7) イ

解説 (1) 「あなたのお父さんかお母さんの兄弟」だから，「おじさん」の uncle を選ぶ。
(2) 「1日の最初の食事」だから，「朝食」を表す breakfast を選ぶ。
(3) 「1年で最も暑い季節」は，「夏」の summer を選ぶ。
(4) 「病気の人を世話するための場所」は「病院」だから hospital を選ぶ。
(5) 「1週間で木曜日のあと，土曜日の前の日」は「金曜日」の Friday。
(6) 「アジアやアフリカから来た，長い鼻をもった巨大な動物」は「ゾウ」だから elephant を選ぶ。
(7) 「あなたに何時かを教えてくれるもの」だから，「時計」の clock を選ぶ。

062 (1) **ninth**　(2) **hour**
(3) **care**　(4) **hundred**
(5) **twelve**

解説 (1) September(9月)は「1年の9番目の月」。「～番目の」は基数ではなく序数で表す。nine → ninth の変化に注意。
(2) sixty minutes(60分)は「1時間」のことだから one hour で表す。sixty seconds(60秒)なら「1分」のことなので one minute で表す。
(3) a nurse(看護師)とは「病気の人とかけがを負った人の世話をするのが仕事の人」。「～の世話をする」は take care of ～。
(4) a century(1世紀)とは「100年」のことだか

ら one <u>hundred</u> years と表す。a year（1年）なら「365日」のことなので three hundred (and) sixty-five days と表す。

(5)　noon（正午）とは「12時」のことなので twelve o'clock で表す。

> **入試メモ**　名詞の定義問題は比較的容易で，単語のスペルさえ正確に覚えていれば答えに困ることはない。人間関係や職業を表す語，場所や道具の名前，日時や曜日・月名など，問われる名詞は一般的で重要なものばかり。(1)の序数は first（第1の），second（第2の），third（第3の），fifth（第5の），twelfth（12番めの）などが特にねらわれやすい。

---

063 (1) **children**　　(2) **ours**
　　　 (3) **dictionaries**　(4) **these**

解説 (1)　空所の前に複数を表す five があるので，名詞 child（子供）は複数形にする。**child → children** と不規則に変化する。「公園には5人の子供たちがいました」。

(2)　than のあとには比較対象がくるので，主語の Your camera を受けて ours（＝our camera）を入れる。「あなたのカメラは私たちのよりも新しい」。we - our - us - ours。

(3)　How many のあとの名詞は複数形にする。dictionary（辞書）の複数形は，y を i に変えて es をつける。

(4)　あとに candies（単数形は candy）と複数名詞がきているので，this の複数形 these を入れる。A：「お母さん，このチョコレートを食べてもいい？」，B：「だめよ，それはボブの。これらのキャンディーなら食べてもいいわよ」。

---

064 (1) **happiness**　(2) **sailor**
　　　 (3) **knowledge**　(4) **teeth**
　　　 (5) **leaves**　　 (6) **third**
　　　 (7) **lady**　　　 (8) **sport**

解説 (1)　A と B の関係が ill（形容詞：病気で）- illness（名詞：病気）なので，happy（幸せな）の名詞形 happiness（幸福）を入れる。

(2)　run（動詞：走る）- runner（名詞：走者）の関係なので，sail（航海する）の人を表す名詞形の

---

sailor（船員）を入れる。

(3)　live（動詞：生きる）- life（名詞：生活）の関係なので，know（知っている）の名詞形 knowledge（知識）を入れる。

(4)　A と B は knife（単数形）- knives（複数形）の関係。**tooth**（歯）の複数形は不規則に変化して **teeth** となる。

(5)　(4)と同様に単数形 - 複数形の関係。leaf（木の葉）の複数形は leaves となる。-f(e) で終わる語の複数形は -ves と語尾変化する。

(6)　A と B の関係が one（基数）- first（序数）なので，three の序数 third を入れる。

(7)　A と B は king（王）- queen（女王）と対語の関係。よって，gentleman（紳士）の対語 lady（貴婦人）を入れる。

(8)　Japan（日本）- country（国）の関係なので，volleyball（バレーボール）- sport（スポーツ）の関係にする。

---

065 (1) *s*cience　 (2) *o*ffice
　　　 (3) *h*oliday　 (4) **nose**
　　　 (5) **language**　(6) **vegetable**
　　　 (7) **tomorrow**　(8) **dream**

解説 (1)　nature（自然）について学習する教科は「理科，科学」のことなので，science を入れる。「自然について多くのことを学ぶことができるので，私の大好きな科目は理科です」。

(2)　work in ～ は「～で働く」ということだから，働く場所を表す office が最適。「事務所とは，人がその中で働く部屋とか建物のことです」。

(3)　a day when ～ は「～する日」という意味。when 以下の文が前の a day を説明する形。「休日とは，人が仕事にも学校にも行かない日のことです」。

(4)　smell things で「もののにおいをかぐ」。においをかぐときに使う nose（鼻）を答える。「鼻でにおいをかぐことができます」。

(5)　English（英語）は「言語，言葉」のひとつなので language が最適。「ニュージーランドで話されている言葉は英語です」。

(6)　トマトが果物でなければ「野菜」のことなので vegetable を入れる。「トマトは野菜であって，果物ではありません」。

(7)　過去：現在：未来に対応するのは，昨日：今日：「明日」なので tomorrow を答える。「昨日

は『過去』，今日は『現在』，そして明日は『未来』です」。

(8) 睡眠中に体験したことは「夢」の中で起こっていることなので dream を入れる。「睡眠中，夢の中で怪物が私を追いかけていました」。

---

066 (1) イ (2) ア (3) ウ (4) エ (5) ア

解説 (1) news（ニュース）は数えられない名詞なので単数として扱う。よって，数えられる名詞に使われる many は誤り。a lot of news か much news が正しい。「今日の新聞にはあまりニュースがないでしょう」。

(2) 「〜するのに（時間）がかかる」と言うときは，〈It takes me＋（時間）＋to 〜.〉の形を用いる。よって，I took me 〜. とはならない。「レポートを書き終わるのに30分以上かかりました」。

(3) 「〜と握手する」は shake hands with 〜。「少年たちの多くは自分のお気に入りの選手と握手する機会がありました」。

(4) バッグを比較しているので than me は誤り。than mine（＝my bag）が正しい。「あなたが買ったバッグは私のよりも高価でした」。

(5) 正しくは〈one of the＋最上級＋複数名詞〉の形なので，thing は複数形にする。「あなたが今すぐしなければならない最重要項目のひとつは計画を実行することです」。

入試メモ (3)〜(5)は比較的見つけやすい単複のミス，格変化のミスであるが，(1)，(2)はつい見落としてしまいそうなミスである。(1)news のような日本語化した英語，(2)It が主語になる英語特有の表現は特にねらわれる。用法にしっかり慣れておこう。

---

067 (1) ウ (2) イ (3) エ

解説 (1) stranger（初めて来た人，不案内な人）を使った慣用的な言い方。A：「郵便局はどこですか」，B：「すみませんが，このあたりは不案内です」。

(2) A：「オーストラリアの首都はどこですか」，B：「キャンベラです」。

(3) do exercise で「運動する」。A：「太ってきたわ」，B：「健康でいるためには毎日運動すべき

ね」。

068 (1) ウ (2) エ (3) ア (4) ウ (5) イ (6) ア (7) ウ (8) ア (9) ウ (10) イ (11) エ

解説 (1) 複数あるものの中からどれか別のものを指すのは another。「このTシャツは好きではありません。別のを見せてください」。

(2) 前に出た名詞を受けてどれでもいいから1つを指すのは one。「ノートをなくしてしまいました。放課後に1冊買わなければなりません」。

(3) most of 〜 で「〜の大部分」。every book on the shelf なら「棚の本はどれも」の意味。「棚の本はほとんど読んでしまっていた」。

(4) 2つのうち「1つ」は one，「もう1つ」は the other。「私には2人の兄弟がいます。1人は教師で，もう1人は医者です」。

(5) make a few mistakes なら「いくつかミスを犯す」となり，文意が通じない。「今日の仕事でほとんどミスをしなかったのでとてもうれしい」。

(6) rain（雨）は数えられない名詞なので few は不可。「2か月間ほとんど雨が降らなかったので，私たちは水が不足しています」。

(7) 2つで1組のものには a pair of 〜 を使う。「彼女は昨日，新しい靴を1足買いました」。

(8) paper（紙）を数えるときは a piece of 〜 か a sheet of 〜 を使う。「私に紙を1枚ください」。

(9) number（数）の大小は small か large を使う。「今年は魚の数がとても少ない」。

(10) any を使った否定文は「何も〔少しも〕〜ない」の意味。「私たちは何も食べ物を持っていません。すべて食べつくしました」。

(11) some と much の対比に着目する。「その男性はお金を少し持っていますが，多くは持っていません」。

入試メモ 代名詞の選択問題では，(1)，(2)，(4)のような one，another，the other の使い分けは必出。確実に区別して覚えておこう。(5)，(6)a few と few，a little と little は英作文でもしばしば問われる重要項目。名詞とペアでマスターしておくこと。

069 (1) **of, mine** (2) **plan**
(3) **anything**
(4) **good, speaker**
(5) **half** (6) **nothing**
(7) **child, likes** (8) **aunt**

解説 (1) どちらも「エイミー・マイヤーズは私の友達の1人です」。

(2) 「今度の土曜日は何をするつもりですか」→「今度の土曜日の予定は何ですか」。one's plan for ～で「～の予定」の意味。

(3) 「時間は最も大切なものです」→「時間はほかの何よりも大切です」。anything else は肯定文では「ほかの何もかも」の意味。

(4) どちらも「彼はあまり上手に英語を話せませんでした」。speak English very well＝a very good speaker of English.

(5) どちらも「私たちは30分働きました」。「30分」は thirty minutes か half an hour（1時間の半分）で表す。

(6) どちらも「私は昨夜，何も食べませんでした」。not ～ anything＝nothing.

(7) どちらも「私の家族の子供はみな阪神タイガースが好きです」。〈all the＋複数名詞〉＝〈every＋単数名詞〉。

(8) 「ユキコは私の父の姉[妹]です」→「ユキコは私のおばです」。父または母の姉妹は aunt（おば），父または母の兄弟なら uncle（おじ）になる。

070 (1) **the** (2) **some, more**
(3) **glasses** (4) **a, few**

解説 (1) 「～の校長」は the principal of ～と前に the をつける。「校長」はふつう1人で特定されるから a はつけない。

(2) 飲み物や食べ物を「もう少し」というときは some more ～ を使う。

(3) 「メガネ」は glass（ガラス，コップ）の複数形で表す。

(4) 「2，3の～，少しの～」は a few ～ を使う。

071 (1) **Can[May/Could] I have another cup of coffee?**
(2) **There is little water in this river.**

解説 (1) 「コーヒーをもう1杯」は one more coffee としてもよい。

(2) water（水）は数えられない名詞なので，「ほとんどない」ときは little を使う。

10 文構造といろいろな文

072 (1) **イ** (2) **エ** (3) **エ** (4) **イ**
(5) **エ** (6) **エ**

解説 (1) 〈look＋形容詞〉の形で「～に見える」の意味。「彼女は映画を見終わったあと悲しそうに見えました」。

(2) 〈make＋(人)＋形容詞〉の形で「(人)を～にする[～にさせる]」。「私はとても遅く帰宅しました。そのことが母を怒らせました」。

(3) (2)の SVOC の文で O に代名詞がくるときは目的格にする。「彼女のほほ笑みはいつも私たちを幸せにしてくれます」。

(4) 〈make＋(もの)＋形容詞〉の形で「(もの)を～にする」。excited は「(人が)興奮した」，exciting は「(ものが)とてもおもしろい，わくわくする」の意味。よって，exciting を選ぶ。excited はたとえば，make me excited（私を興奮させる）のように用いる。「彼はパーティーをとてもおもしろいものにしようとしました」。

(5) 〈sound＋形容詞〉の形で「～に聞こえる」。「彼が昨日，私たちにしてくれた話はとても奇妙に聞こえました」。

(6) SVC の文で使われる動詞は looked だけ。「その役を演じたとき，あの映画スターはとてもかっこよく見えました」。

073 (1) **イ** (2) **オ** (3) **エ** (4) **ア**

解説 (1) 「～に見える」という SVC の文。「あなたは今日，うれしそうです。何があったの?」。

(2) 〈keep＋(もの)＋形容詞〉の形で「(もの)を～にしておく」の意味。「あなたは自分の部屋をきれいにしておかなければなりません」。

(3) make a friend で「友達ができる」。「あなたはこの学校でたくさんの友達ができるでしょう」。

(4) 〈take＋(人)＋to＋場所〉の形で「(人)を～へ

連れていく」の意味。「私を駅まで連れていって
くれますか」。

074　オ

解説　「2年前，妻はインターネットで偶然1匹の
ネコに出会いました。彼女は完全にまんまるでか
わいかったのです。彼女は私たちの家族の一員に
なり，私たちは彼女をメロンと名づけました」。
〈name＋目的語＋補語〉の **SVOC** の文。
ア「私は彼にお金をあげました」… SVOO
イ「彼女は10年前，大阪に住んでいました」… SV
ウ「彼は最高の野球選手です」… SVC
エ「私は彼から英語を聞きました」… SVO
オ「友達は私をトムと呼びます」… SVOC

**入試
メモ**　文構造の選択問題は長文中の設問などで，
しばしば問われる。それぞれの文構造に深く関わ
る動詞に着目して整理しておこう。
・SVC … look, become, feel, sound など
・SVOO … give, make, show, teach など
・SVOC … call, name, make, keep など

075　(1) エ　　(2) エ　　(3) イ　　(4) エ
　　　　(5) ウ　　(6) エ　　(7) ウ　　(8) エ
　　　　(9) イ　　(10) ウ　　(11) イ　　(12) イ

解説　(1)　文意が通る疑問詞は Why。「彼女はな
ぜ昨夜そこへ行ったのですか」。
(2)　話し相手をたずねるのは Who。「あなたはだ
れと話したいですか」。
(3)　What is the distance from *A* to *B*? で
「AからBまでの距離はどのくらいですか」。意味
的に How を選ぶミスに注意。「ここから駅まで
の距離はどのくらいですか」。
(4)　複数の中から「どちらの〜，どの〜」をたずね
るのは Which。「ペンが2本あります。あなた
はどちらのペンを使いたいですか」。
(5)　あとどのくらいで着くのかたずねるときは
How soon 〜? の文を用いる。「あとどのくら
いで名古屋に着くことができますか。―1時間ほ
どです」。
(6)　付加疑問は is → isn't, This song → it で受
けて isn't it? の形になる。「この歌は若者の間で
とても人気がありますね」。

(7)　命令文の付加疑問は **will you?** か **won't
you?** の形。「ここでは静かにしてね」。
(8)　There's ＝ There is → isn't there? の形。
「テーブルの上にジュースがありますね」。
(9)　wasn't を肯定形の was にする。「この本は山
田氏が書いたのではなかったのですね」。
(10)　be動詞の命令文は Be 〜. の形。「お父さん，
ジルの家に行ってもいい？　かばんをそこに置い
てきたの。―いいけど，もうすぐ暗くなるよ。気
をつけて」。
(11)　be動詞の否定の命令文は Don't be 〜. の形。
「何か新しいことをやってみるのを恐れてはいけ
ません」。
(12)　「なんて〜なのでしょう」という感嘆文は
〈How＋副詞〔形容詞〕〜!〉の形。「あなたはなん
て上手にピアノを弾けるのでしょう」。

076　(1) **often**　　(2) **isn't**
　　　　(3) **don't**

解説　(1)　回数を答えていることから，頻度をたず
ねる How often 〜? の文が考えられる。A：
「あなたはそのレストランでどのくらい夕食をと
りますか」，B：「ええと，1か月に1度か2度で
す」。
(2)　文末の付加疑問 is he? の形から be動詞の文
だとわかる。is → isn't を入れる。A：「ジムは
その学校の生徒ではありませんね」，B：「いいえ，
生徒です」。
(3)　Tom は呼びかけの語で，そのあとに don't
be 〜. の否定の命令文が続く。A：「トム，2度
と遅刻してはいけませんよ」，B：「はい，遅刻は
しません」。

077　**How did you go there(?)
　　　　How long did it take(?)**

解説　それぞれの答えの文から何が問われているか
を考える。
・1番目の問い…交通手段をたずねる How 〜?
・2番目の問い…所要時間をたずねる How
long 〜?
ボブ：僕は昨日，セントラル・パークへ行ったよ。
トム：どうやって行ったの？
ボブ：バスで。
トム：どのくらいかかった？
ボブ：1時間くらい。ホント遠かったよ。

078 (1) (Will) you tell me the way to the hospital(?)

(2) (We) named the cat Margaret but call her Meg (for short.)

(3) His room is always kept clean(.)

(4) What a beautiful flower the girl has(!)

(5) (My father) always tells me that getting up early is important(.)

(6) This book will make him famous in the world(.)

(7) I found Mr. Green a rich man(.)

(8) Lying with my eyes closed made me feel better(.)

解説 (1) 「(人)に(もの)を教える」という文は，〈tell[show]＋(人)＋(もの)〉の語順で，SVOO の文。「～してください」は「～してくれませんか」と言いかえて，Will you ～ ? を用いる。「病院への道」は the way to the hospital。

(2) 「～に…と名づける」は〈name＋目的語＋補語〉，「～を…と呼ぶ」は〈call＋目的語＋補語〉の語順で，どちらも SVOC の文。よって，call を補う。

(3) 「彼の部屋はいつもきれいな状態に保たれています」と言いかえる。He always keeps his room clean.（彼はいつも自分の部屋をきれいにしている）という SVOC の文を受け身に書きかえた形である。

(4) 「なんて美しい花を～なのでしょう」という感嘆文は，〈What a beautiful flower＋主語＋動詞 !〉の語順。

(5) 「(人)に～ということを言う」は〈tell＋(人)＋that節〉の語順で，SVOO の文で 2 つ目の O が that節の形。「早起き」は「早く起きること」と考え，getting up early で表す。

(6) 「(人)を～にする」は，〈make＋(人)＋形容詞〉の語順で，SVOC の文。「世界で」は in the world で文末に置く。

(7) 「(人)が～だと知る〔わかる〕」は，〈find＋(人)

＋補語〉か〈find＋(that)＋文〉の形で表す。接続詞 that を用いた文にするには，I found that Mr. Green was a rich man. となり，be動詞の was が不足する。したがって，接続詞の that が不要になる。

(8) 「目を閉じて横になることは私をもっとよい気分にさせました」と言いかえる。SVOC の文。動名詞で始まる主語の部分 Lying with my eyes closed に注意する。「私をもっとよい気分にさせた」は made me feel better の形。

入試メモ 文構造が複雑なものは整序問題で問われる確率が高い。(3)わざわざ意訳した日本語と，(6)素直に直訳した日本語では，答えるハードルが大きく異なる。英文を再構成しやすいように日本語を言いかえてみよう。(8)は高校レベルの問題。with my eyes closed（目が閉じられた状態で）のような英語らしい表現や用法は普段からの慣れが不可欠である。

079 (1) taught, us

(2) There, are, in

(3) well, plays   (4) for, me

(5) Why

(6) What, made

(7) make, you   (8) Nobody

解説 (1) 「山田先生は私たちの英語の先生でした」→「山田先生は私たちに英語を教えていました」。〈teach＋(人)＋(もの)〉の語順で「(人)に(もの)を教える」。SVOO の文。

(2) どちらも「彼の家には部屋が 7 つあります」。〈There are＋主語（複数）＋場所を表す語句.〉。

(3) どちらも「ケンはなんて上手にテニスをするのでしょう」。What のあとは〈(a)＋形容詞＋名詞〉の語順，How のあとは形容詞か副詞がくる。

(4) どちらも「ケイコは私にクッキーを作ってくれました」。〈make＋(人)＋(もの)〉＝〈make＋(もの)＋for＋(人)〉。

(5) 「あなたは何のためにそんなに多額なお金を貯めているのですか」。「何のために」を「なぜ」と言いかえる。疑問詞 why を用いる。

(6) 「彼女はなぜそんなにうれしかったのですか」→「何が彼女をそんなにうれしくさせたのですか」。make を用いて SVOC の文に書きかえる。

(7) 「この薬を服用すれば良くなります」→「この薬はあなたを良くします」。(6)と同じSVOCの文。

(8) 「一生懸命働かずにだれが人生で成功できるでしょう」→「一生懸命働かなければだれも人生で成功できません」。「だれも～ない」はno oneまたはnobodyで表す。

入試メモ SVOOの文やSVOCの文に書きかえる定番問題のほか，(5)，(6)のような疑問詞をからめた書きかえも最近はよく問われる。文意を正確に把握できているかが試されている。(8)Who can～?の疑問文が「だれが～できようか，～できるわけがない」と強い否定を表す婉曲表現であることも忘れずに押さえておこう。

080 (1) **What, like**
(2) **didn't, they**
(3) **What, an**

解説 (1) 「～はどのようになるだろう，～はどうなっているだろう」は，What will～be like?と決まった言い方を用いる。文末のlikeは「～のような」という前置詞。

(2) 付加疑問は，①Tom and Maryを代名詞theyで受ける，②wentは一般動詞・過去の肯定文なので，否定形didn'tを使う。よって，didn't they?となる。

(3) oldは母音で始まる語なので，aではなくan。感嘆文は，old house（古い家）の前にWhat an。

081 (1) **I will[I'll] show you that I can swim well.**
(2) **There are many beautiful places in Kyoto.**
[Kyoto has a lot of beautiful places.]
(3) **What do you call this animal in English?**

解説 (1) 「(人)に～ということを見せる」は〈show＋(人)＋that節〉で表す。SVOOの2つ目のOにthat節が来る形。thatは省略することもある。

(2) There areのあとに主語many beautiful places(たくさんの美しい場所)がくる。

(3) 「(あなたがたは)この動物を英語で何と呼びますか」と言いかえる。主語をthey(一般の人を指す)にしてもよい。

11 仮定法

082 (1) イ (2) エ (3) イ (4) イ

解説 (1) 現実とは異なる仮定を表しているので，〈If＋主語＋動詞の過去形～，主語＋would＋動詞の原形....〉にあてはめて，動詞は過去形になる。

(2) 〈I wish＋過去の文.〉で現実とはかけ離れた願望を表す。

(3) 実際には彼女の名前を知らないので，仮定法の文。「もし彼女の名前を知っていれば，私は彼女をパーティーに招待するだろうに。」

(4) No, I don't.と答える代わりに，〈I wish＋過去の文.〉を使っている。「この問題の答えがわかりますか。―ごめんなさい，わかればいいのですが。」

083 (1) **were, wouldn't**
(2) **left, wouldn't**
(3) **there, would, go**
(4) **rains, will**
(5) **wish, spoke[talked]**
(6) **didn't, have**
(7) **would, had**
(8) **could, I'd**
(9) **were, would**

解説 (1) 〈If＋主語＋動詞の過去形～，....〉の動詞がbe動詞のときは，主語がIや3人称単数であってもふつうwereを使う(会話ではwasも使う)。文の後半は「～しないだろうに」という否定の意味なので，空所の数に合わせて短縮形wouldn'tを用いる。

(2) 「家を出る」はleave homeで表すので，leaveの過去形leftが入る。

(3) 「～があれば」はIf there were～で表す。「(過去)に戻る」はgo back to～。

(4) 現在の事実とは異なる仮定ではなく，「明日，雨が降ったら」という条件を表すif節では動詞は現在形になる。

(5) 〈I wish ＋ 過去の文 .〉。実際には，エミリーは早口で話していることがうかがえる。

(6) 実際には勉強しなければならない状態なので，〈I wish ＋ 過去の文 .〉を使って願望を表している。have to の過去の否定形は didn't have to。

(7) 〈If ＋ 主語 ＋ 動詞の過去形～，主語 ＋ would ＋ 動詞の原形 ....〉の if の部分が文の後半にある。「事業を始める」start a business。

(8) 現実とは異なる仮定をしたうえでの疑問文。答えの文も，If ～が省略されていると考えて，I would の短縮形 I'd となる。(If I could go anywhere in the world,) I'd[I would] pick Finland.

(9) be in *one's* place「～の立場にいる」は仮定法の文でよく使われる言い方。

---

084 (1) **If I had more time(, I could have lunch with you.)**

(2) **(If your favorite actor turned up in front of you,) you would be quite surprised(, right?)**

(3) **(What would you do) if you had the power to change the world(?)**

(4) **I wish I had a robot that would make dinner (for me.)**

(5) **I wish I could stay here longer(.)**

解説 (1) 〈If ＋ 主語 ＋ 動詞の過去形～，....〉の語順になる。more は time の前に置く。

(2) 〈If ～，主語 ＋ would ＋ 動詞の原形 ....〉の語順になる。「驚く」be surprised ～を「かなり」quite で強調している。turn up は「姿を現す」。

(3) 現実ではありえない仮定をしたうえでの疑問文。ここでは，文の後半に〈if ＋ 主語 ＋ 動詞の過去形～〉の部分がきている。the power to change the world は to 以下が the power を修飾している不定詞の形容詞的用法。

(4) 〈I wish ＋ 過去の文 .〉。「ロボットがあればいいのになあ」は I wish I had a robot. となることから考える。「私に夕食を作ってくれるロボット」は，主格の関係代名詞 that を使って，

a robot that would make dinner for me となる。よって，if が不要。

(5) 〈I wish ＋ 過去の文 .〉帰り際で使われるフレーズ。「もっと長く」という比較の意味を含むので，stay here longer となる。

---

085 (1) **weren't, could, go**
(2) **wish, were**
(3) **could, pick, had**

解説 現実を表す文から仮定を表す文への書きかえ問題では，肯定は否定へ，否定は肯定へとそれぞれ書きかえる点に注意する。空所の数に合わせて短縮形を使う必要がある。

(1) 「もし忙しくなかったら，あなたと映画に行けるのに」という文になる。

(2) I miss you.「あなたがいなくて私は寂しいです」という現実を表す文を，〈I wish ＋ 過去の文 .〉を使って「あなたがここにいてくれたらいいのに」という願望を表す文に書きかえる。

(3) pick ～ up は「車で～を迎えに行く」。

---

086 (1) **I wish I had as beautiful a voice as yours[your voice].**
(2) **If I were a bird, I would fly around[all over] the world.**
(3) **I wish I were[could be] a child again.**

解説 (1) 実際には美しい声を持っていないということなので，〈I wish ＋ 過去の文 .〉を使って表す。「あなたの声と同じくらい美しい声」は〈as ＋ 形容詞の原級 ＋ 名詞 ＋ as〉を使うとよい。

(2) 〈If ＋ 主語 ＋ 動詞の過去形～，主語 ＋ would ＋ 動詞の原形 ....〉を使う。「飛び回る」は fly around。

(3) 「子供のころに戻れたらいいのに(＝また子供になれたらいいのに)」と捉え，wish を使うという指示に従って〈I wish ＋ 過去の文 .〉で表す。

---

12 作文問題

087 例 1. **There are about 25,000 books in the library.**
2. **It closes at 5 p.m.**

3. **You can borrow books for a week.**

解説 ほかに考えられる解答例は次の２つ。

You must not talk with your friends there.
（あなたはそこで友達と話をしてはいけません）
You can study there after school.
（あなたは放課後そこで勉強してもよい）
自信のある英文を３つ選んで書くようにしよう。

1. Our school library has about 25,000 books. でもよい。「図書館には約25,000冊の本があります」。

2. It は The (school) library のままでもよい。It is[It's] closed 〜. と受け身で表すこともできる。「それは午後５時に閉まります」。

3. 「あなたは１週間本を借りることができます」。解答例のほか、「１週間後に本を返さなければなりません」という意味で、You must return books a week later. としてもよい。

---

088 例 ① **We played baseball in the park with his family.**
② **I don't know how to speak Japanese well.**
③ **I want to learn Japanese history and culture.**

解説 まず、スピーチ原稿を読み、前後の文脈に気をつけながら空所に入る日本語を考える。

① 「私たちは彼の家族といっしょに公園で野球をしました」。日本（東京）での楽しい思い出が英文に表れていれば正解とする。たとえば、We went to Akihabara with my family three times.（私たちは私の家族といっしょに秋葉原へ３度行きました）などでもよい。

② 「私は日本語の上手な話し方を知りません」。長期滞在を前にして心配なこととは何なのか、想像をふくらませて英文に表そう。解答例のほか、I don't know how to live in the snowy country.（私は雪国での生活のしかたがわかりません）などが考えられる。

③ 「私は日本の歴史や文化を学びたい」。日本について学びたいことが英文に表現されていれば正解。I'd like to go to Kyoto and visit a lot of temples.（私は京都へ行って、多くの寺院を訪れたいと思っています）などでもよい。

入試メモ 同じ条件作文問題でも、英文のヒントとなる日本語が明示されている 087 のほうが英訳は容易である。図表を使った問題はほぼこのパターン。自分で最初から日本語を考えなければならない 088 はそのぶん難易度が高い。英訳しやすい日本語を素早く作れるように、普段から練習してコツをつかもう。

---

089 例 ① **I like watching TV dramas and comedies**
② **it makes your eyes get dry and tired**
③ **we have to practice what we learned in class**
④ **we can't spend our time playing sports with our friends**

解説 文中の空所補充の問題では、空所の前後の内容をヒントに空所に入る内容を考えるとよい。①、③は空所の直前に because があるので、理由が入るとわかる。

①テレビを見ることが好きな理由を入れる。解答例の意味は、「テレビドラマやコメディを見ることが好き」。

②テレビを見すぎると、どんな問題があるかについて書く。解答例は、「目が乾燥し、疲れる」。

③教師が生徒に宿題を出す理由を入れる。解答例は、「授業で学んだことを練習しなければならないため」。

④宿題の量が多すぎるとどうなるかについて書く。解答例は「友達とスポーツをすることに時間を費やせない」。

---

090 例 場面A (Jiro's mother) **called Jiro from the station(.)**
She told Jiro to bring her umbrella(.)
場面B (Jiro) **went to the station and gave it to her(.)**
She smiled and said thanks

to him(.)

解説▶ Aの場面：にわか雨にあった次郎の母親が次郎に傘を持ってくるように電話で頼む光景。

Bの場面：傘を持ってきた次郎を笑顔で迎える母親の光景。

Aの場面「次郎の母親は駅から次郎に電話をかけました」，「彼女は次郎に彼女の傘を持ってくるように言いました」。2文目でJiroの代わりにhimを使ってもよい。her umbrellaはan umbrellaでも可。このほか，「次郎の母親は雨のせいで駅から出られませんでした」，「彼女は電話で次郎に傘を持ってくるように頼みました」と考えて，Jiro's mother couldn't go out of the station because of rain. She asked Jiro to bring her umbrella by phone. とすることもできる。「電話で」はby telephoneやon the telephoneなどでもよい。

Bの場面「次郎は駅へ行って彼女にそれを渡しました」，「彼女はほほえんで彼にありがとうと言いました」。... and gave her the umbrella. She said to him with a smile, "Thanks a lot." と表すこともできる。このほか，「次郎は駅まで彼女の傘を持っていきました」，「彼女はそれを受け取ると，ほほえみながらありがとうと言いました」と考えれば，Jiro took her umbrella to the station. When she received it, she said thanks to him with a smile. となる。

入試メモ　絵を使った条件作文は，英文を連想しやすい比較的容易な問題から，連想しにくい抽象的な難問まで様々である。本題は連想しやすい部類に属するが，別解がいろいろ考えられるので容易とまでは言えない。解説で示した別解のほかにも，自分で考えながらチャレンジしよう。

091 例 (1) ① **I am going (to go) to Hawaii with my family.**
② **I had to study every day for the entrance exam during the winter vacation.**
(2) ① **Our country has sold cars, cameras, and many other things to foreign**

countries.
② **I am sure (that) people in the world are very interested in Japan and want to know more about Japan.**

解説▶ 日本語では省略されている語句を補いながら英文を完成させる。

(1)① 「私は私の家族といっしょにハワイへ行くつもりです」。現在進行形でも近い未来を表すことができるので，I'm going to Hawaii .... としてもよい。
② 「〜しなければいけなかった」はhave to〜の過去形had to〜を用いる。「冬休み」は「冬休みの間に」のことなのでduring the winter vacationとする。vacationの代わりにholidaysを使うこともある。「入試」はentrance exam[examination]。

(2)① 文脈から「これまで〜を(外国に)売ってきました」なので，現在完了「継続」の文で表す。日本語に表れていない「外国に」という語句を補うとよい。「その他多くの物」はmany other thingsの語順になる。
② 「きっと〜だと思う」はI am[I'm] sure (that)〜. の文を用いる。「世界の人々」はpeople around the worldとしてもよい。「日本をもっと知りたがっている」は「日本についてもっと知りたい」ということなので，want to know more about Japanで表す。

092 例 **The grasshopper was very hungry because he had nothing to eat. So he visited the ants and asked them to give him some food.**

解説▶ 『アリとキリギリス』の話を知っている人なら，「キリギリスが空腹(hungry)になって，アリを訪ねて(visited)，食べ物を頼んだ(asked)」ことが思い出されるはず。

第1文「キリギリスは食料が何もなくてひどく空腹だった」という英文になっていれば正解とする。ほかの解答例として，The grasshopper did not[didn't] have any food, so he was very hungry. などが考えられる。

第2文「彼はアリたちを訪問して何か食べるもの
をくれるように彼らに頼んだ」という英文を続け
る。ほかの解答例として，He visited the ants
and asked them to give him something
to eat. などが考えられる。

全文訳

　夏，アリたちが冬の食料を集めるために一生懸命
働いていたとき，キリギリスはアリたちに言いまし
た。「なぜ楽しく過ごして生活をエンジョイしない
の？」と。アリたちは答えました。「冬が来ると，
私たちにはあまり食料がありません。だから冬が来
る前に，私たちは一生懸命働かなければならないの
です」。

　とうとう冬が来ました。キリギリスは食べるもの
が何もなかったので，ひどく空腹でした。そこで彼
はアリたちのところへ行き，食料を少し分けてくれ
るように頼みました。

　アリたちは彼らの家のドアを開けませんでした。
彼らはキリギリスに食料を少しも分け与えません
でした。それで彼はあまりの空腹のために倒れまし
た。彼は冬に備えてアリたちのように働くべきでし
たが，遅すぎました。困難な時期に備えることは大
切なことです。

入試メモ　長文中の英文補充問題は高校レベル。だ
れもが知っているイソップ物語の一節とはいって
も難易度は高い。今後も有名な話を題材にして出
題されることだろう。前後の文脈とヒントを手が
かりに，わかりやすく簡潔な英文を心がけること
が基本中の基本だ。

093　例　1 **I have to return it,
so please look for it.**
2 **shall I send it to you by
mail?**

解説　1　ホテルの宿泊客からホテル支配人に宛て
た遺失物の照会メール。次の2点に着目する。
・先生から借りた本→返却しなければならない
・テーブルに置き忘れたと思う→探してほしい
解答例のほか，「それがテーブルの上にあるかど
うか調べてください。来週には返却しなければな
りません」という英文なら，Please see
whether it is on the table. I must
return it next week. となる。

2　直前の英文がヒントになる。「取りに来られま
すか，それとも…」とあるので，「郵送しましょ
うか」という英文が妥当。「～しましょうか」は
Shall I ～？の文を用いる。「～を郵送する」は
send ～ by mail の形。

全文訳

宛先：ウェストレイク，グリーンホテル支配人
差出人：ルーシー・モートン
件名：遺失物
拝啓
先週末金曜日から月曜日までの3泊4日，私は貴館
の133号室に宿泊しました。ベッドの隣にあるテー
ブルの上に本を1冊置き忘れたと思います。私の先
生から借りたものです。返却しなければならないの
で，探してください。
ありがとう。
ルーシー・モートン

宛先：ルーシー・モートン
差出人：W. フィッシャー
件名：遺失物
親愛なる，モートン様
当館はご依頼の本を見つけたと考えております。『ア
メリカン・ヒストリー』という題名でしょうか。お
受け取りに来られますか，それとも貴女様宛に郵送
いたしましょうか。
敬具

グリーンホテル支配人
W. フィッシャー

094　例　(1) **I don't think (that)
traveling all over the world
is the only way to find
yourself.**
(2) **It is said (that) it is so cold
in winter in London that
gloves are quite necessary
when they go to school.**
(3) **Everyone has his or her
own ideas, but it is difficult
to have other people
understand them.**

解説　(1)　日本語の「～ではないと思う」は，英語
では I don't think (that) ～.（～だとは思わ

ない)の文を用いて表す。英語の否定文は主節の動詞を否定するのが一般的である。that 以下を it is ... to 〜 の形で表すこともできる。その場合は，I don't think (that) it's the only way to find yourself to travel all over the world. となる。yourself の代わりに ourselves を使ってもよい。「自分探し」は discover oneself, find oneself, find one's own identity なども同様の意味で使われる。

(2)　「〜らしい」という表現は英訳が難しい。解答例では，人づてに聞いた話として「〜と言われている」という意味で **It is said (that) 〜.** を使っている。「(世間では)〜と言っている，〜という話だ」という意味にとるならば People[They] say (that) 〜. の文を使う。that 以下は「ずいぶん〜なので…」という構文だから，so 〜 that ... の形になる。「通学時の手袋は必需品」は「学校に行くときは手袋が必要だ」と言いかえる。

(3)　everyone を受けて，男女を問わず「自分(自身)の〜」というときは his or her (own) 〜 で表す。「それを人に理解してもらう」は「それ(＝自分の考え)を他人に理解してもらう」と考えて，〈have＋(人)＋原形不定詞〉の形を用いる。have の代わりに make を使うと，強制的な意味合いが強くなり，「それを他人に(無理やり)理解させる」という意味になる。

入試メモ　定番の英作文問題の中でも高校レベルの難易度。与えられた日本語を読んでもすぐには英文の構造が理解できないだろう。(1), (2)は that 節の中にさらに別の構文が挿入されている。とりわけ(2)は when 節まで加わる複雑構造だ。それぞれの節ごとに日本語を噛みくだき，部分から全体に向かって英文を組み立てていこう。最後に，完成した英文と日本語を比べて，見落としや言い間違いがないか再確認すること。

095 例 **I can't go (with you) because I have a bad cold.**

解説　絵の様子とエイミーの直後の発言から，ルーシーは具合が悪くて寝ていることがわかる。解答例は「ひどい風邪にかかっていて行けません」の意味。別解として，「病気がひどくてあなたたち

と行けません」なら I'm too sick to go with you. か I can't go with you because I'm too sick. となる。

全文訳
エイミー：もしもし，ルーシー。
あなた：こんにちは，エイミー。
エイミー：明日は暇？
あなた：ええ，暇だけど，どうして？
エイミー：ケンやボブと映画を見に行くつもりなの。いっしょに行ける？
あなた：誘ってくれてありがとう。でも，ひどい風邪にかかっていて行けないのよ。
エイミー：あら，お気の毒。お大事に。すぐ良くなるといいわね。
あなた：どうもありがとう。さようなら。
エイミー：さようなら。

096 例 (1) **My favorite season is winter. I can ski during the period. Every year, I visit my friend in Nagano and enjoy skiing with him.**

(2) **I'd like to join the English Club after I enter high school. My favorite subject is English, and I really want to communicate with foreign people through English. (28) words**

(3) **A _kotatsu_ is a Japanese traditional heater. It is a low table with an electric heating device. It is covered with a quilt to keep our legs warm inside. Many Japanese people like to sit and relax around it in winter. (41語)**

解説　(1)　この種の問題は，自分の好きな季節を率直に英語にしたほうがよい。「私の大好きな季節は冬です。その期間中，私はスキーができます。毎年，私は長野の友達を訪ねて，彼とスキーを楽しみます」〔24語・3文〕。during the period (その期間中)は，during that time (その間)，

at the time(その時期は)，in the winter(冬場は)などで置きかえることができる。別解としては，I like summer the best of the four seasons. At the time, I can swim in the sea and enjoy the sun on the beach.(私は四季の中で夏が一番好きです。その時期，私は海で泳ぎ，ビーチで日光浴を楽しむことができます)〔25語・2文〕など。

(2) 「～したい」は I want to ～. か I'd like to ～. を用いる。「高校に入学〔進学〕する」は enter high school.「高校入学後，私は英語部に入りたいと思っています。私の大好きな教科は英語で，英語を通して外国の人たちとコミュニケーションをとりたいと強く思っています」。別解は，I want to work part-time after I enter high school. My hobby is traveling abroad, and so I want to save 100,000 yen as a travel fund.(高校入学後，私はアルバイトをしたい。私の趣味は外国旅行なので，旅行資金として10万円貯めたいのです)〔27語〕など。

(3) 「こたつ」を外国人に説明するとき，押さえておきたいポイントを箇条書きにメモしておく。
・日本の伝統的な暖房器具
・電気ヒーターを備えた座卓
・布団の中に足を入れて暖をとる
・こたつを囲んで一家団欒する日本人
「こたつは日本の伝統的な暖房器具です。電熱装置を備えた座卓です。足を入れて暖をとる布団で覆われています。冬，日本人の多くはこたつを囲んで座り，くつろぐことを好みます」。

入試メモ　自由英作文の中でも(1)，(2)の問題は定番中の定番。答えの英文も容易に思いつくものばかり。要注意なのは(3)の高校レベルの問題だ。日本に古くから伝わる道具や伝統行事など，日本語で説明するのも大変なものを，英語で伝えなければならない。わかる範囲のことを日本語で箇条書きにまとめ，それを英訳するのが正解への近道。

097 **例** (1) **To improve my English ability, I have to study English every day, watching English programs on TV and reading English books.** 〔**21語**〕

(2) **I think the best season to travel in Japan is fall. First, you can eat delicious food in fall. There are foods such as sweet potatoes and matsutake mushrooms. Also, the leaves turn red in this season. You can enjoy the beautiful scenery.** 〔43語〕

(3) **I helped my friend at school. She had lost her ruler, so I gave her one because I had two rulers. She smiled at me and said "Thank you," so I became happy too. A few days later, she gave me a pencil and it has become one of my favorite pencils.** 〔52語〕

(4) **I think students should have homework in long vacations. We study hard if we are given work to do. For example, our teacher gave us a lot of homework in the Christmas holidays, so we didn't just play computer games or watch TV. So, homework is a good way for us to study even in long holidays.** 〔57 words〕

解説 (1) 「あなたの英語力を向上させるのに最も大切なことは何ですか」という質問。「私の英語力を向上させるため，私はテレビで英語の番組を見たり英語の本を読んだりして，毎日英語を勉強しなければなりません」。

(2) 「日本を旅行するにはどの季節が一番よいと思いますか」という質問。「私は日本を旅行するのに一番の季節は秋だと思います。まず，秋にはおいしい食べ物を食べることができます。サツマイモや松茸などの食べ物があります。また，この季節には葉っぱが赤色に変わります。美しい景色を

(3)　「あなたはいつ人の手助けをしましたか。その とき何をしましたか」という質問。「私は学校で 友達の手助けをしました。彼女は定規をなくして しまったのですが，私は2つ持っていたので1つ を彼女にあげました。彼女は私にほほえみかけ， 「ありがとう」と言ってくれたので，私もうれし くなりました。数日後，彼女は私に鉛筆をくれま した。それが私のお気に入りの鉛筆の1本になり ました」。別解として，When I was thirteen, I took part in a fund-raising event for poor people with my friends. We stood at the side of the street and we asked people to join this event. Some people gave money to poor people but others didn't. We were sad. But I think that just a little money shows a lot of love.〔59語〕(13歳のとき，私は友達といっしょ に貧しい人々のための寄付金集めイベントに参加 しました。私たちは通りの脇に立って，このイベ ントに加わるように人々に呼びかけました。貧し い人々にお金をくれる人もいれば，くれない人も いました。私たちは悲しくなりました。でもわず かなお金でもたくさんの愛を表せると思います) など。

(4)　英語の設問と指示は，以下のとおり。
「50〜60語でこの質問に答える文章を書きなさい。 生徒たちは長期の休暇中に宿題を与えられるべき だと思いますか。なぜそう思うのですか，あるい はそう思わないのですか。
文章は4つの部分からなっていること。
1.　第1文はこの題目について，「私は…だと思 う」あるいは「私は…ではないと思う」という 形で，自分の意見を述べなければならない。
2.　第2文はそう思う理由を1つ提示しなければ ならない。
3.　次に，その理由を裏づける例を1つか複数提 示する。
4.　最後に，「だから，…」という形で結末を書く。」
「生徒たちは長期の休暇中，宿題があったほう がよいと思います。しなければならない課題を与 えられたら，私たちは一生懸命勉強します。たと えば，私たちの先生はクリスマス休暇中にたくさ んの宿題を出したので，私たちはコンピューター ゲームをしたりテレビを見たりだけにとどまり ませんでした。だから，宿題は長期の休暇中でさえ 私たちが勉強するよい方法なのです」。別解とし

て，I don't think students should be given homework in long vacations. This is because we can't enjoy the vacations very much.　For example, we are too busy to go out with our families and we don't have enough time to play with our friends.　So, let's tell our teachers to give us no homework in the holidays.〔57 words〕(生徒たちは長期の休暇中に宿題を与え られるべきではないと思います。この理由は私た ちが休暇をあまり楽しめなくなるからです。たと えば，私たちは忙しすぎて家族と外出できなくな り，友達と遊ぶ時間が十分にとれなくなります。 だから，私たちの先生に休暇中は宿題を出さない ように言いましょう)など。

13　単語・重要語句

098　(1) ウ　　(2) エ　　(3) キ　　(4) カ

解説　(1)「病人や老人の世話をするために訓練さ れた人」だから，「看護師」の nurse を選ぶ。
(2)「父親か母親の姉妹」だから，「おば」の aunt を選ぶ。
(3)「ほかの同種のものよりも好まれて」なので， favorite(お気に入りの)が適切。
(4)「常に真実を話すこと」なので，honest(正直 な)を選ぶ。

099　① テ　　② ア　　③ エ　　④ オ
⑤ コ

解説　①　上の英文は our teacher(私たちの先 生)。our の同音異義語 hour(時間)を選ぶ。
②　下の英文は at eight(8時に)。eight の同音 異義語 ate(eat の過去形)を選ぶ。
③　下の英文には「私は」のI が入る。I の同音異 義語は eye(目)。
④　下の英文は〈one of the＋最上級〉の形。one の同音異義語は won(win の過去形・過去分詞)。
⑤　上の英文は the longest nose(一番長い鼻)。 nose の同音異義語は know(知っている)の3人 称単数現在形 knows。

100 (1) **fruit(s)**　(2) **airport**
　　 (3) **ready**　(4) **dictionary**

解説 (1)「リンゴ，モモ，バナナは野菜ではなく，すべて果物です」。各種の果物をいうときは fruits と複数形にする。
(2) fly to ～（飛行機で～へ行く）とあるので，「空港」を表す airport が最適。
(3)「～する準備ができていますか」とたずねるときは，**Are you ready to ～?** の形を用いる。
(4) a new word（新しい単語）や the meaning（その意味），check（調べる）から，「辞書，辞典」の意味を表す dictionary と判断できる。

101 (1) 1 **E**　2 **S**　3 **R**　4 **C**
　　 (2) **イ**

解説 (1) (a)「豆，ニンジン，ジャガイモのような植物」は「野菜」のことなので，vegetable。(b)「病気または心身の不健康な状態」は「疾病，疾患」と言いかえられるので，disease。(c)「葉とか果実をつけた樹木の一部」なので「枝」の意味の branch を入れる。(d)「広大な海水」は「大洋，大海」のことなので，ocean。
(2) イ「たった今やりだした人または何かを習い始めた人」を表す beginner（初心者）が正解。

102 (1) **other**　(2) **all**
　　 (3) **sounds**　(4) **left**

解説 (1) each other で「お互いに」の意味。「私たちは昨年からの知り合いです」，「これはそれをする唯一の方法です。ほかのどんな方法でもできません」。
(2) not ～ at all で「少しも～ない」。「私は昨日その映画を見ましたが，全然笑えませんでした」，「昨日は一日中雨が降っていました」。
(3)「動物園ではたくさんの動物の声が聞こえました」，「明日，博物館に行きませんか」―「おもしろそうですね」。
(4) leave（置き忘れる）の過去形と left（左に）は同音異義語。「部屋に自転車の鍵を置き忘れたので，急いで戻らなければなりませんでした」，「すみません，運転手さん。そこで左に曲がってください」。

103 (1) **sell**　(2) **dead**
　　 (3) **write**　(4) **poor**
　　 (5) **peaceful**　(6) **expensive**
　　 (7) **impossible**　(8) **station**
　　 (9) **funny**

解説 (1) 反意語。「覚えている」―「忘れる」，「買う」―「売る」。
(2) 名詞形と形容詞形。「差異」―「異なる」，「死」―「死んだ」。
(3) 同音異義語。「青い」―「blow の過去形」，「正しい；右に；権利」―「書く」。
(4) 反意語。「よい」―「悪い」，「裕福な」―「貧しい」。
(5) 名詞形と形容詞形。「危険」―「危険な」，「平和」―「平和な」。
(6) 反意語。「小さい」―「大きい」，「安い」―「高価な」。
(7) 接頭辞をつけた反意語。「幸せな」―「不幸な」，「可能な」―「不可能な」。
(8) 乗り物と発着施設。「飛行機」―「空港」，「電車」―「駅」。
(9) 名詞形と形容詞形。「雲」―「曇った」，「楽しみ」―「おかしな」。

104 (1) **エ**　(2) **ア**　(3) **イ**

解説 (1) hear from ～ で「～から連絡がある，～から手紙をもらう」の意味。
(2)「(機械が)動く」，「(頭脳が)働く」というときは work を使う。
(3)「あなたの辞書はあなたにその単語がどんな意味かを教えてくれます」と言いかえる。「(人が)教える」場合は teach と tell の両方を使うことができるが，「(辞書などのもの)が教える」場合

はふつう tell を用いる。

105 (1) **empty** 　(2) **shook**
　　　(3) **medicine** 　(4) **straight**
　　　(5) **photographer**

解説 (1)「中に何も入っていない」ことを表すのは，empty（からの）。

(2)「上下または左右に素早く動かす」ことを表すのは，shake（振る）。不規則動詞で，過去形は shook になる。

(3)「病気になると飲む錠剤または特別な飲み物」を表すのは，medicine（薬）。

(4)「曲がっていない線上を，またはその方向に」ということは，straight（まっすぐに）ということである。

(5)「仕事として写真を撮る人」のことだから，photographer（写真家）を入れる。

106 (1) **knows** 　(2) **fun**
　　　(3) **idea(s)** 　(4) **tell**
　　　(5) **late** 　(6) **hope**
　　　(7) **hear** 　(8) **interested**
　　　(9) **mentions** 　(10) **across**

解説 (1)「コンピューターにくわしい」→「コンピューターについてたくさん知っている」と言いかえる。

(2) have fun で「楽しむ，楽しくやる」。have a lot of fun なら「大いに楽しむ」という意味。この fun は「楽しさ」という名詞。

(3)「何もひらめかなかった」→「何も考えが思い浮かばなかった」なので，didn't have any idea(s) となる。

(4)「君に話したいこと」は〈something＋不定詞（形容詞的用法）〉の形を用いる。「君に話す」を2語で表す場合は something to tell you となる。3語でもよければ something to say to you と言うこともできる。

(5)「手遅れになる前に，コンサートのチケットを手に入れたほうがよい」と考える。「手遅れになる」は it's too late で表す。

(6)「〜だとありがたいのだが」は「〜だといいのだが」と言いかえて，I hope (that) 〜. の文を用いる。

(7)「〜とみんなが言っている」は「私は（人の噂

で）〜と聞いている」ということなので，I hear (that) 〜. の文で表す。

(8)「〜しませんか，〜する気はありませんか」→「〜することに興味はありませんか」。したがって，**Would you be interested in 〜ing ...?** の形。

(9)「〜に関しては一切触れられていない」→「〜について何も触れていない」なので，mention nothing about 〜 で表す。主語が This book なので，mention に s をつける。また，「何も語っていない」と考えて，says を使ってもよい。

(10)「私の家の向かい側に」は「私の家から見て通りの向こう側に」ということ。よって，across the street from my house となる。

入試メモ 単語や重要語句の補充問題では，与えられた日本語からストレートに答えられるものは少ない。英文の空所に何を補えばそんな日本語になるのか，日本語の運用能力が問われる。(1)，(5)，(8)の解説をヒントに，言いかえのコツをマスターしておこう。

107 (1) **through** 　(2) **rode**
　　　(3) **peace** 　(4) **passed**
　　　(5) **won**

解説 (1) threw（throw の過去形）の同音異義語は through（〜を通って）。「飛行機は雲間を飛んで抜けました」。

(2) road（道路）と rode（ride の過去形）。ride to 〜 in[on] a bus で「バスに乗って〜へ行く」の意味。

(3) piece（一切れ，一片）と peace（平和）。「私は故郷の平和と静けさを愛しています」。

(4) past（〜を過ぎて）と passed（pass の過去形・過去分詞）。「私たちが結婚してから5年がたちました」。

(5) one（1つの）と won（win の過去形・過去分詞）。「メアリーは昨年，弁論大会で1等賞をとりました」。

108 (1) イ 　(2) エ 　(3) ア 　(4) イ
　　　(5) イ 　(6) イ 　(7) ウ 　(8) エ
　　　(9) ウ 　(10) イ 　(11) エ 　(12) ウ

(13) **イ**　(14) **ア**　(15) **ア**　(16) **エ**
(17) **イ**

解説 (1) **look after ～** で「～の世話をする」。「弟〔兄〕が病気で寝ていたので，私が彼の世話をしました」。

(2) **make up one's mind** で「決心する」。「彼は役者になる決心をしました」。

(3) **A rather than B** の形で「BよりはむしろA」の意味。「メグは美人というよりはかわいいです」。

(4) 「～に着く，到着する」は **reach ～**, **get to ～**, **arrive at ～** の形で表すことができる。「この電車は何時に千葉に着きますか」。

(5) **How about ～ing ...?** の形で「～するのはどうですか，～しませんか」の意味。「私とピクニックに行きませんか」。

(6) **take care of ～** で「～の世話をする」。「北海道旅行の間，だれがあなたの犬の世話をするのですか」。

(7) **be afraid of ～ing** の形で「～することを恐れる」の意味。「彼女は1人でホテルに滞在するのを怖がりました」。

(8) **help ～ with one's ...** の形で「～の…を手伝う」。「私の宿題を手伝ってくれますか」。

(9) **can't wait to see ～** で「首を長くして～を待つ」の意味。「今年の夏，祖母に会うのを首を長くして待っています」。

(10) 〈**look forward to＋動名詞**〉の形で「～するのを楽しみに待つ」の意味。「またあなたにお会いできるのを楽しみにしています」。

(11) **prefer A to B** の形で「BよりはAを好む」の意味。「あなたはコーヒーよりも紅茶のほうがお好きですか」。

(12) **That's why ～.** の文は「それが～の理由です，そういうわけで～」の意味。「ユウタは昨夜遅くまで起きていました。そういうわけで彼は今日，学校に遅刻しました」。

(13) 「(太陽が)東から昇る」は **rise <u>in</u> the east.** 日本語につられて from を使わないこと。「太陽が東から昇るのはだれもが知っています」。

(14) 前に副詞の **greatly** があるので，形容詞の **surprising** を選ぶ。「彼の事故のニュースは私たちにとってとても驚くべきことでした」。

(15) **such a ～** の形で「そのような～，そんな～」の意味。「彼女はそんな魚は食べないと思います」。

(16) **thanks to ～** で「～のおかげで」。「あなたが

手伝ってくれたおかげで，私は何とか時間内にその仕事を終わらせました」。

(17) **like ～ so much that ...** の形で「とても～が好きなので…」の意味。「私はその写真集がとても気に入っていたので，いつも持ち歩いていました」。

---

109 (1) **about**　(2) **right**
(3) **better**　(4) **to**
(5) **while**

解説 (1) 「父はアメリカ社会について物知りで，私にたくさん話してくれます」，「今夜，彼のパーティーに行きませんか」。

(2) 「右に曲がると郵便局があります」，「京都駅行きのバスはこれでいいのですか」。

(3) 「父は私よりも優秀な医者です」，「彼は歴史よりも英語のほうが好きです」。

(4) 「あなたは8時前に学校に着く必要があります」，「彼の助けのおかげで，私は宿題を終わらせることができました」。

(5) 「私の家族はアメリカにいる間，多くの場所を訪れました」，「彼はしばらくの間，自分の部屋でテレビを見ていました」。

---

110 (1) **took, from**　(2) **proud, of**
(3) **good, for**　(4) **By, way**
(5) **are, we**　(6) **turn, off**
(7) **like, any**　(8) **not, but**
(9) **I, hear**
(10) **broke, end**

解説 (1) 「～に参加する」は **take part in ～**，「満足のいく結果では決してなかった」は「結果は満足から遠く離れていた」と言いかえて，**far from ～** を使う。

(2) 「～を自慢に思う，～を誇りとしている」は **be proud of ～**。

(3) 「健康によい」は **be good for one's health.** その否定文になる。

(4) 「ところで」は **by the way** で表す。

(5) 「ここは地図のどこか」は，「私たちは地図のどこにいるか」と考える。**where are we** の形。

(6) 「明かりを消す」は **turn the light off** か **turn off the light.**

(7) 「～したいと思う，～したい気分だ」は **feel**

like ～ing の形で表す。「もう決して～ない」と否定文にするので，never ～ any more を用いる。

(8) 「AではなくB」と言うときは，**not *A* but *B*** の形を用いる。

(9) 「(噂では)～だそうですね」→「私は～と聞いています」ということなので，**I hear (that) ～.** の文を用いる。**They say (that) ～.** でもよい。

(10) 「壊れる，故障する」は break down。過去の文なので，過去形 broke を使う。「ついに，結局」は in the end。

---

111 (1) **absent, from**

　　(2) **in, front**　　(3) **filled**

　　(4) **at, playing**

　　(5) **good, time**

　　(6) **each, other**　　(7) **On**

　　(8) **Neither, nor**　　(9) **at, age**

　　(10) **difference, between**

　　(11) **wrong, with**

　　(12) **on, way**

　　(13) **belong, to**　　(14) **at, all**

　　(15) **reminded**

　　(16) **Not, only, but, also**

　　(17) **from, arriving**

解説 (1) 「会合に来なかった」→「会合を欠席した」。「～を欠席する」は **be absent from ～**。

(2) behind(～の後ろに)の反意語句は in front of ～(～の前に)。「私たちの学校は彼女の家の前に建っています」の文にする。

(3) be full of ～(～で満ちている)の同意語句は be filled with ～(～で満たされている)。「コップにはオレンジジュースがいっぱい入っています」。

(4) 「ヒロシはバスケットボールをするのが得意です」の文にする。**be good at ～ing** で「～するのが得意だ」。

(5) 「私はパーティーをとても楽しみました」。「楽しむ，楽しく過ごす」は enjoy oneself か have a good time で表す。

(6) 「母親と彼女の赤ん坊はお互いにほほえみあいました」。2人が「お互いに」の場合はふつう **each other**，3人以上が「お互いに」の場合はふつう **one another** を用いる。

(7) as soon as ～ (～するとすぐに)は，〈on+動名詞〉で書きかえられる。「彼女からEメールをもらうとすぐに，私は彼女に会いに行きました」。

(8) neither *A* nor *B*(AもBも～ない)を使って書きかえる。「トムもナンシーも泳げません」。

(9) at the age of ～(～歳のときに)を使う。「彼は18歳のときに初めて外国へ行きました」。

(10) 「あなたの答えと私の答えの間には大きな違いがあります」という文にする。「AとBの間に」は **between *A* and *B*** の形。

(11) 「うまく作動しない」→「どこか調子が悪い」と考える。「～はどこか調子が悪い」と言うときは Something is wrong with ～. を用いる。

(12) 「学校からの帰宅途中で，リサは変な車を見かけました」。「学校から家へ帰る途中で」は on one's way home from school で表す。

(13) be in the ～ club で「～部に入っている」の意味。belong to ～(～に所属する)を使って書きかえる。

(14) 「この地域の大部分の人は自然保護に何の興味もありませんでした」。not in the least は「少しも～ない」の意味。これを no ～ at all を使って書きかえる。

(15) 「その婦人はとても親切だったので，私は死んだ母のことを思い出しました」→「その婦人の親切さが私に死んだ母のことを思い出させました」。「～に…のことを思い出させる」は remind ～ of … の形で表す。

(16) 「AもBも両方とも…」の文を「Aだけでなく Bもまた…」の文に書きかえる。both *A* and *B* → not only *A* but also *B* の書きかえ。

(17) 「豪雨のせいで私は時間どおりに到着できませんでした」。keep … from ～ing で「…が～するのを妨げる，…に～させない」の意味。

---

112 (1) **This bus will take you to the zoo**(.)

　　(2) (I got up) **early in order to catch** (the first bus.)

　　(3) (Nancy) **left Japan for America in September**(.)

　　(4) (Is) **there anything wrong with you**(?)

　　(5) **Kamakura is famous for its beautiful temples**(.)

(6) **Do you mind giving me some more advice(?)**

(7) **Either my brother or I must go shopping at (the supermarket.)**

(8) **(I will) ask my father about it as soon as he arrives(.)**

(9) **(It) was not long before he appeared(.)**

(10) **(She) made no answer to my question(.)**

(11) **(I ran fast) and got to the station in time for (the last train.)**

(12) **I cannot see that old man without thinking of my grandfather(.)**

解説 (1)「このバスはあなたを動物園まで連れていってくれます」と言いかえる。

(2)「～するように，～するために」は in order to ～ で表す。

(3)「アメリカに向かって日本を出発する」ということなので leave Japan for America となる。

(4) Is there anything wrong with ～ ? の疑問文。111 の(11)Something is wrong with ～. の肯定文とペアで覚えておこう。

(5)「～で有名だ」は be famous for ～ の形。よって，for を補う。

(6)「～していただけませんか」は，Do you mind ～ing ...? の文を用いる。mind のあとには不定詞ではなく動名詞がくる。よって，不定詞 to give が不要。

(7)「A か B のどちらか」は either A or B。「スーパーに買い物に行く」は go shopping at the supermarket。よって，前置詞の to が不要。

(8)「～したら，すぐに」は as soon as ～ で表す。よって，soon を補う。

(9)「彼が現れる前に（時間は）長くなかった」と言いかえて，It was not long before ～. の文を用いる。よって，形容詞の long を補う。

(10)「（質問など）に答えられなかった」は made no answer to ～ で表す。

(11)「～に間に合うように駅に着いた」と言いかえる。「～に間に合うように，～に遅れずに」は in time for ～ を使う。

(12)「祖父を思い出すことなくあの老人を見ることはできない」と言いかえる。「～を思い出すことなく」は without thinking of ～ の形。

14 発音・アクセント・文の読み方

113 (1) イ　(2) イ　(3) イ

解説 それぞれ，(1) road [ou]，(2) enough [ʌ]，(3) heart [ɑːr] の音を含む語を選ぶ。

(1) over が [ou]，thought は [ɔː]，short，warm は [ɔːr]。

(2) money が [ʌ]，bought は [ɔː]，town は [au]，box は [ɑ]。

(3) card が [ɑːr]，他はすべて [əːr]。

入試メモ [ou] と [ɔː]，[ɑːr] と [ɔːr] と [əːr] を区別させる発音問題は頻出。代表的な単語を個別に覚えておこう。
・[ou] … boat, coat, low, only
・[ɔː] … bought, caught, law, all
・[ɑːr] … art, car, hard, guitar
・[ɔːr] … war, door, fork, board
・[əːr] … early, bird, world, nurse

114 (1) ア　(2) イ　(3) ア　(4) エ　(5) ウ

解説 (1) roof は [uː]。took だけが [u]。
(2) stranger は [ei]。sight だけが [ai]。
(3) grass は [æ]。cousin だけが [ʌ]。
(4) increase は [iː]。weather だけが [e]。
(5) war は [ɔːr]。farm だけが [ɑːr]。

115 (1) イ　(2) イ　(3) エ　(4) イ　(5) ア　(6) ウ　(7) イ

解説 (1) chemistry と stomach は [k]。chicken と choice は [tʃ]，machine は [ʃ]。
(2) though と either は [ð]。他はすべて [θ]。
(3) useful と worse は [s]。他はすべて [z]。

(4)　smooth と weather は [ð]。他はすべて [θ]。

(5)　closely と piece は [s]。cousin は [z]，clothe は [ð]，usually は [ʒ]。

(6)　enough と leaf は [f]。他はすべて黙字(発音されない文字)。

(7)　sea と side は [s]。他はすべて [z]。

---

116 (1) ウ　　(2) エ　　(3) ア

解説 (1)　goes だけが [z]。他はすべて [iz]。

(2)　waited だけが [id]。他はすべて [t]。

(3)　believed だけが [d]。他はすべて [t]。

入試メモ　3単現の -(e)s，過去形の -(e)d は発音問題の定番。ルールを再確認しておくこと。

・-(e)s は，それぞれ語尾の発音が
　① [k][p] なら [s] … takes, keeps
　② [s][z][ʃ][tʃ][dʒ] なら [iz] … washes
　③ [t][d] なら，まとめて [ts][dz]
　　… wants, writes, needs, rides
　④ それ以外は [z] … stays, leaves

・-(e)d は，それぞれ語尾が
　① t, d なら [id] … wanted, needed
　② t 以外の無声音なら [t] … watched
　③ d 以外の有声音なら [d] … listened

---

117 (1) イ　　(2) エ　　(3) ア　　(4) ア

解説 (1)　desks と cups は [s]。classes は [iz]，chairs と tables は [z]。

(2)　laughed と thanked は [t]。listened と studied は [d]，wanted は [id]。

(3)　names と trees は [z]。bats は ts をまとめて [ts]，desks と shops は [s]。

(4)　asked と reached は [t]。needed と started は [id]，opened は [d]。

---

118 8

解説 question [kwéstʃən] と system [sístəm] 以外はすべて黙字。foreign, Wednesday, climb, know, listen, honest などもよく出題される。

---

119 (1) ア　　(2) イ　　(3) エ　　(4) イ
　　　(5) ア

解説 (1)　among と come は [ʌ]。open は [ou]，tonight は [ə]，along は [ɔː]。

(2)　decided と climb は [ai]。kitchen と continue は [i]，machine は [iː]。

(3)　saw と draw は [ɔː]。他はすべて [ou]。

(4)　weather と dead は [e]。great と break は [ei]，mean は [iː]。

(5)　talked と finished は [t]。called と opened は [d]，started は [id]。

---

120 (1) ウ　　(2) ×　　(3) ア　　(4) ×
　　　(5) ○

解説 (1)　sheep と seat は [iː]，sit は [i]。

(2)　washed は [t]，studied は [d]，visited は [id]。

(3)　around は [au]，come と young は [ʌ]。

(4)　city は [s]，dish は [ʃ]，news は [z]。

(5)　すべて [au] の発音。

---

121 2，3，9

解説 すべて過去の文なので，動詞を過去形にする。規則動詞は，picked, watched, passed, liked, stopped, missed が [t] の音，refused だけが [d]。不規則動詞は，flies → flew で [uː]，shakes → shook で [k]，catch → caught で [t]。

---

122 2，3，6，7

解説 1．boat(船)は [bout]，bought(buy の過去形)は [bɔːt]。

2．scene(舞台，場面)と seen(see の過去分詞)は両方とも [siːn]。

3．hole(穴)と whole(全部の，全〜)は両方とも [houl]。

4．much(たくさん)は [mʌtʃ]，match(似合う，調和する)は [mætʃ]。

5．coast(沿岸，海岸)は [koust]，cost(要する，失わせる)は [kɔːst]。

6．through(〜を通して，〜中)と threw(throw の過去形)は両方とも [θruː]。

7．上の文は「ロバートは仕事から帰宅すると，子供たちによく読み聞かせをしていました」という過去の文。よって，read(read の過去形)と red (赤い)は両方とも [red]。

123 ア，ウ，カ，ケ，サ

解説 2音節の語で後ろにアクセントがあるのは，en-joy, for-get, in-vite の3つ。3音節の語で真ん中にアクセントがあるのは，re-mem-ber, im-por-tant の2つ。4音節の in-for-ma-tion は3番目を強く発音する。

124 (1) エ　(2) イ　(3) エ　(4) ア
(5) ウ

解説 (1) com-put-er と Sep-tem-ber は真ん中を強く読む。cam-er-a, char-ac-ter, dif-fi-cult は最初を強く読む。
(2) dan-ger-ous と beau-ti-ful は最初を強く読む。Aus-tral-ia, con-tin-ue, per-form-ance は真ん中を強く読む。
(3) in-ter-est-ing と u-su-al-ly は最初を強く読む。ex-pe-ri-ence と tra-di-tion-al は2番目を，in-for-ma-tion は3番目を強く読む。
(4) vol-un-teer と af-ter-noon は最後を強く読む。con-ven-ient は真ん中を，grand-moth-er と news-pa-per は最初を強く読む。
(5) won-der-ful と fa-vor-ite は最初を強く読む。an-oth-er と im-por-tant は真ん中を，en-gi-neer は最後を強く読む。

125 (1) イ　(2) ウ　(3) ア　(4) エ

解説 (1) um-brel-la だけが真ん中を，en-er-gy, pho-to-graph, cal-en-dar は最初を強く読む。
(2) de-li-cious だけが真ん中を，beau-ti-ful, sci-en-tist, el-e-phant は最初を強く読む。
(3) ham-burg-er だけが最初を，vol-un-teer, vi-o-lin, ref-er-ee は最後を強く読む。
(4) riv-er だけが前を，de-cide, gui-tar, ad-vice は後ろを強く読む。

入試
メモ　カタカナ語として日本語に定着している単語はアクセントを誤りやすい。1語1語正確に覚えておこう。
・最初を強く：　cof-fee, ham-burg-er
・真ん中を強く：i-de-a, com-put-er
・最後を強く：　vi-o-lin, vol-un-teer

126 (1) ウ　(2) イ　(3) ア　(4) ア

解説 (1) Australia の [ei] と同じ発音を含む語は communication [ei]。
(2) enough と country が [ʌ]。
(3) Internet と delicious が [i]。
(4) language と example が [æ]。

127 (1) ア　(2) イ　(3) エ　(4) ウ
(5) ウ

解説 (1) appeal は [iː]。already, breakfast, weapon はすべて [e]。
(2) instant は [i]。他はすべて [æ]。
(3) success は [e]。他はすべて [ʌ]。
(4) electric は [e]。他はすべて [i]。
(5) career は [iər]。他はすべて [eər]。

15 リスニング

128 ア，エ，カ

解説 メアリーが買った品物は順に，書店で本3冊，デパートでTシャツ1枚と靴1足。

読まれる英文

Yesterday Mary and Tomoko went shopping together. First, Mary bought three books at a bookstore. Tomoko bought one eraser and two pens there. Then they went into a department store. Mary bought a T-shirt and a pair of shoes. Tomoko bought an apron there. On their way home, Tomoko bought some apples and oranges at a supermarket because they are Mary's favorite fruits. Tomoko made a delicious fruit cake for Mary using those fruits. Yesterday was Mary's 16th birthday!

全文訳

昨日，メアリーとトモコはいっしょに買い物に行きました。最初，メアリーは書店で本を3冊買いました。トモコはそこで消しゴム1個とペン2本を買いました。それから彼女たちはデパートに入りました。メアリーはTシャツ1枚と靴1足を買いました。トモコはそこでエプロン1枚を買いました。帰り道，トモコはスーパーで，メアリーの大好きな果物なの

でリンゴとオレンジを買いました。トモコはメアリーのためにその果物を使っておいしいフルーツケーキを作りました。昨日はメアリーの16回目の誕生日だったのです！

129 (1) イ　　(2) ア　　(3) イ　　(4) エ

解説 (1)「彼らは次に何をするでしょう」。

(2)「男性は何と言っているのですか」。

(3)「間違えたのはだれですか」。女性が聞き間違えたことに着目する。

(4)「女性は何をしましたか」。

読まれる英文

(1) M：The bus to the station comes only once an hour. What should we do?

　W：When is the next one?

　M：In about 30 minutes.

　W：Let's walk. The weather's nice, and we'll get there in half an hour.

(2) W：There's an ice cream shop over there.

　M：Yes. So what?

　W：So let's go get some.

　M：Ice cream? We're not kids.

(3) W：I'm sorry to hear you had a bad cold, Steve.

　M：I didn't have a cold.

　W：Tomoko just told me you did.

　M：No, she was talking about Steve Brown.

(4) M：Where did I put my brown coffee cup?

　W：I broke it last week. Sorry.

　M：What? I really liked it.

　W：They're easy to find. I'll get you another.

全文訳

(1) M：駅行きのバスは1時間に1本来るだけだよ。どうしようか？

　W：次のバスはいつなの？

　M：あと30分ほどで来るよ。

　W：歩きましょう。天気もいいし，30分でそこに着くわよ。

(2) W：向こうにアイスクリームの店があるわ。

　M：うん。だから？

　W：だから買いに行きましょうよ。

　M：アイスクリームを？　子供じゃないんだよ。

(3) W：スティーブ，ひどい風邪をひいていたそうね，お気の毒に。

　M：風邪をひいてなんかいないよ。

　W：トモコが私にそう言ったのよ。

　M：いや僕じゃない，彼女はスティーブ・ブラウンのことを話していたんだ。

(4) M：僕の茶色いコーヒーカップはどこに置いたっけ？

　W：先週私が割ってしまったの。ごめんなさい。

　M：何だって？　とても気に入ってたのに。

　W：見つけるのは簡単よ。あなたに別のを買ってくるわ。

入試メモ　会話を聞く前に，質問と答えの選択肢にざっと目を通しておこう。聞くポイントがしぼられ，予想を立てることができる。本問のような疑問詞を含む質問には特に有効だ。聞きもらしたり，聞き間違えるミスが格段に減る。

130 (1) **address**　　(2) **capital**　　(3) **magazine**　　(4) **nurse**　　(5) **stamp**

解説 (1)「住所」，(2)「首都」，(3)「雑誌」，(4)「看護師」，(5)「切手」。

(3)「週刊誌」なら weekly (magazine)，「マンガ雑誌」なら comic magazine という。

読まれる英文

(1) the number of the house and the name of the street where you live

(2) the most important city of the country, where the government and other big organizations are

(3) a large thin book with a paper cover, which is sold every week or every month

(4) someone whose job is to look after people who are ill or injured, usually in a hospital

(5) a small piece of paper that you stick on a letter before you mail it to show that you have paid to send it

全文訳

(1) 住んでいる家の番号や通りの名前

(2) 政府やほかの大きな組織が存在する，国の最も

重要な都市
(3) 毎週または毎月発売される，紙の表紙でできた大きな薄い本
(4) ふつうは病院で，病気の人やけがをした人を世話する仕事の人
(5) 送料を支払ったことを明示するため，投函する前に手紙に貼る小さな紙切れ

---

131 (1) **2**　(2) **3**　(3) **2**

解説 (1) door（ドア）と window（窓）に着目。
(2) 「駅」→「水戸行き電車」→「市役所行きバス」という流れをつかむ。
(3) **in a circle**（円形に，輪になって）を聞きもらさないこと。

読まれる英文
(1) M：We must get an air conditioner for our living room. I can't stand another summer without one.
W：We should save energy!
M：Yes, I know. But, I still want one!
W：OK. Where shall we put it?
M：On the wall by the door.
W：Yes, I know! But where?
M：It must be above the door.
W：Yes. How about near the window?
M：No, I don't think so. Let's put it on the other side.
W：OK. Whatever you think is best.
Question：Where will they put the air conditioner?

(2) I arrived at the station and bought a ticket for the 1 p.m. train to Mito. I got off the train and then I took a bus to the city hall. The bus stopped right outside it, in front of the trees. I wanted to go there to get a passport because I am going to Australia on holidays in March.
Question：Which is the correct order?

(3) M：How many people are coming to this afternoon's meeting?
W：Six guests and me.
M：How would you like the seats arranged?
W：Mmm. Maybe set up like a classroom with me at the front.

M：OK. Three desks on each side.
W：No, wait! We'll have a discussion. Let's put them in a circle.
M：Yes, that's a good idea. I'll do that.
Question：Which is the correct picture?

全文訳
(1) M：居間にエアコンを買わなければ。それなしでもうひと夏なんてがまんできないよ。
W：省エネするべきよ！
M：知ってるけど，やっぱりほしいんだよ。
W：わかったわ。どこに設置するの。
M：ドアのそばの壁にだよ。
W：知ってるわよ！　それでどこなの？
M：ドアの上のほうに決まってるだろう。
W：そうね。窓の近くはどう？
M：いや，そうは思わないな。反対側に設置しよう。
W：わかった。あなたが一番いいと思うところにね。
質問：彼らはエアコンをどこに設置するでしょう。

(2) 私は駅に着くと，水戸行き午後1時の電車の切符を買いました。電車を降りてから市役所行きのバスに乗りました。バスは市役所すぐ外側の木々の前で止まりました。3月の休暇にオーストラリアへ行く予定なので，パスポートを手に入れるためにそこへ行きたかったのです。
質問：正しい順番はどれですか。

(3) M：今日午後の会合には何人来ますか。
W：ゲスト6人と私よ。
M：座席の配置はどうしますか。
W：うーん，そうね，私を正面にして教室のように配置して。
M：わかりました。両側に机3台ですね。
W：いや，待って！　話し合いをするのよ。円形に配置しましょう。
M：ええ，いい考えですね。そうします。
質問：正しい絵はどれですか。

---

132 (1) **イ**　(2) **ア**　(3) **ウ**　(4) **イ**
(5) **ウ**

解説 (1) ウは「今夜遅くまで出かける必要がない」という内容が会話の流れに合わない。
(3) アの **Have fun!** は「楽しんできて！」という意味。誘いに応じるときは使わない。
(4) lend（貸す）を使った応答は間違い。
(5) How often 〜？は回数をたずねる問い。

読まれる英文

(1)　M：What do you want to eat this evening?

　　W：I was thinking about having pizza.

　　M：Then let's go to Joe's restaurant.

(2)　M：Hi, Anna! Have you been to America?

　　W：No, but I've been to France and Italy.

　　M：Which country do you like better?

(3)　W：Are you busy on Saturday, Adam?

　　M：I don't have any plans. Why?

　　W：I'm going to Tokyo Disneyland. Want to come?

(4)　W：Hi, George. What are you looking for?

　　M：I'm looking for my dictionary. I can't find it.

　　W：You can borrow mine.

(5)　M：Do you have any plans for next week?

　　W：Yeah, I have to go to Singapore again on business.

　　M：Again? How often do you go?

全文訳

(1)　M：今晩何が食べたい？

　　W：ピザを食べることを考えていました。

　　M：それじゃジョーのレストランに行こう。

(2)　M：やあ，アンナ！　アメリカへ行ったことがある？

　　W：いいえ，でもフランスとイタリアへは行ったことがあるわ。

　　M：どっちの国のほうが好き？

(3)　W：アダム，土曜日は忙しい？

　　M：予定はないよ。なぜ？

　　W：東京ディズニーランドへ行くつもりなの。来たい？

(4)　W：こんにちは，ジョージ。何を探しているの。

　　M：僕の辞書を探しているんだ。見つからないよ。

　　W：私のを借りてもいいわよ。

(5)　M：来週の予定はある？

　　W：ええ，仕事でまたシンガポールへ行かなければならないわ。

　　M：また？　そこへはよく行くの？

　会話表現を含む対話は微妙なニュアンスを聞き取るのが難しく，そのぶんミスを犯す確率が高い。(3)の Have fun!（楽しんできて！）を Sounds fun!（楽しそうだね！）と混同するミス，(4)の lend（貸す）と borrow（借りる）を取り違えるミス，(5)の How 〜? の応答ミスなど，耳中心で確認するリスニング問題ならではのミスに注意しよう。

133　(1) **c**　　(2) **b**

解説　通りの名前と右・左の方向に注意して聞き取ろう。用紙の余白にポイントとなる箇所を必ずメモしておくこと。

読まれる英文

(1)　W：Can you tell me how to get from here to the drugstore?

　　M：Sure. Walk along Pine Street to Sun Avenue, and turn right. Walk up Sun Avenue, and you'll see the drug store on the right corner of Sun Avenue and Orange Street.

(2)　W：Can you tell me how to get from here to the flower shop?

　　M：OK. Walk up Green Avenue to Orange Street, and then turn left. Walk along Orange Street, cross Sun Avenue, and you'll see the flower shop on the left corner of Orange Street and Sun Avenue.

全文訳

(1)　W：ここから薬局までの道順を教えてくれませんか。

　　M：いいですよ。パイン通りをサン大通りまで歩いて，右に曲がります。サン大通りを進んでいくと，オレンジ通りとの交差点の右角に薬局があります。

(2)　W：ここから花屋までの道順を教えてくれませんか。

　　M：わかりました。グリーン大通りをオレンジ通りまで進み，それから左に曲がります。オレンジ通りを歩いていき，サン大通りを横断すると，そこの交差点の左角に花屋があります。

134
① **to make friends with people**
② **it takes a lot of time and effort to learn it**
③ **in order to be a good speaker of it**

解説 ただ聞き取るだけでなく，筆記した英語が文として成り立っているか，単語・連語は正しく運用されているかに気をつけること。

読まれる英文

Why do you study English? Some people think that they will have more chances to get good jobs if they are good at English. Others study the language <u>to make friends with people</u> all over the world. In any case, <u>it takes a lot of time and effort to learn it</u>. You have to keep on studying English <u>in order to be a good speaker of it</u>.

全文訳

なぜ英語を勉強するのでしょう。英語が得意なら，よい仕事を得るチャンスがもっと増えると考える人がいます。世界中の人と友達になるためにその言語を勉強する人もいます。とにかく，英語を学ぶにはたくさんの時間と努力が必要です。英語を上手に話せるようになるには，英語を勉強し続けなければならないのです。

135　(1) イ　　(2) ア　　(3) ウ　　(4) エ

解説 (1) 日本とアメリカで一番人気のスポーツは野球。イギリスで人気1位なのはサッカー。
(2) イギリスで人気4位のスポーツはテニス。
(3) イギリスで人気2位のスポーツは水泳。
(4) エは，花子とマイクの最後の会話内容と一致する。

読まれる英文

H：What sport do you like, Mike?

M：I like baseball!

H：I see. You're from America. Baseball is the most popular sport both in America and in Japan.

M：How about you? What sport do you like, Hanako?

H：I like watching soccer games. In Japan, soccer is the third most popular sport and it is getting more and more popular.

M：Soccer is also called "football." In my country, "football" means "American football" and it is very popular.

H：I didn't know that. So, soccer isn't so popular in America. By the way, a lot of Japanese soccer players are playing in European countries. My favorite player is playing in England. Soccer is the most popular sport in England.

M：England is famous for the Wimbledon Championship, I think. Tennis is also popular in England, right?

H：Yeah, but in this figure, swimming is ranked second and tennis is ranked fourth in England, so swimming is more popular than tennis. That's interesting.

M：Oh, yeah? Swimming? I'm not good at swimming. I don't like it very much.

H：I like swimming. You don't like swimming, but in your country, swimming is the third most popular sport. It is popular in France, too.

M：Different sports are popular in different countries. That's very interesting.

H：I agree. But I'm sad that volleyball isn't so popular in these countries.

M：Yeah, I think so, too. I like watching volleyball. I think it is strange that volleyball isn't in this figure.

全文訳

H：マイク，何のスポーツが好き？

M：野球が好き！

H：なるほど。アメリカ出身だものね。野球は日米ともに一番人気のスポーツだしね。

M：あなたはどう？　花子，どのスポーツが好きですか。

H：サッカーの試合を見るのが好きよ。日本では，サッカーは3番目に人気のあるスポーツで，ますます人気に火がついているわ。

M：サッカーは「フットボール」とも呼ばれているよ。僕の国では，「フットボール」といえば「ア

メリカン・フットボール」のことで，とても人気があるんだ。

H：知らなかったわ。だから，アメリカではサッカーはあまり人気がないのね。ところで，たくさんの日本人サッカー選手がヨーロッパの国々でプレーしているのよ。私の大好きな選手はイギリスでプレーしているわ。サッカーはイギリスで一番人気のあるスポーツなのね。

M：イギリスはウィンブルドン選手権大会で有名だと思うけど。テニスもイギリスでは人気があるんでしょ？

H：ええ，でもこの図表ではイギリスで，水泳が2位，テニスが4位にランクされていて，水泳のほうがテニスよりも人気があるのね。おもしろいわね。

M：おや，まあ？　水泳がね？　僕は水泳が得意じゃない。あまり好きではないよ。

H：水泳は好きよ。あなたが好きではなくても，あなたの国では，水泳が3番目に人気のあるスポーツなのよ。フランスでも人気があるわ。

M：国が違えば人気のあるスポーツも違うんだ。とても興味深いね。

H：そう思うわ。でもバレーボールがこれらの国であまり人気がないのが悲しいわね。

M：うーん，僕もそう思う。バレーボールを見るのは好きだよ。この図表にバレーボールがないのが不思議だと思うよ。

---

136 (1) ウ　　(2) エ　　(3) ア　　(4) イ
　　　(5) エ

解説 (1) ウ「彼らは母親とその友達を見ていました」。

(2) エ「彼らは，最も美しい女性は自分たちの母親だと思いました」。

(3) ア「彼女は白いドレスを着ていました」。

(4) イ「指輪とネックレスにダイヤがついていたから」。

(5) エ「息子たちはダイヤよりも大切だと彼女が言ったから」。

読まれる英文

Many hundred years ago, in an old city, two young boys were standing in a beautiful garden. They were looking at their mother and her friend. Their mother and her friend were walking among the flowers and trees. The elder boy said, "Look at that woman. Have you ever seen such a beautiful woman as she is?" The other boy answered, "She is beautiful, but she is not as beautiful as our mother. Our mother is like a queen!" The elder said, "That's true! You are right. Our mother is the most beautiful." Their mother came down to speak with her sons. Her dress was white and simple. She wore no rings or necklaces. She smiled gently when she talked with her sons. "Boys," she said, "my friend wants to have lunch with you." They came to the table in the center of the garden. When the boys came close to their mother's friend, they were surprised at the big diamonds in both her rings and her necklace. The elder said, "Very beautiful diamonds! I want my mother to wear diamonds." The woman said, "Of course she can, if she wants to." Their mother answered, "Yes, I can buy some diamonds. But I don't want any diamonds because ..." The mother touched her sons' shoulders and said, "My diamonds are here!" The boys never forgot their mother's love and care.

(Questions)

(1) What were the boys looking at in the garden?

(2) Who did the boys think the most beautiful woman was?

(3) What did the boys' mother wear?

(4) Why were the boys surprised?

(5) Why did the boys never forget their mother's love and care?

全文訳

何百年も前のこと，ある古い都市で，2人の幼い少年が美しい庭園に佇んでいました。彼らは母親と彼女の友達を見ていました。母親とその友達は花々や木々の間を歩き回っていました。年上の少年が言いました。「あの女性を見て。あんなに美しい女性を見たことがある？」。別の少年が答えました。「彼女は美しいけれど，僕たちのお母さんほど美しくはないよ。僕たちのお母さんは女王様のようだ！」。年上の少年が言いました。「本当だ。お前の言うとおりだ。僕たちのお母さんが一番きれいだ」。彼ら

の母親が息子たちと話をするために近づいてきました。彼女のドレスは白くてシンプルでした。彼女は指輪やネックレスを身に着けていませんでした。息子たちと話をするとき，彼女は優しくほほえみました。「息子たち，私の友達があなたたちと昼食をとりたがっています」と彼女は言いました。彼女たちが庭園の中央にあるテーブルのところへやって来ました。母親の友達に近づくと，少年たちは彼女の指輪とネックレスの両方に大きなダイヤがあるのを見て驚きました。年上の少年は，「とてもきれいなダイヤだ！　お母さんにダイヤを身に着けてほしい」と言いました。「お母さんが望むなら，もちろん可能よ」と女性は言いました。彼らの母親は答えました。「ええ，ダイヤを買うことはできるわ。でもほしくないの。というのも…」。母親は息子たちの肩に触れながら，「私のダイヤはここにあるわ！」と言いました。少年たちは母親の愛と気遣いを決して忘れませんでした。

（質問）

(1) 少年たちは庭園で何を見ていましたか。

(2) 少年たちはだれが一番美しい女性だと思いましたか。

(3) 少年たちの母親は何を身に着けていましたか。

(4) 少年たちはなぜ驚いたのですか。

(5) 少年たちはなぜ母親の愛と気遣いを決して忘れなかったのですか。

入試メモ　比較的長い英文とその内容に関する質問を聞いて，その答えを選ぶ問題。英文量に圧倒されて，注意力が途切れないように注意しよう。答えの選択肢にヒントが隠されているので，目をつけておいた語句や数字に着目してメモをとり，ポイントを押さえることが必須となる。

137 (1) **20**　(2) **1,700**　(3) **15**
　　(4) **15**　(5) **700**

解説 (1) 第2文に「長さ65キロメートル，幅20キロメートル」とある。

(2) seventeen hundred people＝「1,700人の人たち」とある。

(3) もとからあるホテル12軒と大型ホテル1軒，小規模ホテル2軒を合計する。

(4) 30 different kinds of snake＝「30種類の異なるヘビ」。その半分が「危険」とある。

(5) 昨年は「その数（＝350人）のぴったり2倍」なので，350×2＝700。

読まれる英文

You can find the mysterious island of Dhibudada about 200 kilometers off the west coast of South Africa.

It's a very small island: only 65 kilometers long and 20 kilometers wide. There are only two real towns, and in total only about seventeen hundred people live on the island.

Sometimes tourists come to Dhibudada, but the island does not have an airport, and it is difficult to reach by boat. What's more, even if tourists can get there, there are several big problems waiting for them.

One of the problems is that there are very few hotels. Until last year there were 12, but last June a big new hotel, the Dhibudada Deluxe, opened, and two smaller ones started up in the fall; so, that situation is slowly improving.

Another problem is that a lot of the island is still a jungle. Experts say that there are 30 different kinds of snakes on the island, and half of them are dangerous to humans. There is also danger from wild cats and pigs.

However, parts of the island are very beautiful, and the weather is usually fine and warm, so the number of tourists is increasing slowly every year. In 2009, only about 200 people visited Dhibudada, but the next year the number of tourists increased to 350. And last year it was exactly two times that number.

Most of the people who live on the island welcome the tourists, but some of them are worried they will spoil the island.

(Questions)

(1) How many kilometers wide is the island of Dhibudada?

(2) How many people live there?

(3) How many hotels are there on the island?

(4) How many types of dangerous snakes are there?

(5) How many tourists visited the island last year?

全文訳

南アフリカの西海岸からおよそ200キロメートル離れたところにデヒブダダという神秘的な島があります。

長さ65キロメートル，幅20キロメートルしかないとても小さな島です。町らしい町が２つだけあり，全体でほんの1700人ほどが島で生活しています。

ときどき旅行者がデヒブダダに来ますが，島には空港がなく，船で到達するのも困難です。そのうえ，旅行者が到着できたとしても，いくつかの大問題が彼らを待ち受けているのです。

問題のひとつは，ホテルがほとんどないということです。昨年までは12軒のホテルがありましたが，さる６月に新しい大型ホテル，デヒブダダ・デラックスがオープンし，より小規模なホテル２軒が秋に開業しました。よって，その状況はゆるやかに改善しつつあります。

別の問題は，島の大部分がいまだにジャングルだということです。専門家は，島には30種類の異なるヘビが生息しており，その半数は人間にとって危険だと言っています。さらに，ヤマネコやイノシシによる危険もあります。

しかしながら，島の一部はとても美しく，気候はおおむね快晴かつ温暖なので，旅行者の数は毎年ゆるやかに増えてきています。2009年には，ほんの200人ほどがデヒブダダを訪れましたが，翌年には旅行者の数は350人に増えました。そして昨年は，その数のぴったり２倍になりました。

島に住む人々の大部分は旅行者を歓迎しますが，中には旅行者が島をだめにするのではと心配する人もいます。

138 (1) **near, London**
(2) **At, five**　(3) **No, didn't**
(4) **a, photo**

解説 (1)「彼らは<u>ロンドンの近く</u>に住んでいます」。
(2)「５時に」と答える。At 5 o'clock. でもよい。
(3) 過去の疑問文なので，didn't を使って答える。
(4)「ブラウンさんの写真」は a photo of Mr. Brown。photo の代わりに picture を使ってもよい。

読まれる英文

Mike is an American businessman. He went to the UK last summer on vacation, and he visited his friends, Mr. and Mrs. Brown. They lived near London, and Mike stayed at their house for a week and enjoyed it very much.

On his last evening with Mr. and Mrs. Brown, Mike said to them, "My plane to New York leaves very early tomorrow morning. I'm going to get up at five o'clock and make my breakfast. You don't have to get up early to say goodbye to me."

He said goodbye to Mr. and Mrs. Brown that evening. In the morning, he went to the kitchen and looked at the table. There was a photo of Mr. Brown in front of his chair, and there was a photo of Mrs. Brown in front of her chair, on the table.

Mike smiled happily and thought, "That's very good. I'm not going to eat my breakfast alone this morning!"

(Questions)

(1) Where in the UK do Mr. and Mrs. Brown live?

(2) What time was Mike going to get up the next morning?

(3) Did Mr. and Mrs. Brown have to get up early in the morning?

(4) What did Mike see in front of Mr. Brown's chair?

全文訳

マイクはアメリカ人の実業家です。彼は昨年の夏，休暇でイギリスへ行き，友達のブラウン夫妻を訪問しました。彼らはロンドンの近くに住んでいたので，マイクは１週間彼らの家に滞在し，とても楽しく過ごしました。

ブラウン夫妻と過ごす最後の晩に，マイクは彼らに言いました。「ニューヨーク行きの私の飛行機は明朝早くに出発します。私は５時に起きて自分の朝食を作るつもりです。あなたたちは早起きして私にさよならを言う必要はありません」。

彼はその晩，ブラウン夫妻にお別れを言いました。朝，彼は台所に行ってテーブルを見ました。テーブルの上には，ブラウンさんのいすの前に彼の写真が，

そしてブラウン夫人のいすの前に彼女の写真がありました。

　マイクはうれしそうにほほえみながら考えました。「とてもいいね。今朝1人で朝食を食べなくてすんだよ」。

（質問）

(1)　ブラウン夫妻はイギリスのどこに住んでいますか。

(2)　マイクは翌朝何時に起きるつもりでしたか。

(3)　ブラウン夫妻は朝早く起きなければなりませんでしたか。

(4)　マイクはブラウンさんのいすの前に何を見ましたか。

---

139 (1) イ，ウ

(2) 例 ① その婚約者とつき合った
　　　② メアリーがつけている指輪

解説 (1)　イ「彼は自分のためにお金を使うのが好きです」。ウ「彼は背が高くハンサムな男性です」。

(2)　ダイアナが先週別れた男性がメアリーの今の婚約者。婚約指輪もダイアナが返したものと同一。

読まれる英文

Mary, a young woman, proudly showed a ring to some friends of hers at a tea party she held at her house.　She said, "I've become engaged recently."　Hearing what she had said, her friends felt quite jealous.　Diana, however, said in a cool quiet voice, "Judging from the ring, your fiancé is tall, handsome, and good at tennis, right?"

Being very surprised, Mary said, "Oh my, you are quite right.　You guessed exactly, almost like Sherlock Holmes."

Diana went on saying, "Shall I guess more about your fiancé?　He enjoys buying expensive suits, ties, watches, and so on for himself.　But he is stingy toward others and buys them only cheap dishes at restaurants.　Besides, I'll bet he lives in a small apartment with his parents."

Mary opened her eyes wide in wonder and cried, "I'm really surprised.　How can you guess so exactly?"

Diana answered loudly, "It's quite easy.　In fact, I know him very well, because only last week I got disappointed with him and gave him back that same ring."

全文訳

　若い女性であるメアリーは，自分の家で催したお茶会で，友達の何人かに誇らしげに指輪を見せました。「つい先日婚約したのよ」と彼女は言いました。彼女が言ったことを聞いて，友達はすっかりやきもちを焼きました。しかし，ダイアナは冷静かつ穏やかな声で，「その指輪から判断して，あなたの婚約者は背が高く，ハンサムで，テニスが上手でしょ？」と言いました。

　メアリーはとてもびっくりして，「なんてこと，あなたの言うとおりだわ。まるでシャーロック・ホームズのように，正確に言い当てるのね」と言いました。

　ダイアナは話し続けました。「あなたの婚約者のことをもっと推理しましょうか。彼は自分のために高価なスーツ，ネクタイ，腕時計などを買って楽しむ人ね。でも他人にはけちで，レストランでは安い料理だけをおごる人だわ。そのうえ，きっと両親といっしょに小さなアパートに住んでいると思うの」。

　メアリーは驚きのあまり目を大きく見開いて，「ほんとにびっくりしたわ。どうやったらそんなに正確に推理できるの？」と叫びました。

　ダイアナは大きな声で答えました。「簡単なことよ。実は，彼のことをよく知っているの。というのも，彼に失望して，その同じ指輪を彼に返したのはほんの先週のことよ」。

---

140 ① 12　② 水泳

③ 雨がほとんど降らなかった

④ 中学

解説 ①　for the first time in 12 years で「12年たって初めて」→「12年ぶりに」の意味。

③　there was little rain は「雨はほとんどなかった」→「雨はほとんど降らなかった」。

読まれる英文

Hello, my name is Masaru.　What did you do during the summer holidays?　I returned to Hokkaido for the first time in 12 years.　My hometown hasn't changed at all.　I went to the river near my house. When I was little, my sister and I enjoyed swimming there.　We played outside all day long in our childhood because there was little rain in Hokkaido.　My sister still lives in Hokkaido.　She's teaching at a junior high school.　I gave her *mentaiko* as a gift.　She really liked it!

全文訳

　こんにちは，私の名前はマサルです。この夏休み中，あなたがたは何をしましたか。私は12年ぶりに北海道に帰りました。私の故郷は少しも変わっていませんでした。家の近くの川へ行きました。幼かった頃，姉と私はそこで泳いで楽しみました。北海道は雨がほとんど降らなかったので，私たちは子供時代，1日中外で遊びました。姉は今も北海道に住んでいます。彼女は中学校で教えています。彼女におみやげとして明太子をあげました。とても気に入ってくれました！

141　1. **Britain**　2. **brown**
　　3. **warm**　4. **pull**　5. **fight**
　　6. **breaks**　7. **117**

解説　1.「イギリス」，2.「茶色い」，3.「温かい」，4.「引く」，5.「戦い」，6.「割る」。3単現のsがつく。7. 数字の読み方はよくねらわれる。

読まれる英文

Teacher：OK, John.　Thank you very much for your speech.　Timothy, your speech is next.　What are you going to talk about?

Timothy：I'm going to talk about a children's game, which is played in Britain, called conkers.　To play the game, you have to get a brown nut from a conker tree.　The bigger the better.　Then you take it home and keep it in a warm place for a few weeks until it goes hard.　When it's as hard as a rock, you make a small hole in it and you pull a shoestring through it, like this.　Then you tie the shoestring at the bottom, like this.　See?　See?　Now you can challenge your friends to a conker fight, yeah!　You take turns to hit each other's conker, and the winner is the person who breaks the other person's nut.　Look, here's my best ever conker.　It's a one-hundred and seventeener.　That means it's won 117 times.　Yeah!　Come on!　Challenge me!　That's all.　Thank you very much for listening to me today.　Go conkers!

Teacher：Bravo, Timothy, bravo.　That was great, wonderful, really fantastic.　Wasn't it, class?

全文訳

先生：いいよ，ジョン。スピーチどうもありがとう。ティモシー，君のスピーチが次だ。何のことを話すつもり？

ティモシー：コンカーズという，イギリスで遊ばれる子供のゲームについて話すつもりです。ゲームを遊ぶには，コンカーの木から茶色い木の実を手に入れなければなりません。大きいほどいいのです。そして木の実を家に持っていき，硬くなるまで数週間温かい場所で保管します。岩と同じくらい硬くなったら，そこに小さな穴を開け，このように，靴ひもを通します。それから，このように底のところで靴ひもを結びます。ほらほら。友達とコンカー・ファイトに挑戦ですよ，イェーイ！お互いのコンカーを交代で打ちつけ合い，相手の木の実を割った人が勝者です。ほら，ここに僕の今までで最高のコンカーがあります。117号です。117回勝ったという意味です。イェーイ！　さあ，僕に挑戦だ！　おしまい。今日はご静聴ありがとうございました。コンカーズやるぞ！

先生：ブラボー，ティモシー，ブラボー。すばらしい，最高，本当にすばらしい。みんな，そう思わないか？

16　会話・口語表現

142　(1) エ　　(2) ウ　　(3) ア　　(4) ア

解説　(1) What's the matter? は What's wrong? と同じ。「どうかしたの？　顔色が悪いよ」。

(2) **Why not?** は「なぜだめなのか→いいじゃないか」という発想から，「もちろんいいよ，そうしよう」の意味になる。

(3) **go ahead** は「先へ進む，前進する」の意味。命令文で使われるときは「さあどうぞ，お話しください」などの意味を表す。

(4)　A:「水を1杯いただけますか」, B:「承知しました, お持ちしましょう」。

143 (1) ウ　(2) イ　(3) イ　(4) イ
　　　　(5) ア

解説 (1)　I'm[I am]〜. の文に「そうなんですか」と応答するときは, Are you? を使う。
(2)　相手の謝罪や感謝に対して「いいんですよ, どういたしまして」と応じるときは, That's all right. を用いる。
(3)　「それはお気の毒に」と同情を表明するときは, **That's too bad.** を使う。「それを聞いてうれしい」なら, I'm glad to hear that. を使う。
(4)　道をたずねられて,「このあたりは不案内です」と答えるときは, I'm a stranger here. を用いる。
(5)　Bの返答に「それはよかった」とAが応じているので,「そうでもありません」の意味の Not really. を選ぶ。

入試
メモ　会話でよく使われる2語〜3語の口語表現を, 状況に応じて使いこなせるようになろう。
・That's great. … それはすばらしい。
・That's too bad. … お気の毒に。
・That's all right. … 大丈夫ですよ。
・Not bad. … 悪くないね。
・Not good. … よくないね。
・Why not? … いいですよ。

144 (1) **another**　(2) **Watch**
　　　　(3) **After**　(4) **answer**
　　　　(5) **try**

解説 (1)　「お茶のおかわり」→「もう1杯のお茶」のことなので, another cup of tea で表す。
(2)　「足元を<u>注視する</u>」という意味から watch を使う。
(3)　「お先にどうぞ」は, **After you.** と言う。
(4)　「返事をする」の意味の answer を使う。
(5)　「〜を試着する」は try on 〜。「〜」に代名詞の it などがくると try it on の形になる。

145 (1) **help**　(2) **much**
　　　　(3) **take**　(4) **problem**

(5) **at**　　　(6) **do**
(7) **did**　　(8) **so**
(9) **not**　　(10) **right**
(11) **thank**

解説 (1)　客に対して「いらっしゃいませ」というときは, May I help you? を使う。
(2)　「30ドルです」と金額を答えているので,「いくらですか」のHow much 〜? を用いる。
(3)　「伝言があればお聞きしましょうか」と言うときは **Shall[May] I take a message?** を使う。
(4)　許可を求められて「いいですよ」と応じるときは Sure. とか All right. などを使う。
(5)　「どういたしまして」は You're welcome. のほか, Not at all. や No problem. または My pleasure. なども使われる。
(6)　相手の言ったことを受けて「私もよ」と応じる言い方。過去の文なら So <u>did</u> I. となる。be動詞の文を受けるときは So am[was] I. となる。
(7)　My father went 〜. を受けて「そうでしたか」と応じるときは, did he? の形になる。
(8)　「私もそう思う」は I think so, too. の形。
(9)　Let's 〜. に「いや, よしましょう」と答えるときは No, let's not. を使う。「はい, そうしましょう」と応じるときは Yes, let's. を使う。
(10)　命令や依頼に対して「わかりました」と応じるときは, All right. や OK. などを使う。
(11)　「いいえ, けっこうです」と断る言い方。

146 (1) キ　(2) イ　(3) オ

解説 (1)　「電車に乗って」ではなく「駅で」の会話。A:「ここで待っていて。切符を買いに行くよ」, B:「早くして。もう3分しかないわ」。
(2)　「ホテルで」の会話。A:「お客様, どうなさいましたか」, B:「部屋に鍵を置き忘れて入室できないのです」。
(3)　「教室内で」の会話。A:「あら, 鉛筆を忘れた。君のを借りてもいい?」, B:「はい, どうぞ」。

147 (1) ウ　(2) イ

解説 まず会話の状況と流れをつかむこと。
全文訳
(1)　トム:ケンジをお願いします。
　　ケンジの母:すみませんが, 今外出中です。どな

た様ですか。

トム：トムです。彼の同級生です。

ケンジの母：ご伝言はございますか。

トム：いいえ，けっこうです。あとでかけ直します。

ケンジの母：お電話ありがとう。

(2) ジロウ：パリからロンドンまで行きたいんだ。どう行けばいい？

マイク：急行電車か飛行機に乗ったほうがいいね。急行が一番よいと思う。空港はホテルから遠いし。

ジロウ：わかった。ここからどのくらいかかる？

マイク：3時間くらい。まず座席を予約しないとね。

ジロウ：どうもありがとう。

---

148 (1) ア　　(2) エ　　(3) イ

解説 (1) お礼の言葉に対する応答は It's my pleasure. のみ。A：「今夜，私たちのパーティーに来てくれてありがとう」，B：「こちらこそ」，A：「何か飲み物はいかがですか」。

(2) 前後の文脈から慰めの言葉が入る。A：「トムとマイクと僕は今夜，中華レストランに行くんだけど，いっしょに行かない？」，B：「行けないと思うよ。宿題をしなきゃならないんだ」，A：「それは残念だね。じゃあ，勉強がんばって。次回いっしょに行けるよ」。

(3) 次の文の he が指す人物は，イの your teacher。A：「どうかしたの？」，B：「テストでよい結果を出せなかったんだ。どうしたらいいのかわからないよ」，A：「あなたの先生に相談してみれば。彼は助けてくれると思うわ」。

入試メモ 会話文中の適文選択はしばしば出題される。どんな場面で会話が交わされているのか，前後の文脈から推測すること。場面にふさわしい言葉は何かを考えて答えよう。

・ほめる言葉：Well done!（よくやった！）

・激励の言葉：Good luck on your test.（テストがんばって！）

・助言の言葉：Why don't you 〜?（〜したらどうですか？）

---

149 (1) **I, agree** 　(2) **made, me**

(3) **How, like** 　(4) **enjoyed, it**

(5) **want, for**

解説 (1) 「私もそう思う」は I think so, too. のほか，**I agree.** でも表せる。

(2) 「それは私をひどく怒らせた」と言いかえる。〈make＋目的語(人)＋形容詞〉の形で「(人)を〜にする，〜させる」の意味。

(3) 「(食べ物)はどうですか」は「(食べ物)はどのくらい気に入りましたか」ということ。How do you like 〜? の文を用いる。

(4) 「楽しむ」を enjoy を使って表すと，enjoy it または enjoy oneself となる。よって，it の代わりに myself と答えても正解とする。

(5) 「あなたは昼食に何がほしいですか」と言いかえる。「〜に，〜として」は前置詞 for を使う。

---

150 ① **ウ**　② **イ**　③ **エ**　④ **ア**

解説 選択肢の4つの英文のうち，3つが疑問文であることに着目する。

全文訳

A：すみません。

B：はい。

A：もう8時なのに，バスがまだ来ません。①なぜだかわかりますか。

B：②どっちのバスを待っているのですか。

A：こっちです。

B：あら，今日は日曜日なので，そのバスは来ませんよ。

A：③それじゃあ，どのバスに乗ればいいのですか。

B：ええと，一番早いバスはこれですね。

A：わかりました。④それに乗ります。ありがとう。

---

151 (1) **ウ**　(2) **ウ**

解説 (1) ランチ・スペシャルの値段に注目。

(2) 合計5ドル以下なら買える。

全文訳

店員：こんにちは，いらっしゃいませ。

客：ええと，テリヤキバーガー2つとオレンジジュース1つください。

店員：当店のランチ・スペシャルをお試しになってみませんか。テリヤキバーガー2つ，オレンジジュース2つ，それにケーキ2つでたったの10ドルです！

客：いや，けっこうです。私には多すぎます。

店員：よろしかったら，ケーキは家にお持ち帰りで

きますが。

客：えっ，いい考えですね！　よし，ランチ・スペ
　　シャルをください。

店員：ありがとうございます。すぐご用意できます。

---

152 (1) ① hear　④ meet
　　　(2) 例 ② May[Can] I speak to
　　　　　　Becky(, please)?
　　　　③ Do you want her to call
　　　　　you back?

解説 (1)①　電話で「声が遠い→聞こえない」と
言うときは I can't hear you. を使う。

④　「3時に彼女を迎えにやって来る」と言いかえ
る。I'll pick her up at three とほぼ同じ意味。

(2)②　文末に please を置くとていねいな言い方に
なる。

③　Shall I tell her to call[have her call]
you back? などでも正解とする。

全文訳

ベッキーの母：もしもし？

ケビン：もしもし。ケビンです。

ベッキーの母：ごめんなさい，声が遠いわ。ケビン
　　なの？

ケビン：はい。ベッキーをお願いします。

ベッキーの母：ベッキー？　あいにく今出かけてい
　　るのよ。

ケビン：何時に戻りますか？

ベッキーの母：ええと。2時ぐらいに戻ると思うわ。
　　彼女から折り返し電話がほしい？

ケビン：いや，けっこうです。でも彼女に伝言をお
　　願いできますか。

ベッキーの母：いいわよ。

ケビン：3時に迎えに行くと彼女に伝えてください。
　　市役所まで彼女を車で送ります。

ベッキーの母：わかったわ。

ケビン：ありがとう，ジョーンズさん。

ベッキーの母：どういたしまして。

---

153 ① エ　② キ　③ ア　④ オ

解説 ①　定番の Fine, thank you. ではない。

全文訳

マイク：もしもし。

ジル：こんにちは，マイク。ジルよ。元気？

マイク：①それほど悪くないよ。君は？

ジル：とっても元気よ。

マイク：それを聞いてうれしいよ。②僕の家でパー
　　ティーをしようよ。

ジル：あいにくダメそうだわ。来月沖縄に行く予定
　　なの。

マイク：沖縄にはいつ行く予定？

ジル：来週の火曜日。今週いっしょに昼食を食べま
　　しょうよ。

マイク：うん，そうしよう。

ジル：金曜日はどう？

マイク：いいとも。何時にする？

ジル：正午まで忙しいの。1時でどうかしら？

マイク：③いいよ。どこで待ち合わせる？

ジル：佐賀駅近くの喫茶店はどう？

マイク：いいね。④じゃあそのときに。

---

154 ① エ　② ア　③ キ　④ イ
　　　⑤ カ　⑥ オ　⑦ ウ

解説 全体に口語表現が多く，慣れていないと解答
しにくい。また，選択肢が完全な英文ではなく，
一部を切り取ったものであることに注意する。特
に⑤の難易度は高い。イ loud「派手な」，カ
speed「好み」〈米〉

全文訳

A：こんにちは，お客様。①特に何かをお探しです
　　か。

B：ええ，実はズボン6本と数枚のシャツを探して
　　います。

A：おや，ご自分の持ち衣装を変える決心をなされ
　　たのですか。

B：そんなことはありませんが，クルーズに出かけ
　　る予定なので，衣服を新調するのに②いい口実に
　　なるだろうと思ったのですよ。

A：あー，承知しました。それでは，このシャツを
　　試着③していただけますか。

B：あらら!!　花柄の鮮やかな黄色ですね！　本当
　　はぶっ飛んだシャツを新調したいのですが，私か
　　ら見ても，④そのシャツは派手すぎますね。

A：ごもっともです。ではこの黒いシャツはいかが
　　でしょうか。

B：⑤私の好み以上ですね。⑥そうは言っても，こ
　　のシャツは小さすぎます。

A：失礼いたしました。こちらのほうを試着してみ
　　てください。

B：こっちのほうがいいですね。

A：ではズボンにいたしましょうか。ジーンズとか

スラックスはご入用でしょうか。

B：わかりません。⑦何がお勧めですか。

A：えー，そうですね。私なら，スラックスをお勧めします。

B：よしわかった！　スラックスにしましょう。

A：承知しました，お客様。

入試メモ　会話文中の空所に英文や一部の語句を入れさせる問題は，最近も頻繁に出題される。152 (2)のように英文まるごと書かせる問題も一部にはあるが，多くは選択肢が提示される問題である。154 のように文の一部が選択肢になっているものは要注意。会話全体の文脈をとらえる作業と同時に，1つの英文として文意が通るかもチェックしなければならない。英文それぞれの意味と会話全体の文脈を確実に押さえておこう。

---

155 (1) ① **オ**　② **エ**　③ **ア**　④ **ウ**
　　　　⑤ **イ**
　　(2) **イ**

解説 (1)　直後の英文がヒントになることが多い。前後の文のつながりに着目すること。
(2)　地図から正しい位置を読み取る問題では，「進む距離」と「曲がる方向」に注意する。

全文訳

外国人：すみませんが，この近くにトイレはありますか。

ケンジ：はい，公園にありますよ。

外国人：①そこへはどうやって行けますか。

ケンジ：簡単です。この通りを進んで，2つ目の信号で左に曲がります。

外国人：えーと，2つ目の信号で左に曲がって，…

ケンジ：それからその通りを進みます。まもなく右手に大きな公園がありますよ。病院の隣です。

外国人：②どのくらいかかりますか。

ケンジ：10分ほどです。

外国人：ごめんなさい，それはあまりよくありません。待てないのです。ほかによい考えはないのでしょうか。

ユミ：えーと，そうですね。③あの白いビルが見えますか。ホテルです。きっとそこにトイレがありますよ。

外国人：④そうだと思います。それはたぶんいい考えですね。

ユミ：この通りを進んで，最初の信号で右に曲がります。ホテルは左手の2番目のビルです。⑤5分ほどかかります。

外国人：それのほうがいいです。どうもありがとう。

ユミ：どういたしまして。

---

17 対話文読解問題

156 ① **ウ**　② **キ**　③ **ク**　④ **ア**
　　　⑤ **イ**

解説 タカシの学校での様子をたずねるスミス氏に着目。疑問文はスミス氏の発言だとわかる。

全文訳

スミス氏：楽にしてください。学校の初日はどうでした？

タカシ：①とても楽しかったです。どうしていいかわからなかったとき，キャロルは何度も助けてくれました。

キャロル：タカシは今日，授業でよくできたのよ。私たちには驚きだったわ。

スミス氏：すばらしい！　②何をしたの？

タカシ：日本での授業について話しました。僕たちは授業中，自分の考えを表に出さないのがふつうです。

スミス氏：③おや，本当ですか。アメリカの学生たちは授業ではよく自分の考えを表明しようとするよ。ほかに何をしました？

タカシ：④新しい友達と昼食を食べました。彼らとたくさん話をしてとてもおもしろかったです。

キャロル：帰り道，周りの人にも話しかけていたわ。

タカシ：何もかも理解するのは僕には難しいけれど，気にはしていません。それが英語を学ぶ最もよい方法だと信じています。

スミス氏：⑤君の言うことはもっともです！

---

157 (1) **エ**　(2) **イ**　(3) **ア**　(4) **ウ**
　　　(5) **ア**

解説 (1)ケンの2番目の発言，(2)ケンの3番目の発言，(3)ジェーンの2番目の発言，(5)ケンの最後の発言を，それぞれ参考にする。
(4)　ジェーンが「読書好き」という発言はない。

全文訳

ケン：僕は旅行が大好きです。

ジェーン：旅行中どんな国を訪れましたか。

ケン：僕はまだ外国へはどこにも行ったことがない
のですよ。バスや電車を使った小旅行が好きとい
う意味です。

ジェーン：あぁ，意味がわかりました。旅行は私た
ちを幸せにしてくれます。小旅行でさえ私たちに
よい思い出を残してくれます。

ケン：電車で読書をするのが好きで，それに飽きた
ら，電車の窓から外を見て楽しむことができます。

ジェーン：船旅はしたいですか。読書をする時間が
たっぷりとれると思います。

ケン：えーと，読書を楽しむ以前に船酔いするのが
怖いですね。

入試メモ　対話文でも長文でも，英問英答問題はよ
く出される。本文のどの部分が問われているのか，
関連語句を見つけ，そこから判断しよう。
(1) been abrobad?（外国へ行ったことがあるか）
→ haven't been to any other foreign
countries
(2) Why ... like traveling?（なぜ…旅行が好き
か）→ like reading on the train

158　① エ　② イ　③ ア　④ ウ
　　　⑤ エ

解説　② ア「1週間に何回装着していますか」な
ら，Every day.（毎日です）のように頻度を答え
なければならない。
④　医者にアドバイスを求めるウが適切。

全文訳

医者：どうしました？

ユキ：最近，目に，特に左目に問題があります。コ
ンタクトレンズを5年つけています。

医者：ソフトですかハードですか。

ユキ：ソフトレンズを使っています。でも最近，た
びたび痛みを感じます。たとえば，辞書で単語を
調べるときとか。以前そんなことは何も起きな
かったのに。

医者：①レンズを外せば痛みは消えますか。

ユキ：そのとおりです。コンタクトレンズをつけて
いる間だけ痛みがあります。

医者：②1日にどのくらい装着しますか。

ユキ：ふつうは1日中つけています。でも睡眠時は
つけていません。

医者：③長すぎますね。そんなに長い間装着してい

てはいけませんよ。そのうえ学校では，小さな文
字を読まなければならないのですから，休ませる
ためにもときどき目を閉じるべきですね。さあ，
あなたの目をもっとくわしく検査しましょう。

（数分後）

医者：あなたはいわゆる「ドライアイ」にかかって
います。コンタクトレンズをつけている時間が長
すぎることが原因です。

ユキ：本当ですか。④どうしなければいけませんか。

医者：まず第一に，コンタクトレンズをそんなに長
くつけていてはいけません。次に，できるだけ頻
繁に目を休ませることです。本当のところ，⑤ハー
ドレンズのほうがソフトよりもいいですね。

ユキ：ハードレンズは試したことがないので，ちょっ
と心配です。でもいいです，試してみます。

159　イ，ウ

解説　会話を読んでわかったことを簡条書きにメモ
しておくこと。
・学園祭のコンサートは1週間後
・火曜日に曲選定の打ち合わせをカフェで
・水曜日と土曜日はリハーサル
・木曜日はコンサート衣装の買い物
・土曜日＝学園祭前日

イ「ロナルドは水曜日のリハーサルに参加しないで
しょう」は，ジェーンの2番目の発言内容に合う。

ウ「ポールとジェーンは木曜日にリハーサルをしな
いでしょう」は，ジェーンの3番目の発言とポー
ルの4番目の発言に合う。

全文訳

　ポールとジェーンは学園祭のコンサートに向けた
リハーサルのことを話し合っています。

ポール：僕たちのコンサートは1週間後だ。どの曲
を演奏するか決めるために，火曜日にカフェで集
まろう。

ジェーン：私はいいわよ。

ポール：それから水曜日にリハーサルを行おう。

ジェーン：でもロナルドが水曜日はできないと言っ
ていたわ。

ポール：わかった。じゃあ彼抜きでリハーサルをし
なければならないだけだ。木曜日にもリハーサル
をしよう。

ジェーン：あら，木曜日は休日よ。学校のスタジオ
はどれも使えないはずだけど。

ポール：そうしたら，その日はコンサート衣装を買
いにいっしょに買い物に行けるかな。

ジェーン：いい考えね。それでは最後のリハーサル
　　は土曜日，学園祭の前日にしましょう。
ポール：本当に楽しみになってきたぞ！

160　① ウ　② ア　③ カ

解説　①　インタビュアーのゲスト紹介→ゲストの
お礼→インタビュアーの第1の質問「監督の子供
時代」，という流れをつかむ。ヒントはウの
First of all（まず最初に）。
②　インタビュアーの第2の質問「映画製作に興味
を持つようになった経緯」がくる。
③　第3の質問「次回作の抱負」に対する監督の返
答がくる。

全文訳
A：今日のゲストはジェームズ・ジョンソン，『ト
　ミーの素敵な宇宙冒険』の映画監督です。我々の
　番組にようこそ，ジェームズ。
B：招待してくれてありがとう。
A：まず最初に，あなたの子供時代のことをお聞き
　したいと思います。どんなお子さんでしたか。
B：えーと，ほかの男の子と遊ぶのが好きではな
　かったですね。私はいつも自分のスケッチブック
　に絵を描いていました。おっと，スケッチブック
　だけではなかったですね。私の誕生日に，父が絵
　の具と筆を買ってくれました。自分の部屋の壁に
　動物や電車の絵を描いたんですよ。だから私の部
　屋は映画のセットのようでした。
A：その部屋を見たいですね。すると，映画製作に
　興味を持つようになったのはいつですか。
B：10歳のある日，母が私を映画スタジオへ連れて
　いってくれたのです。母はそこでメイクアップ
　アーティストとして働いていました。その日，私
　は本物の映画セットの上を歩きました。それは驚
　きでした。数秒間言葉が出ませんでした。そのと
　き以来，映画製作が私の人生になりました。
A：すばらしい。それで次はどんな映画を作りたい
　ですか。
B：こんな話です。ある少年と少女がサマーキャン
　プで出会います。彼らには家族を作るという夢が
　あります。20年後，彼らの夢が実現します。美し
　い田舎の優しい物語です。
A：おもしろそうですね。早く見たくてたまりませ
　ん。今日は出演してくださってありがとうござい
　ます。
B：どういたしまして。

161　(1) イ　(2) ウ　(3) ア　(4) エ
　　　(5) イ　(6) エ
　　　(7) 1…ウ　2…ア　3…エ
　　　(8) ウ

解説　(1)　A文の前半を受けて「そこで，だから」
とつなげる接続詞は so。B「初めはそうではな
かったが，…」という意味で，逆接の but を入れ
る。C時を表す接続詞 when が最適。D文の
前半と後半を対等に結ぶ接続詞は and。
(3)　I can't believe that they judged me
from the things I was wearing. の文。動詞
believe のあとに接続詞の that がくる。
(4)　My idea of casual が表す具体的な内容は
shorts and a T-shirt（短パンとTシャツ）。
(5)　キムの you should think again（あなたは
もう一度考えるべきです）を受けて，エイミーが
反論していることに着目する。
(7)　1…ウ「店ではだれも彼女の相手をしなかった
から」。2…ア「だれもが彼女とは異なる服装を
していました」。3…エ「そのドレスはパーティー
にはちょっと短すぎて細すぎると彼女は思ったか
ら」。
(8)　ウ「エイミーは服装で判断されたので，その店
ではだれにも相手にされませんでした」は，エイ
ミーの1番目の発言に合う。エ「エイミーは考え
を変え，今夜のパーティーにはもっと地味な衣装
を着るでしょう」は，エイミーの最後の発言と合
わない。

全文訳
（状況：エイミーは最近お店でいやな経験をしまし
た。）
エイミー：先週末，贈り物を買う必要があったので，
　私はあの新しい高級店に買い物に行ったのよ。で
　も，だれも私の相手をしてくれないの。きっと私
　がスポーツウェアを着ていたからだと思うわ。ヨ
　ガ教室からそのまま直行したの。
キム：彼らはあなたがあまりお金を持っていなくて，
　店では何も買うことができないと思ったのよ。あ
　なたは場違いな感じを持たなかった？
エイミー：最初はそんな感じはしなかったけれど，
　彼らが私を無視すると，とても気分が悪くなりだ
　したの。彼らが着ているものから私を品定めした
　なんて信じられない。第1印象からあんな差別を
　するなんて本当にばかげていると思うわ。
キム：そうね，でも人間って服装からパッと人を判

断するものよ。昔，父が自分の会社のパーティー
に私を招いてくれたの。カジュアルなパーティー
だと父が言ったので，短パンとＴシャツを着て
いったの。私がそこに着くと，みんなはおしゃれ
なシャツとズボンかスカートを着用していたわ。
カジュアルに対する私の考えと彼らの考えはそん
なに違っていたのよ。彼らは私をまじまじと見て，
父は恥ずかしい思いをした。私はすぐにでも帰
りたかった。私が人目を気にするようになったの
はそれがあったからよ。

エイミー：あなたの言うとおりだとは思うけど…

キム：ところで，今夜，あなたは赤いドレスを着て
いかないでしょうね。

エイミー：そのつもりだったけど。

キム：あら，考えなおしたほうがいいわよ。

エイミー：なぜそうしたほうがいいの？　あのドレ
スが大好きなの。私のお気に入りなのよ。

キム：うーん，そうね，誕生日パーティーならオー
ケーなのよ。でも今夜のパーティーにはちょっと
短すぎるし細すぎるのよ，たぶん。そこには大切
な人がいっぱい来るわ。

エイミー：あのドレスが好きだし，着ていればご機
嫌なの。着ていくわ。

キム：どうぞお好きなように。でもきっとみんなは
もっと地味な服装で来ると思うわ。

入試メモ　空所に入る語の組み合わせを選ぶ問題は，
対話文や長文の読解問題でしばしば出される。特
に接続詞の組み合わせは難易度の高い問題が多い
ので注意すること。次の点に留意して正解に近づ
こう。
・前後の文脈がスムーズに通るか？
・英文全体が矛盾のない構成になっているか？
・わからなければ組み合わせ順に語を入れて確認
する。

18 長文読解問題

162 ① オ　② エ　③ ウ　④ ア

解説　それぞれの段落がジャーマンシェパードのど
こにスポットを当てているのかを理解しよう。
・第１・第２段落→長所や優位性
・第３段落→利口な側面
・第４段落→忍耐強く穏やかな側面

全文訳
　ジャーマンシェパードは，多くの長所を持ってい
るが故に優れた犬である。一例をあげると，彼らは
ちょうどいいサイズである―大きくて力強い。①彼
らの胸は，長距離を走るためにたくさんの息を吸う
のに十分な大きさがある。

　ジャーマンシェパードの分厚い毛皮のコートはも
うひとつの優位性である。②それが彼らを保護して
いる。この犬は悪天候であっても屋外活動が可能な
のである。彼らのコートは彼らが汚れないように
守ってもくれる。

　③ジャーマンシェパードはまたとても利口である。
困難な仕事を達成できるように彼らを訓練すること
は容易である。警察で働くとき，ジャーマンシェパー
ドは薬物を嗅ぎつけたり，かすかな足あとを追跡し
たりしなければならないかもしれない。目の不自由
な人に仕えるとき，この犬は信号を「読み取る」必
要があるかもしれない。ジャーマンシェパードはこ
のような技術を素早く首尾よく習得できるほど利口
なのである。

　おまけに，ジャーマンシェパードは忍耐強く穏や
かな性格である。もし飼い主が多忙でも，飛んだり
跳ねたりも，気を引いたりもしない。④彼らは長い
時間静かに待つことができる。

163 ① エ　② カ　③ コ　④ オ
　　　⑤ サ　⑥ ウ　⑦ ケ　⑧ ア
　　　⑨ ク　⑩ キ

解説 ①　most of ～ で「～の大部分」。
② この they は diamonds を受けている。
③ very few は「ほとんどない」ことを表す。
④ あとの文から「美しい」が適切。
⑤ successful（成功を収めた）と並列に使える形
容詞は rich（金持ちの）が最適。
⑥ ダイヤの別の側面に言及している。
⑦ 続けて工業ダイヤの有益性を説明しているので，
関連する形容詞 useful（有益な）を入れる。
⑨ 内戦の「両陣営」は both sides で表す。
⑩ keep ～ing で「～し続ける」の意味。

全文訳
　ダイヤを手に入れるのは容易ではない。アフリカ，
オーストラリア，ロシア，そしてカナダにダイヤが
存在する。これらの地域の大部分では，ダイヤは地
下深く埋もれている。人はそれを手に入れるため深
く掘り下げなければならない。たとえば南アフリカ

では，ときに3,000フィート（1,000メートル）以上の地下で発見される。ほかの地域では，ダイヤは地表面か川の中に存在する。しかし，ダイヤは見つけるのが難しい。大きなダイヤを発見してお金持ちになる人は極めて稀である。

ダイヤはなぜそれほど高価なのか。第一に，ダイヤは美しい。昔，王様や女王はダイヤを身につけることを望んだ。今日では，有名人がダイヤを身につけるのを好む。指のダイヤは，成功者でありお金持ちである証明なのである。ダイヤにはほかの意味もある。たとえばアメリカ合衆国やインドでは，ダイヤは愛を意味する。ダイヤは特別な人に贈る特別なものである。最後に，ダイヤはとても硬いという理由でとても有益である。金属やほかの石を切断するためにダイヤを利用することができる。

ダイヤが高価格であるというのは，人がダイヤを手に入れるために恐ろしいことをするというのと同義である。ダイヤをめぐって人は戦争を行い，互いに殺し合う。これは昔インドで起こったことである。最近ではアフリカで今もなお起こっている。シエラレオネとコンゴの内戦はある程度ダイヤが原因で起こった。これらの戦争で，両陣営はダイヤからお金を手に入れた。彼らは銃を買い，兵士を雇い，戦いを継続するためにそのお金を使ったのである。ダイヤで得たお金のせいで，多くの人が家を失い，命を落とした。

入試
メモ　長文の適語選択問題は，まず直後の語句に着目する。その語句と関連する語を選択肢から見つけ，文意が通るかどうかで判断しよう。
①　〈of＋複数名詞〉→ most of
②　不定詞 to find → 形容詞 hard
③　people → 数を表す形容詞 few

164　(1) A　　(2) E　　(3) J

解説　(1)　メスのウミガメは「大洋を離れる」と，「浜に登ってくる」が，「リクガメのようには歩けない」という文脈。よって，A が適切。
(2)　「捕食者が待ち構えている」→「だから…」というつながりに着目する。よって，So, ... の直前の E が適切。
(3)　「ほかの多くのものが最初の1年以内に死ぬ」からこそ，「卵をたくさん産む」ので，J が適切。

全文訳
ウミガメは動物で最も古い種の1つである。彼ら

は1億年以上前から生息している。それは恐竜の時代にカメが存在したことを意味する。恐竜は絶滅したが，カメは今もなお生存している。現在，大洋には7種類のウミガメが存在する。彼らは一般にリクガメよりも大型である。大きなウミガメは1時間に9キロメートルの速さまで泳げる。

100匹のカメの赤ちゃんが浜辺を走っているところを想像できるだろうか。これは実際，南太平洋や東南アジアのいくつかの浜辺で起きている。実は，年に1度，メスのウミガメは大洋を離れる。彼女たちは浜に登ってくる。しかし，リクガメのように歩くことはできない。砂を押しのけるように進むのである。乾いた土の上で，ウミガメは卵を一およそ100個から150個一産む。それからウミガメは水際まで体を押しのけながら戻る。卵は約2か月間，温かい砂の中にとどまる。

赤ちゃんウミガメが孵化すると，彼らは命がけで走らなければならない。鳥やほかの動物が彼らを捕まえようと待ち伏せしているのだ。だから，小さなウミガメは大洋に向かって一目散に走るのである。彼らは水に潜り，素速く泳ぐ。水中深くにいれば，彼らはより安全なのだ。

多くのカメは成長するまで生き残ることはできない。ほかの多くのカメが最初の1年以内に死ぬのだ。だからメスのカメはたくさんの卵を産む。大人のウミガメにはほとんど天敵はいない。巨大魚だけが彼らを食べようとする。ウミガメはとても長い期間一80歳まで一生きることができる。

165　① wife　　② two
　　　③ yourself　④ haven't
　　　⑤ Jessica

解説　①　フレッドおじさんの奥さんがジェーンおばさんなので，「私の妻，ジェーン」が正しい。
②　文脈から「午後〜時に」という時刻を表す語句になるはず。ジェシカの独り言に by two o'clock（2時までに）とある。
③　just bring oneself で「手ぶらで来る」の意味。「（何も持たずに）身1つで来る」ということ。
④　現在完了「継続」の否定文になる。have not の短縮形 haven't が入る。
⑤　ジェーンおばさんからジェシカに宛てたカードなので，Dear Jessica（親愛なるジェシカ）が正しい。

全文訳

私は誕生日が好きではない。年はとるし，いつもプレゼントをもらうけれど，それらは使えたものではない。たくさんの時計，傘，ブラウス，手袋を受け取った。それらのプレゼントはクローゼットの中にある。

ある日，フレッドおじさんから電話があった。

「こんにちは，ジェシカ」と彼は言った。「妻のジェーンのためにバースデーパーティーをしようと思っているんだ。次の日曜日，午後2時に私の家まで来られるだろうか」。

「ちょっと待って。カレンダーを見るから」と私は言った。「ええ，その日は大丈夫そうね。行くわ。パーティーに何か持っていきましょうか」。

「いや，手ぶらで来ればいいよ」とフレッドおじさんは答えた。

パーティーの日がやって来た。私はしばらく考えたあと，おばにちょっとしたプレゼントを持っていくことに決めた。それから腕時計に目をやった。「2時までには着かないわね」と心の中で思った。そこでクローゼットに入り，最初に目にした箱を取って，急いで家を出た。

おじの家に着いたとき，私の親戚は皆そこにいた。彼らは私に会えてうれしがっていた。ジェーンおばさんはとても幸せそうだった。彼女は「こんにちは，ジェシカ。長いこと会っていなかったわね。元気なの？」と私に言った。

「元気よ。お誕生日おめでとう，ジェーンおばさん。はい，どうぞ。つまらないものですが」と私は言った。「あら，なんてやさしいの！」とおばは言い，そしてプレゼントを開けた。それから，彼女は箱の中にカードを見つけ，読み始めた。私はびっくりした。「カードだって？」と私は思った。

「親愛なるジェシカ」と彼女は読んだ。「誕生日おめでとう。この手袋を使ってちょうだい。あなたの指は冬の間いつも暖かいでしょう。おばのジェーン」。

---

166 (1) ① イ　　② ウ　　③ カ
　　　　④ コ　　⑤ キ
　　(2) イ

解説 (1) ①　第1段落第6文に，「その家族は裕福そうに見えたとは言えない」とある。「裕福でない」→「貧しい」と考えて poor を入れる。

②　第1段落最後の文から，子供たちにとってサーカスは「初めて」のように見えたことがわかる。

---

for the first time で「初めて」の意味。

③　切符を買うお金が足りなかった父親の心情に合致する形容詞は，sad（悲しい）。

④　how to ～ で「どう～したらよいか，～する方法」。what to ～（何を～したらよいか）では文意が通らない。

⑤　機転を働かせて，お金をあげたのはジョンの父親のケン。

(2)　[ ]の前に but があるので，サーカスを見られなかったが，気分がよく顔が smiling（ほほえんでいる）という意味にする。

全文訳

私が13歳ぐらいのとき，父のケンと私はサーカスの切符を買うために列に並んでいた。彼は私に「ジョン，今日は忘れられない日になるね」と言った。ついに，私たちと切符売り場の間は一家族だけになった。私は今でもこの家族のことをとてもよく覚えている。私よりも幼そうな子供たちが8人いた。その家族は裕福そうだったとは言えないが，服装は清潔だった。子供たちは行儀がよかった。彼らは両親の後ろに2人ずつ2列に並んでいた。彼らはその夜見ることになる道化師やゾウ，その他いろいろについて話していた。そしてとても興奮していた。サーカスを見るのは初めてで，彼らにとってとてもビッグな夜になると想像できた。

その父親と母親はとても誇り高そうに見えた。母親は夫の手を取り，彼を見上げていた。彼女の目は，「子供たちをこんなに幸せにしてくれてどうもありがとう」と言っていた。彼は彼女と子供たちを見ると，ほほえんだ。

切符売り場の女性は父親に何枚切符がほしいのかたずねた。彼は「家族をサーカスに連れていくため，子供8枚と大人2枚の切符を買いたいのですが」と言った。

切符売りの女性は彼に値段を告げた。

男の妻は目を下に落とした。男の唇は震えだした。父親は再びたずねた。「いくらと言いましたか」。

切符売りの女性は再び彼に値段を告げた。

男は十分なお金を持っていなかった。

サーカスに連れていくだけのお金を持ち合わせていなかったことを，彼は8人の子供たちにどうやって告げることができるだろう。

私の父は何が起こっているのか見届けると，ポケットに手を突っ込み，お金を取り出してそれを地面に落とした。(私たちはお金持ちでも何でもなかった！)それから父はお金を拾うと男に言った。「すみません。これがあなたのポケットから落ちましたよ」。

男は父が何をしようとしているのかを理解した。彼はお金を求めてはいなかったが，父の親切な手助けに心から感謝した。彼は父の目をのぞき込むと，両手で父の手を握り，お金を受け取った。彼の唇は震え，目には涙が浮かんでいた。彼は「ありがとう。ありがとうございます。このことは私と家族にとって本当に重要な意味を持っています」と言った。

父と私は車に戻ると家路についた。その夜サーカスは見られなかったが，私たちは帰り道ほほえんでいた。

要約の全文訳

ジョンと父親のケンはサーカスを見に行って，ある大家族の後ろで列に並んで待っていた。彼らは素敵な家族だったが，貧しかった。子供たちは初めてサーカスに行くことでとても興奮しているようだった。子供たちをそんなに幸せにできることを両親は誇りに思った。家族が切符を買おうとすると，父親には十分なお金がなかった。父親は悲しくて，サーカスに行けないことを子供たちにどう伝えればよいかわからなかった。ケンはこれを見ると，父親が貧しいことをわからせない方法で父親にお金をあげた。父親はこれに心から感謝した。

167 (1) **no**　(2) ウ，オ

解説 (1)　すべて〈no＋名詞の複数形〉の形で「1つも～ない」の意味。with no ～ は without ～ と同意。

(2)　ア stop ～ing（～するのをやめる）が一致しない。本文では stop to ～（～するために立ち止まる）が使われている。イ 老人は ran away（逃げた）ではなく，smiled（ほほえんだ）が正しい。エ All が一致しない。some of them で「一部の人」が正しい。カ 大きい手袋は男性・女性用，小さいのは子供用である。

全文訳

マイケル・グリーンバーグはニューヨーク市に住んでいた。毎日，彼は歩いて仕事に行った。ニューヨークのほかの人々のように，彼は歩くのが速かった。彼は地面を見ていた。彼は通りを歩くほかの人々を見ていなかった。

ある冬の朝，マイケルは仕事に遅刻した。彼はかなりの急ぎ足で角を曲がった。彼は1人の老人と衝突して，老人は転倒した。マイケルは彼を助けるために立ち止まった。老人は暖かい衣服を身に着けていなかった。マイケルは彼の手を見た。寒さのあまり青ざめていた！

マイケルは自分の手袋を脱ぐとそれを老人に渡した。老人は手袋を見て，そしてマイケルを見た。それから彼は自分の手に手袋をはめた。マイケルはさようならを言った。老人は手袋をチラッと見てほほえんだ。

その晩，マイケルには手袋がなかった。彼の手はとても冷たくなった。彼は通りを見回した。すると手袋をしていないほかの人々が目に入った。彼らは貧しい人々で，しかも彼らには住む家がなかった。彼らは1日中通りにとどまり，中には夜も通りで眠る人がいた。マイケルはこの人たちを助けたいと思った。何ができるだろう？　彼は店に行って手袋をいくつか買った。

翌朝，彼は手袋をしていない女性を見かけた。彼は自分のバッグを開けて手袋をいくつか取り出した。女性は，いりません，と言った。彼女には手袋を買うお金はなかったのだ。しかしマイケルは彼女の手に手袋をはめた。彼女は2人の子供連れだった。彼は彼らにも手袋をあげた。その手袋はとても大きかったが，子供たちはもらってうれしかった。マイケルはその晩さらに手袋を買った。彼は男性と女性用に大きな手袋を，子供用に小さな手袋を買った。翌日，彼はそれら全部を配った。その後，彼のバッグには冬はいつも手袋が入っていた。まもなくマイケルはホームレスの人たちのよく知るところとなった。彼らは彼のことを「グラブズ」グリーンバーグと呼んだ。「グラブズが来たよ」と彼らは言った。

そういうわけで，25年以上の間，マイケルはニューヨークの貧しい人々に手袋を配った。1組の手袋は小さなことである。しかし冬の間は，ニューヨークの人々にとって大きな違いにつながるのである。

168 (1) ウ　(2) エ　(3) イ　(4) イ　(5) ア

解説 (1)　三品さんの幼い娘が津波の犠牲になった。

(2)　ホテル経営者が三品さんを聖火ランナーに指名した。

(3)　第3段落最後の文が something を説明している。

(4)　第4段落最初の文参照。

(5)　主役は三品さんなので，Japanese Hero（日本の英雄）が最適。

全文訳

三品貞治の人生は，2011年3月11日に永遠に変わった。その朝，彼は仙台のホテルに仕事に出かけた。その日の午後，とても強い地震がホテルを襲っ

た。三品は家に帰る代わりに，人を助けるためにホテルに残った。のちに，彼は妻から恐ろしい知らせを受け取った。彼らの幼い娘が津波で命を落とし，家族の家は津波の被害を受けた。

三品は宿泊客を心地よくさせるために最善を尽くし続けた。だれもが彼の熱心な仕事ぶりに感心させられた。ある日，イギリス大使館からボランティア活動をするために何人かが仙台にやって来た。彼らは三品のホテルに滞在した。そのイギリス人たちも三品にとても感銘を受けた。彼らはホテルの経営者にロンドンオリンピックの聖火リレーのことを話した。その経営者はオリンピックの聖火ランナーの1人に三品を指名する決心をした。

三品は忙しすぎて経営者が何をしたのか知らなかった。だから彼は，聖火リレーのためにイギリスに行くかどうかたずねられたとき，びっくりした。最近深い悲しみを経験したにもかかわらず，彼はモーリーと呼ばれる小さな町に行くことに同意した。ホテルの従業員，彼の家族と友達は旅行に持っていくものを彼に渡した。それは彼らが彼に書き送ったメッセージで覆われた日本国旗だった。

6月25日，三品貞治が聖火を高く掲げて町を走り抜けたとき，人々は彼に声援を送った。イラク戦争で人を助けようとしている最中に重傷を負った男性，サイモン・ブラウンに聖火を手渡すまでおよそ300メートルを走った。多くの人が彼らの勇気に感動した。三品が走り終えたあと，何人かの記者が彼に話しかけた。彼らは，彼が自分の経験をどう思っているのか知りたがった。「最初は神経質になっていました」と彼は言った。「サポーターの声に勇気づけられました。聖火はかなり重かったです」。その日，何百万もの人が聖火を運んでいる三品の写真を見た。彼はまた夕方のニュースにも登場した。彼の勇気は日本のみならず世界中の人に希望を与えたと記者は伝えた。

---

169 (1) ウ　　(2) ウ　　(3) イ　　(4) エ
　　　(5) ウ　　(6) ア　　(7) ア　　(8) エ

解説 (1)　第1段落第4文参照。They all は前文の four important groups of people を受けている。

(2)　第1段落第8～第9文参照。イ 聖職者は休日がほしかったのではなく，休日の日付が知りたかっただけなので不適。

(3)　第2段落第3文参照。ア 科学者が研究したのは「暦」ではなく「星と月」。エ 科学者は「星」

から始めた。

(4)　第2段落第6～第7文参照。

(5)　第3段落第3文参照。

(6)　第3段落最後の文に，「月暦は問題を引き起こした」とある。

(7)　第4段落第1文に合致するのはア。「英語を話す人たちはもう月暦を使っていない」。

(8)　エの「暦の歴史」が英文全体の要旨。

全文訳
　暦はとても古い。大昔，人々は暦を持っていた。当時は，4つの重要な集団：農民，聖職者，商人，そして王族がいた。皆が季節について知る必要があった。季節の移り変わりを理解することは彼らにとって極めて重要だった。農民は自分たちの農地に穀物の種をまく時期について知る必要があった。聖職者もまた暦を必要とした。彼らは祝日にあたる日付を知りたがった。暦は人々に重要な日を思い出させる一助となる。もちろん，商人や王様も自分たちの職務のために暦が必要だった。
　暦の起源はどのようなものだったのか。科学者は星と月を研究した。彼らは事業や農業で人々を助けるために暦を作った。彼らは星から（研究を）始めた。星は季節を教えてくれる。農民は夜空を見上げ星とその変化に気をつけた。これが農民に種をまく時期がいつかを教えた。
　月もまた農民にとって重要だった。農民は月が出ない夜を探した。農民は満月と次の満月の間の夜数を記録した。彼らはパターンを見つけることができた。29と1/2日ごとに新月になる。彼らは2つの満月の間の期間を1か月と呼んだ。12か月で1年になった。しかしながら，29と1/2かける12は354日に等しい（29.5×12＝354）！さらに太陽が地球を回るのに365と1/4日かかる。そのため毎年，11と1/4日の差異が生じた。月暦は問題を引き起こした。
　今日，英語圏では異なる暦を使う。12か月ある。7か月は31日からなる。4か月は30日からなる。しかし，2月は3年間は28日あり，1年間は29日ある。それで4年のうち3年は365日ある暦を使う。366日ある年はうるう年と呼ばれる。1年は52週ある。1年には4つの季節がある。暦上の色分けには意味もある。平日は黒で，休日は赤である。赤は特別な日なのである。人々は毎日暦を使う。

19 長文総合問題

170 (1) イ　(2) エ　(3) イ　(4) ア

解説 (1) イの save は「守る」の意味。第3段落
第2文の save は「節約する」の意味。
(2) アは「日本人全員が毎日1枚レジ袋を使う」場
合の総量を示している。
(3) 断るときの代表的な言い方が入る。

全文訳

　ものを買うときレジ袋をもらいますか。チョコ
レート1箱，ポテトチップス1袋のような，たった
1つのものを買うときそれは必要ですか。袋の中に
袋—変です！　でもそれはたびたび起こります。そ
のあとはレジ袋を捨てるだけです。何とむだでしょ
う！　レジ袋は天然資源の1つである石油からでき
ています。それらは地球の宝です。地球の宝を守る
ために何かできるはずです。

　レジ袋1枚を作ろうとすれば，大さじ1杯の石油
が必要です。それはほんのわずかな石油だと思いま
すか。日本の人たち全員が毎日1枚レジ袋を使うと
想像してみましょう。石油の総量は1日およそ
180万リットルにもなります！　とても大量です！

　毎日の生活でできることについて考えてみましょ
う。たとえば，レジ袋を節約する方法について考え
てみるべきです。スーパーで小さなものを買うとき
は，レジ袋は必要ないと店員に告げましょう。「い
いえ，けっこうです」とていねいに言うだけです。
もし店員がレジ袋に買ったものを入れたなら，「す
みません，それは要りません」と言えばよいのです。
または「チョコの箱にシールを貼ってください」と
店員に言いましょう。買い物に行くときはバッグを
持っていくのもよい方法です。ほかの店からもらっ
たレジ袋を使いましょう。またはエコバッグを使い
ましょう。こうして，毎日の行動がすばらしい未来
をもたらすのです。

171 (1) ウ
　　　(2) She wanted to make a new
　　　　garden.
　　　(3) ① live　② who[that]
　　　　③ are

解説 (1)A　直後の文の「健康によい」がヒント。
　　B　田舎の人が「親切で優しい」ことに関連する

英文を選ぶ。C　大都市の「危険なこと」を表す
英文は(a)。
(2)　直前の文の内容を受けている。
(3)①　不定詞(名詞的用法)が主語の文。「自然とと
もに生活することは健康によい」。
②　主格の関係代名詞がくる。先行詞は people
なので who か that を用いる。「田舎に住んでい
る人はとても親切で優しい」。
③　主語が more crimes(より多くの犯罪)と複数
形なので，There　are ～. の形。「大都市にはよ
り多くの犯罪がある」。

全文訳

　大都市で生活するほうが田舎で生活するよりもよ
いと考える人がいる。彼らは大都市のほうがよい仕
事にありつけると考える。また大都市の公共交通機
関はとても便利なので，もっと多くの場所に行って
楽しむことができるとも考える。

　しかし私はそうは思わない。田舎で生活するほう
が大都市で生活するよりもよいと思う。理由はいく
つかある。

　第一に，田舎には美しい自然がある。もし田舎で
生活するなら，多くの野外活動を楽しめる。たとえ
ば，山を散策したり，川で泳いだりして楽しむこと
ができる。そのうえ，きれいな水を飲むことができ
る。だから田舎で生活することは健康によいのだ。

　第二に，田舎の人はとても親切で優しい。彼らは
よく助け合う。たとえば，私には祖母がいる。彼女
は田舎に住んでいる。彼女は新しい庭を作りたかっ
た。ある日，近くに住んでいる人たちにそのことを
話した。翌日，とても驚いたことに，彼らが家にやっ
て来て彼女の仕事を手伝ってくれた。

　第三に，田舎は大都市よりも平和である。大都市
には危険なことがたくさんある。犯罪は田舎でより
も頻繁に大都市で起こる。通りには多すぎるくらい
車が走っている。そんなに危険な場所で生活したい
だろうか。答えは「ノー」だ，間違いない。

　このような理由で，田舎で生活するほうが大都市
で生活するよりもずっとよいと，心からそう思う。
ありがとう。

172 (1) would　(2) イ　(3) ウ
　　　(4) イ　(5) ア　(6) cheap
　　　(7) extra money
　　　(8) to smile and say thanks

解説 (1)　時制の一致により，will → would と

過去形にする。

(2) 「〜に対する感謝」は thanks for 〜 で表す。

(3) 「日本にはチップの慣習がない」ことを表す英文が入る。

(4) 文脈から考えて，イ「(次回は)あなたによいサービスをしないだろう」が最適。

(6) generous(寛大な，気前のよい)と反対の意味を表す語は cheap(けちな，安物の)。

(7) extra money は「臨時収入，副収入，追加料金」の意味。

全文訳

　かつて，私が初めて日本に来たとき，レストランでチップを置いていこうとした。ウェイトレスは喜ぶだろうと思った。私は彼女のすばらしいサービスとすてきな笑顔に感謝の気持ちを表したかった。私はコーヒーカップの下に100円硬貨を置いた。それから勘定を払って店を出た。すぐ後で，そのウェイトレスが私を追いかけて走ってきた。彼女は私に私の100円を手渡した。彼女は私のチップを受け取らなかった。日本ではチップが要らないことを知ったのはそのときだ。

　アメリカでは，よいサービスにだけチップを置いていくことになっている。しかし最近は，ほとんどの場合チップを置いていかなければならない。そうしなければ，あなたはけちに見られるだろう。タクシー運転手とかウェイトレス，ベルボーイはあなたをからかうことさえするかもしれない。彼らはあなたの顔を忘れないだろう。そして次回は…。

　高くつく場合があるとしても，実際，私はチップを払うのが好きだ。チップは貧しい仕事，すなわち低賃金の仕事をよい仕事に変えてくれる。チップは，対応し接客してくれる人にお礼を言うチャンスをお客であるあなたに与えてくれる。そしてあなたが親切かつ寛大になれると見せるチャンスも。日本で，私はチップを払えなくてさみしく思う。混雑したレストランで，ウェイターやウェイトレスは一生懸命すぎるくらい働かなければならない。彼らは走り，汗をかき，たくさんの皿やグラスを運ぶ。それなのに，彼らは臨時のお金をもらわない。彼らには本当に申し訳なく思う。でも私がどう感じているかを彼らに示す方法はない。もちろん，ほほえんでお礼を言うことを除いては。

173 (1) エ　(2) ア　(3) エ　(4) ア
　　　(5) エ　(6) ア

解説 (1) 〈命令文，and ....〉で「〜しなさい，そ

うすれば…」の意味。

(2) 直訳すると「かつて〜だったのと同じくらい今も〜」という意味になる。

(3) postcards を後ろから説明する現在分詞の形にする。expressing one's appreciation は「(人)の感謝を表している…」の意味。

(4) (they) found it easier and easier to do の文。it は the job を受けている。「任務を遂行するのはますます容易に感じた」の意味。

(6) イ　クラマー自身ではなく，子供たちに報告を求めたのである。ウ　オリジナルのはがきをデザインしていたので不一致。エ　アイゼンハワー大統領がクラマーの子供たちから『ありがとう電報』を受け取ったという記述はない。

全文訳

　人生のよい点を探しなさい。そうすれば見つかるものだ。それは近頃では陳腐な決まり文句のように思えるかもしれないが，かつてそうであったのと同様に今でも真実である。

　セントルイスのエドワード・L・クラマーはそれを信じる男性だった。1948年にさかのぼるが，クラマーは3人の子供たちにこの原則を教え込もうとした。

　彼は子供たちが感謝の念を感じられる人々，少なくとも3人の中に毎日よい点を探すように，それぞれに求めた。「自分の友達でも先生でもいい—接する人のだれでもいいよ」と彼は彼らに告げた。

　毎晩，夕食後に，クラマーは子供たちと座り，その日人々の中に見つけたよい点を報告するように彼らに求めたものだった。それから彼らの感謝を伝えるカードがその人たちに郵送された。

　最初，子供たちはその任務が難しいと感じた。しかし，思いやり，信頼，そして寛容という行為を探すようにと彼らが自分自身を訓練し始めると，それは徐々に遂行しやすく感じられるようになった。

　しばらくして，彼らのお礼の言葉は，カードを受け取った人たちの温かさや感謝の気持ちで10倍になって戻ってきた。家族はとてもたくさん郵送していたことに気づいたので，彼ら自身のカードをデザインした。それはウエスタン・ユニオンの黄色い電報を模倣していた。彼らはそれを『ありがとう電報』と呼んだ。

　次の15年くらいの間，クラマーは全国の人たちに何百万通もの『ありがとう電報』を送った。アイゼンハワー大統領，ロバート・フロスト，レナード・バーンスタイン，ボブ・ホープ，ウォルト・ディズニー，ヘンリー・フォード2世，ジャック・ベニー

のような多種多様な人たち，そして無数の，大物も小物も両方の人たちがクラマーの『ありがとう電報』―子供たちに人生についての道義を教えたいという父親の願望に起因した考え―を利用した。

---

174 (1) ア　(2) ウ　(3) ウ　(4) ア
　　　(5) エ　(6) ウ　(7) イ　(8) ウ
　　　(9) ウ　(10) ア

解説 (1)　現地の人に道をたずねるのが好きなので，a map（地図）は不要。
(2)ウ　「人々は多くの方法でそこへの行き方を私に教えてくれる」。
(3)　The post office は目的地なので，landmark（目印）ではない。
(4)　方向と距離で説明しているのは Go north two miles（北へ2マイル行く）。
(5)　another（別の，もう1つの）と意味が近いのは one more（もう1つの）。
(8)　ニューヨーカーの答えと対比させているので，「しかし」が最適。

全文訳
　私には旅行の特別ルールがある。それは地図は決して携帯しないこと。どっちの道を行けばよいかたずねるのが好きなのだ。ときどき私は道に迷うが，たいていは楽しい時間を過ごす。新しい言葉を練習できて，新しい人々に会えて，新しい慣習を学ぶことができる。そのうえ，「郵便局へはどうやったら行けますか」とたずねるたびに，違った案内の仕方を発見する。
　大部分の通りには名前がないので，外国人旅行者は日本でよくまごつく。日本では道順を教えるとき，人々が通りの名前の代わりに目印を使うのだ。たとえば，日本人は旅行者に「角までまっすぐ進みます。大きいホテルで左に曲がり果物市場を通り過ぎます。郵便局は大きい書店の真向かいにあります」と言う。
　アメリカ中西部のいなかでは，ふつう目印になるものはそう多くない。山がないので，土地はとても平坦だ。多くの場所で，数マイル以内に町も建物もないのだ。町とか建物の名前の代わりに，人々は方向と距離を教えてくれる。たとえばカンザス州やアイオワ州では，人々は「北に2マイル行きます。東に曲がってそこからもう1マイル行きます」と言う。
　カリフォルニア州，ロサンゼルスの人々には地図上での距離はわからない。ロサンゼルスでは距離をマイルではなく時間で測るのだ。「郵便局はどのく

らい遠いですか」とあなたがたずねる。彼らは「おや，ここから5分ぐらいだね」と答える。「ええ，でも何マイル離れていますか」と聞き返す。彼らはわからないのだ。
　ギリシャの人々は，旅行者はたいていギリシャ語がわからないので，ときどき道順を教えようともしない。ギリシャ人は「ついて来なさい」とよく言う。それから街の通りをぬって郵便局まで案内してくれる。
　ときには質問の答えを知らない人がいる。この状況ではどうなるか。ニューヨーカーなら「すみません，わかりません」と言うかもしれない。しかし，メキシコのユカタン半島では，だれも「知らない」とは答えない。ユカタン半島の人々は「知らない」ことはよいことではないと信じている。ふつう彼らは答えを，ときには間違った答えを教えてくれる。
　あることが，どこにいても―日本で，アメリカで，ギリシャで，メキシコで，またはほかのどんな場所でも―助けてくれる。人の言葉はわからないかもしれないが，人のボディーランゲージはたぶんわかるはずだ。彼か彼女はたいてい向きを変えて，それから正しい方向を指差すものだ。その方向に行けば，郵便局は見つかるのである。

---

175 (1) ① **so**, **that**　② **feel**, **like**
　　　(2) エ　(3) **knives**　(4) イ
　　　(5) エ　(6) **he**, **should**, **do**
　　　(7) 例 レイモンドが父親のお椀を取ったことと，そのお椀にご飯を盛ったことの，二重の間違い。
　　　(8) **gave**, **up**　(9) **worse**

解説 (1)①　so 〜 that ... の疑問文。
②　feel like 〜ing で「〜したい気分だ」の意味。
(2)　freeze（凍りつく，こわばる）の意味上の主語は「義理の母」。
(5)　いずれも SVOC の文。
(6)　間接疑問にかえるときは〈what +（主語）+ should 〜〉の形。（主語）は Raymond → he に。
(9)　風呂のお湯を共有することは箸を共有することよりも「悪い」と言いたいので，形容詞 bad の比較級 worse を入れる。bad − worse − worst と不規則に変化する。

全文訳
　レイモンドがシオリの家族と夕食の席に着いたとき，義理の母がレイモンドに彼の食器類を見せた。

「これがレイモンドのお椀ですよ」と彼女は彼に言った。「これはレイモンドのお箸。これがレイモンドのお茶碗よ」。

レイモンドはとても困惑した。家族は彼を怖がっているので，彼といっしょの箸を使いたくなかったのか。義理の母は，家族が使うものを彼が汚さないように，彼用のだけ新しいお椀とお茶碗を買ったのか。

彼はシオリの方を見て助けを求めた。しかし，シオリはふつうでない事態は何も認めていないようだった。だから，レイモンドはただほほえんで「ありがとう」と言った。ほほえんで「ありがとう」と言う気分では全然なかったのだが。でもそれ以外は，最初の夕食はとてもうまくいった。シオリの家族はレイモンドに対してとても礼儀正しく，レイモンドは彼らにとても礼儀正しかった。彼らは英国についてたくさんの質問をした。シオリのお父さんは少し酔って，まもなくテーブルに突っ伏して寝てしまった。

翌朝，レイモンドとシオリは朝食をとりに階下に降りてきた。レイモンドは食器棚のところへ行って，お椀を取った。レイモンドは義理の母がこわばるのを見た。彼女の顔は痛みに歪んでいるように見えた。レイモンドは手の中のお椀を見た。それは「自分のお椀」ではないことがわかった。何も考えず，彼は食器棚で最初に目についたお椀を取ったのだった。―英国でちょうど彼がしているように。

西洋では，人ごとに異なったボウルということはない。ナイフとフォークはすべて同じに見える。

レイモンドは，「自分のお椀」が少し違って見えるのは思い出したが，それがどれかは思い出せなかった。「それがそんなに重要なことなのか」と彼は思った。彼は手に持ったお椀を使うことにした。結局のところ，もう触ってしまったのだから。

シオリは母親を見て，手にお椀を持ったレイモンドを見た。シオリは笑って言った。「あら，今日はレイモンドがお父さんだわ！」。レイモンドは，家族全員に自分のお椀がある―彼だけじゃない―ことに気がついた。このことは彼をうれしい気持ちにさせた。きっと，間違ったお椀を使うことがそんなに大問題なら，彼女は彼を正すだろう！

そこでレイモンドは，お椀にご飯を盛り始めた。くつろいでいるかどうかを確認するために，彼は義理の母を見た。しかしそれどころか，彼女の顔はさらに痛みで歪んで見えた！　レイモンドはどうしていいかわからなかった。さて，何が問題だったのか。彼は炊飯器にご飯を戻し，お椀を洗い，さらに食器棚にそれを戻すべきか。もしかしたら彼はただあきらめてベッドに戻るべきなのだ！

それから義理の母はおずおずとたずねた。「あなたはご飯にお味噌汁をかけるつもりなの？」。レイモンドは父親のお椀を取っただけでなく，味噌汁のお椀にご飯を盛っていたのだ！　レイモンドは「二重の間違い」に気づいたとき，笑わずにいられなかった。彼はお椀を下に置くとあきらめて両手を上げた。「あまりにも複雑すぎるよ！」と彼は言った。

その後，彼女は多くの日本の家庭では各自が自分の食器類を持つことは習慣なのだと，レイモンドに説明した。特に，父親が使うのと同じ茶碗やお椀を使いたがらない女の子がいることを，シオリが説明した。レイモンドは，これは悲しい―それにちょっと変だ！―と思った。

「でもみんなは同じお風呂のお湯を共有しないの？　それは箸を共有することより悪いでしょ？」と彼は思ったが，何も言わなかった。

「自分のお椀」を持つことは日本文化では完全に正常であると知って，レイモンドはうれしくなった。実際，自分のお椀，茶碗，そして箸を―ほかのみんなのように―持つことは，彼を家族の一員にすることだと，彼は気がついた。

176

(1) イ

(2) 例 競技施設の維持管理や従業員の賃金，火災保険などに多額の費用がかかるから。（36字）

(3) 計画では，オリンピックが終わったあと，人々が競技場を活用することになっていた。

(4) 例 ほとんどの施設が使われていないのに，市が維持管理に多額の費用を投じてきたという状況。（42字）

(5) ウ　　(6) エ→イ→ア→ウ

(7) D　　(8) エ

解説 (1) fade（消えていく）とほぼ同じ意味の語は，disappear（消失する）。

(2) 直前の2文 A lot of the money … to fire insurance. を35字前後でまとめる。

(4) 直前の3文 All but one … on maintenance. を40字前後でまとめる。

(5) 当時オリンピックはやる価値があると思っていたが，「今はそう思わない」という文が入る。

(8) エ「"The Big O" を建設するのに10億ドル以上もかかった」は，第5段落⑥の空欄直後の文

Though it was ... that amount. の内容に合う。

全文訳

オリンピック大会は名声，地位，興奮を開催都市にもたらす。それはまた経済的恩恵をももたらす。たとえば中国，北京の2008年夏季大会では，旅行者は20億ドル以上を費やした。しかしその後，旅行者は帰国する。興奮はゆっくりと消えてゆく。開催都市は今，心配事—実に大きな何か—を抱えている。北京のある競技場支配人が言うには，「オリンピック後の競技場経営は世界的な問題である」。

大部分の競技場は，経営するのに年間700万〜1,000万ドルかかる。この金額の多くが維持管理に費やされる。加えて，競技場従業員の賃金の支払いから火災保険まで，別のコストが存在する。コストがかさむにつれて，競技場はひどい経済的な悩みの種となり得る。

日本の長野で1998年冬季大会が開催されたとき，市は５つの競技場を建設した。計画では，オリンピック終了後，人々が競技場を活用することになっていた。しかし今日，２面だけが使われている。そのうちの１面，ボブスレー競技場は１年の２か月を除いてすべて閉鎖されている。氷を凍らせておくには１日13,000ドルかかる。

ギリシャのアテネ，2004年夏季大会の開催地も同じ問題を抱えている。22面ある競技場のうち１面を除いてすべてが今使われていない。オリンピック水泳プールには水がない。そうであっても，市は維持管理にだいたい10億ドルを費やしてきた。そうした状況がアテネの多くの人々をいらいらさせている。「オリンピックはやる価値があると以前は思っていた」とステリアス・サネラスは言う。彼は使われていない競技場の１面近くに住んでいる。「今はそう思っていない。競技場は使われていないし，何もなされていない」。ギリシャ政府は競技場の多くを私企業に貸すか売るかしたいと願っている。これまでのところ，ほとんどうまくいっていない。

競技場が大きければ大きいほど，それが生み出す経済的な問題も大きいようだ。たぶん最も有名な例がカナダ，モントリオールのオリンピック競技場だろう。1976年夏季大会のために建設されたこの競技場は，その円形の形から，当初 "The Big O" と呼ばれていた。しかし今日，"The Big Owe" と呼ばれるほうが多い。その競技場の建築家は，"The Big O" が世界で一番偉大な建築物のひとつになることを望んだ。彼は競技場の片側に大きな塔，塔の基部に水泳プールがある複雑なデザインを創造した。彼はまた開閉できる特殊な屋根も創造した。そのデザインはとても複雑だったので，作業員は大会開幕に間に合うようには完成できなかった。実際，競技場建設は14年後の1990年になってようやく完成した。当初コストはおよそ１億1,500万ドルと想定されていたのに，競技場の最終的なコスト総額はその10倍以上にもなった。カナダの納税者は30年後の2006年に，競技場の支払いをやっと終えたのである。現在，競技場は整備不良の状態で，めったに使われることはない。

その競技場問題を解決するには，モントリオール市に斬新なアイデアが必要だろう。オーストラリア，シドニーにその答えがあるかもしれない。2000年夏季大会の開催地であるこの都市は，そのオリンピック競技場問題を解決する方法を見つけた。2002年に，オーストラリア政府は競技場の命名権を売却したのだ。６年間，その競技場はある電話会社にちなんで命名された。今その命名権は，７年間2,000万ドルの費用である銀行が所有している。その都市はまた地元のスポーツチームに競技場を貸してもいる。「初めて赤字が出なくなると思う」と，支配人は言う。

北京もまたその競技場で赤字が出なくなることを望んでいる。しかし命名権のアイデアは中国ではかなりの論争になる。ある作家が言ったように，「これらは歴史的に重要な建築物である。お金を稼ぐためだけにその名前を変えることはできない」。しかしながら，北京にはほかのどんな選択肢もないかもしれない。モントリオールの人々が知っているように，大きな競技場は，慎重に管理しなければ，大きなミスになりかねないのだ。

---

177 (1) ア

(2) **races that are watched by millions of people on**

(3) エ　　(4) イ　　(5) ア

(6) 1．イ　2．ウ　　(7) エ

(8) A **difference**　　B **running**

解説 (6) 1．「カレンジン族のランナーが持っている２つの優位点は何か」。イ「彼らは強い肺と走るのに完璧な身体を持っている」。

2．「タラウマラ族に関して特別なのは何か」。ウ「彼らは楽しみのために走る」。

(7)「比叡山の僧は，７年にわたってますます困難になっていく課程に従って修行する。彼らが成し遂げるとき，感覚はより鋭くなり，生気がさらに満ちるのを感じる」。

(8) 「カレンジン族，タラウマラ族，そして比叡山の僧の走る文化の間には明白な違いがあるが，走ることはすべての人類の文化の一部である。私たちは，ある場所から別の場所へ移動する方法として走ることはもうないかもしれない。しかし走ることはスポーツとして，楽しみとして，あるいは悟りとして今も重要である」。

全文訳

チータ，オオカミ，よく訓練された人間がそろってマラソンに参加すれば，だれが勝つだろう。チータは初めリードするだろう。オオカミはたぶん数マイル走ったあとでチータを追い越すだろう。しかしマラソンの最後で，人間がゴールして1位になるだろう。人間は2本の足しかないが，すばらしい走行能力がある。私たちの力強い肺が，長い距離を走るときに必要となるパワーを私たちに与えてくれる。さらに私たちは汗をかくことができるので，走る間に体温を調節することができる。なぜ私たちは走るのが上手なのか。走ることは，初期の人間が生き残るために必要だったのだ。もちろん，最近は生き残るために走るのはそんなに必要ではない。そうはいっても，走ることは世界中で人類の文化における重要な役割を演じ続けている。

マラソンは人類の走る文化の中でおそらく最もよく知られた手本である。なぜならマラソンは大きなビジネスだからだ。最高のランナーは，何百万人もの人々によってテレビで見られるレースに，何百万ドルを競って争う。もちろん，企業は競技中に運動靴のような製品を宣伝する。

人はどうやってトップのマラソンランナーになるのか。ケニアの伝説のランナーたちは答えを見つけたようだ。イテンはケニアの西部高地にある小さな農業の町である。また，世界のマラソン勝利者トップテンのうち7人の出身地でもある。彼らの大部分はカレンジン族のメンバーだ。カレンジン族は走るのに理想的な体型をしている。彼らのほっそりとした体と長い脚は走るには完璧である。さらにイテンは海抜8,000フィートの高地なので，カレンジン族は巨大な肺活量をはぐくむのだ。彼らは薄い空気から酸素を得るためにそれが必要なのだ。より低い標高でレースを競うとき，このことがカレンジン族に重要なアドバンテージとなる。

イテンから数千マイル離れた，西メキシコの山岳地帯にタラウマラ族は住んでいる。彼らは山々を抜けて長い距離を走るのが大好きなので，自分たちのことを走る民族と呼ぶ。タラウマラ族は外界とあまり接触しない。しかし，彼らの長い距離を走る驚くべき能力は研究者の注目を集めている。トップのマラソンランナーと違って，タラウマラ族は賞金のための競争はしない。その代わり，伝統的なゲームをしているとき，山々を越えて2，3日の長さのレースを競っているときに走る。100万ドルの賞金が彼らを待っていることはない。タラウマラ族にとって，走ることそれ自体が報酬らしい。

日本の京都近くの高い山の中を，別の理由で走る僧たちがいる。彼らは悟りに到達するために走る。比叡山の僧による千日回峰行は，極端な肉体的荒行の期間と同様に，走ることに集中した期間も含む。その荒行は成し遂げるのに7年かかる。1585年以来，わずか50人の僧だけが達成できた。第2次世界大戦以降にレースを完走したのはほんの13人だけである。成功する動機づけは高く，僧は厳粛に達成を誓うか自ら死を選ぶ。

最初の3年間は毎年100日間，僧は1日約30キロメートルを走らなければならない。4年目と5年目は，200日間1日約30キロメートルを走らなければならない。それから異なる形式の荒行が始まる。9日間，僧は食べたり飲んだり寝たりはできない。9日間の最後には，彼はしばしば瀕死の状態になる。

僧が生き延びれば，次の荒行に進む。6年目に，100日間1日60キロメートルを走る。そして最後の年に，100日間1日84キロメートル，それからもう100日間1日30キロメートル走る。

千日回峰行を成し遂げた数少ない僧は，今や新しい目で世界が見えると語る。彼らはものごとの経験がより集中的になると伝える。彼らは自分の全感覚が著しく改善していることに気づく。つまり以前よりずっとよく見えたり，聞こえたり，味わえたり，鼻が利いたりするのだ。彼らはまた以前よりずっと深く人生に感謝するとも語る。

確かにこれら3つの走る文化はとても異なっている。しかし，それらはすべて，走ることはいつも人間の生活や文化で重要な役割を演じてきたということを私たちに思い出させてくれる。世界中の人々がお金のため，スポーツのため，運動のため，悟りのため，あるいはただ単に楽しみのため走り続けるように，伝統は今日も継続する。

178 (1) **ready, for**
(2) 最初… **Since my**
　　最後… **a father**
(3) 例　アザラシが呼吸をするための穴を見つけること。(22字)

(4) **(We have) a better chance if we separate and cover more ground(,)**

(5) ア　　(6) ウ→ア→イ→エ

(7) **nods**　　(8) イ

(9) ① **first**　② **worried**

　　③ **held**　④ **stays**

解説 (1)　直前の父親の言葉 I was ready がヒント。be ready for it（＝hunting）で「猟の準備ができている（もう大丈夫だ）」の意味。

(5)「生前，父親と猟に行けなかった→間に合わなかった」という無念さを表すのはア。My first hunting was not soon enough.（私の最初の猟はそれほどすぐではなかった）と言いかえるとわかりやすい。

(9) ②「～を心配する」というときは be anxious [concerned] about ～ も使える。よって，この2語も正解。

③「抱きしめる」は hug でもいいので，hugged も正解。

全文訳
「起きろ！」キールトの声が私を起こす。兄は一瞬，私を見る。「アニュ！　俺たちはお前を待っているんだ」。彼は私の足を軽く蹴ると出ていく。私は彼をじっと見る。そして，彼が振り向くと笑顔で私のところまで戻ってくればいいのにと思う。私たちは互いに何でも話し合ったものだ。でも父が亡くなってから，キールトは別人になってしまった。これは私が初めて猟をした日のことである。父は私に猟に出る準備をさせるために一生懸命動き回った。父は私のことをもう大丈夫と言っていたが，私にはまだそれほど自信がない。キールトは1人で私たちの面倒を見てきた。私はキールトの赤ちゃんにはなりたくない。彼といっしょに猟に行きたい。どうしたらキールトのようになれるだろう。

外で犬の鳴き声がして早朝の沈黙が破られる。「今行くよ！」。素早く服を着ると，家の外へ出ていく。キールトはそりに物を置いている。犬たちは元気いっぱいに走ったり飛び跳ねたりしている。

「アニュ，お兄ちゃんと一生懸命働きなさい」と母が言う。彼女は私をきつく引き寄せる。キールトの冷たい茶色の目が今，私たちに注がれている。それから，彼は目を背けると，犬を調べに行く。彼は最年長の息子だ。父が死んでから，彼は父親として新しい役目を演じている。あの以前の優しいキール

トが恋しい。でも私にはわかる，何かが変わってしまったと。

「行こう」とキールトが言う。私がよじ登るとすぐに，そりは走り出す。「行け！　行け！」と彼は大きな叫び声を上げる。

私たちが海に到着する頃，太陽は空により高く輝く。そこは氷でおおわれて白一色だ。まるで硬い大地のようだ。

犬はゆっくりと停止する。キールトが私たちの前に広がる凍った海を調べると，私は黙って彼を見守る。キールトはそりから降りて氷の上に立つ。

「これはいい場所だ」と彼は言う。「さあ，呼吸する穴を探すぞ」。

「まったく同じに見える」。

「きつい仕事だよ」と彼は言う。

キールトはそりからもりを引き抜く。それは私のもりだ。父が作ってくれたものだ。

「アザラシはとにかく息継ぎに上がってこなければならない」とキールトは言う。彼はもりを持ち上げると，それを私に手渡す。彼は自分用に別のもりを取ると向きを変える。

「2人散らばってもっと広い範囲を見渡せば，チャンスはもっと増える」と彼は言う。

私は異なる方角へ歩き出す。何時間も歩き回る。ついに氷の中に暗い場所を見つける。これは午前中ずっと探していた呼吸する穴だ。私はその穴の前に立ちはだかる。ポケットに手を突っ込み，羽根のついた1片の骨をひっぱり出す。雪でその穴を軽く覆う。まっすぐ立つまで雪の中に骨を押し込む。さあ，準備完了だ。私はもりを構え，目をその羽根に固定する。私は打つ瞬間を待っている。

そのとき，父との最後の会話が脳裏によみがえる。

「アザラシが息継ぎをしに上がってくると，息で羽根が動く。そのとき，お前のもりで打ち込むのだ」と父は私に語った。

「いつになったらお父さんといっしょに行けるようになるの？」と私はたずねた。

「すぐだ」と父は答えた。「お前はじき猟に行けるようになるよ」。

私は深く息をする。「遅すぎたね」と風に告げる。涙が私の顔を流れ落ちる。

羽根が動き出すまでどのくらい座って見ているのか私にはわからない。とても静かに動いているので目の錯覚だと感じる。しかし動きがもっと速くなると，私の心臓は同じリズムで激しく鼓動し始める。

私はもりの先に結んだロープを片手で握り，頭上高くもりを持ち上げる。それを全力で冷水へ投げ込

む。静寂がある。もりが水中に引き込まれる。私は全力でそれを引き上げようとするが，上がってこない。アザラシは本当に重くて力がある。私は水中に引き落とされるかもしれない。この瞬間，父の声が穏やかな風に乗って聞こえてくる。

「息子よ，硬い氷の上で両足をふんばれ。体の両側で両腕を引き締めろ」。私は父の言葉に従う。

「さあ，お前の兄，キールトを呼べ。助けに来てくれるぞ。アニュ，私はいつもお前といっしょだ」。父の声は風とともに去る。

私はあらん限りの大声で兄の名前を呼ぶ。まもなく兄が来る。兄はロープを握り，私といっしょにそれを引っ張る。私たちがアザラシを氷の上に引き上げるのにそれほど時間はかからない。キールトはしばらく私を見る。私たちは氷の上に座る。

「もうすぐ暗くなる」と兄は私に告げる。私たちは氷の上を横切って，そりまでゆっくりとアザラシを引きずる。

私たちが家に戻ると，空は灰色である。母は外で待っている。彼女の目はキールトの顔を見る。兄は振り向いて母を見るとうなずく。母はほほえむ。

キールトと私は家の裏手の空き地までアザラシを引きずる。キールトは父がしていたように，アザラシの肉を切り始める。私は座って彼を見る。

「今日はよくやった」と彼は言う。彼は見上げることなく続ける。

「キールト？」。

「うん」。

「きっとお父さんがあのアザラシを届けてくれたんだよ。お父さんはあそこにいっしょにいたと思う」。キールトは手を休め，何も言わずに私を見る。

「お父さんがいっしょにいると感じた？」と私はたずねる。

「いつもいっしょにいると感じる」と彼は言う。彼の目は優しく，涙でぬれている。

「お父さんはキールトにも話しかける？」と私はたずねる。

「うん，話しかける。お父さんは，お前が俺と猟ができると言っていた」と彼は答える。

「寂しかったよ」と私は涙ながらに兄に告げる。

「弟よ，お前を決して1人にはしていないよ。そばにいないときでもいつもいっしょだよ」。兄は私を見上げ，父が亡くなってから初めてほほえむ。

179 (1) ウ　　(2) ア　　(3) イ
(4) 例 どんなときでもチームのメン

バーを信頼することが大切だということ。(32字)

(5) up　　(6) ウ，カ，ク

(7) 例 When I had to decide what to do for our school festival, my classmates didn't listen to me. I wanted them to change (their attitude) but they didn't. So I tried changing myself and they began to help me. I learned it is important to respect each other. (48語)

解説 (4) my father's words(私の父の言葉)は，第3段落の後半部分 Then he said, のあとに続く発言内容を指す。

(6) ウ　第2段落第4文と一致。カ　第4段落第8～第9文と一致。ク　第6段落最後の文と一致。

(7) 自分が経験したことを例にあげて，「学級活動，部活動，団体活動においてよい結果を得るには，仲間を信頼すること，協力することが大切である」などといった内容を，40～50語の英語でまとめる。

全文訳 私は高校に入学すると，バスケットボールが大好きなので，女子バスケットボールチームに入った。その年，チームに加わったのは新入生7名だった。彼女たちの中の1人がサオリで，私の同級生であり親友である。彼女は1年生の選手のだれよりも上手だった。それで，彼女はすぐに1年生でただ1人のスターティングメンバーになった。「おめでとう，サオリ」と私は言った。「ありがとう，でも幸運だっただけよ」と彼女は言った。「私も近い将来スターティングメンバーになれればいいな」と私は言った。「どうすればあなたのようにスターティングメンバーになれるの」。彼女はちょっと考えて答えた。「継続は力なりよ」。「それだけ？」と私はたずねた。「ええ，私の父はいつもそう言うわ。だから，中学時代だって一度も練習を休まなかったのよ」と彼女は答えた。それからは，彼女に追いつくために，私は練習に練習を重ねた。

ついに，私の夢は実現した。2年生のとき，コーチが私にチームのスターティングメンバーになるように頼んだ。もちろん，サオリは今もスターティン

グメンバーの1人だった。私はたびたび3メートルか4メートル離れたところからシュートを決めることができた。練習試合では4度か5度シュートを決めだして，それを認められ始めた。当時，彼女は私に言った。「おめでとう！　実はあなたを頼りにしているの。土曜日の次の試合はできるだけあなたにボールをパスするわ。たくさんシュートを決めて！」。「きっとそうする」と私は言った。

　試合前日の晩，夕食を食べ終わったとき，私はサオリからEメールをもらった。それを読んでとても驚いた。「けがをしたので，明日は試合に出られません」と書いてあった。私は心配した。「どうした？」と私の父はたずねた。私は父に彼女の事故について話した。そのとき父は言った。「知ってのとおり，1人でバスケットボールはできない。だから，チームのメンバーをいつも信頼することが大切なんだ。優秀な選手たちを抱えるチームだとしても，メンバーが互いに信頼していなければ，試合に勝つことはできないよ」。父はそれについて考えるように，私を夕食のテーブルに残した。

　スターティングメンバーとして初めて試合に出る日がやって来た。サオリがそこにいなかったので，私はうれしくなかった。コーチはサオリが試合に出られないことを知っていたので，モエにスターティングメンバーに加わるように頼んだ。私がこのチームに加わったとき，彼女は新メンバーの1人だった。しかし，彼女はサオリより上手にプレーすることはできなかった。試合がモエではうまくいかないと思ったので，私は心配していた。まもなく試合が始まり，私が思っていた通りに試合は進んだ。彼女は時としてボールをパスすることもシュートを決めることもできなかった。「大丈夫。いいよ」と私はほほえみながらモエに言った。しかし，私の中に違うことを言っている別の人間がいることを知っていた。ほかのスターティングメンバーの顔を見たとき，彼女たちもモエのことを心配していると私は思った。私たちのチームワークはうまくいっていなかった。たった1人の選手がいなくなるだけで試合の結果に大きな違いが生じることを私は知った。第2ピリオドで，私たちのチームは10ポイント負けていた。

　第2と第3ピリオドの間のハーフタイム中に，サオリが試合を見に来た。チームメンバー全員が彼女のところへ走り寄った。「大丈夫なの？」と私はたずねた。「問題ないわ。昨夜自転車に乗っていたら，突然ネコが通りに飛び出してきたの。ぶつかるのは避けたわ。でも私が転んだの」と彼女は言った。「医者は私の右腕は骨折していないと言っていたけれど，

1か月はバスケットボールはできないわ」。だれも言葉を発することができなかった。「さあ！　まだ2ピリオドあるのよ。続けてちょうだい！」と彼女は笑顔で言った。それからみんなの笑顔が戻ってきた。彼女がいっしょに試合に出られないので，私はやっぱり悲しかった。しかし同時に，彼女がいっしょにそこにいる間，私は安心した。彼女は最後に「あなたたちならできるわ！」と言った。これを聞いたとき，私は父の言葉を思い出した。それから，なぜ私たちがモエのことを心配したのかがわかった。「話せる？」とサオリはモエに言った。2人は何を話そうとしているのかしらと思ったけれど，第3ピリオドがちょうど始まろうとしていた。私はスターティングメンバー全員に「いつも一生懸命練習してきたでしょ？　お互いを信頼しよう，そうすれば勝てるよ」と言った。

　第3ピリオドで，モエは落ち着きを取り戻し，ボールをパスすることができた。各メンバーは走り，パスし，ブロックした。私たちのチームは試合の主導権を握り始めた。試合の最後の1分で，モエは私からパスを受け，決勝点をあげた。

　試合後，私はサオリと話した。「あなたが私たちといっしょにここにいたので，私たちは勝つことができたわ」と私は言った。「ありがとう，でも試合が終わるまであなたとほかのメンバーがあきらめなかったから勝ったのよ」と彼女は言った。「ところで，第3ピリオド前にあなたはモエと何のことを話していたの」と私は言った。「とても簡単なことなの。ただ練習どおりにプレーしなさいって」と彼女は答えた。

第1回　模擬テスト

1 (1) イ　(2) エ　(3) イ
(4) ウ

解説 (1) boys は [z]，他はすべて [s]。
(2) through は [uː]，他はすべて [ɔː]。
(3) cool は [uː]，他はすべて [u]。
(4) there は [ð]，他はすべて [θ]。

2 (1) エ　(2) イ　(3) エ
(4) ウ　(5) イ

解説 (1) 前に出た名詞(umbrella)の繰り返しを

避けるために使われるのは，代名詞の one。「私
の傘をなくしてしまいました。1 本買わなければ
なりません」。

(2)　**as** と **as** の間には原級(もとの形)がくる。「ト
ムはビルほど速く走れません」。

(3)　形容詞と不定詞の間に置くことができるのは
enough。「彼は親切にも私にお金をくれました」。

(4)　過去分詞が語句を伴って前の名詞を説明する形。
「私は日光駅で売られているこのチーズケーキが
好きです」。

(5)　「いとことは，おじさんやおばさんの息子か娘
のことです」。

---

3 (1) **born**　　(2) **ago**
(3) **show**　　(4) **weren't**
(5) **Thanks**

解説　(1)　「イタリア出身だ」→「イタリアで生まれ
た」と言いかえる。

(2)　「200 年以上の間ずっと〜」を「200 年以上前に
〜した」と過去の文に書きかえる。

(3)　SVOO の文に。「私にあなたのパスポートを見
せてくれますか」。

(4)　「母がいつも忙しくて残念だ」→「母がいつも忙
しくなければいいのに」と言いかえる。

(5)　「あなたが熱心に仕事をしたので」→「あなたの
熱心な仕事のおかげで」。「〜のおかげで」は，
thanks to 〜，**because of** 〜がよく使われ
る。

---

4 (1) **Which**　　(2) **old**
(3) **welcome**　　(4) **What**
(5) **Shall**

解説　(1)　A：「紅茶とコーヒーではどちらが好き
ですか」，B：「コーヒーのほうが好きです」。

(2)　A：「彼女が何歳かご存じですか」，B：「20 歳
だと思います」。

(3)　A：「手伝ってくれてどうもありがとう」，B：
「どういたしまして」。

(4)　A：「今日は何日ですか」，B：「2 月 2 日です」。
What date is it today? とも言う。

(5)　A：「映画に行きましょうか」，B：「はい，行
きましょう」。

---

5 (1) **well**　　(2) **kind**
(3) **change**

解説　(1)　上の well は副詞で「上手に」，下の
well は間投詞で「さあ，えーと」などの意味。

(2)　上の kind は名詞。**a kind of** 〜で「〜の一
種，〜のようなもの」の意味。下の kind は形容
詞で「親切な」。「マイクは親切にも私の宿題を手
伝ってくれました」。

(3)　上の change は動詞で「変える，両替する」，
下の change は名詞で「お釣り，小銭」の意味。
「合計 9 ドルになります。—はい，10 ドルありま
す。お釣りはいりません」。

---

6 (1) ① エ　　② イ
(2) ① オ　　② カ
(3) ① イ　　② オ
(4) ① ア　　② イ
(5) ① エ　　② ア

解説　(1)　「〜してすぐに，〜するやいなや」は **as
soon as** 〜を用いる。「〜に到着する」は，こ
こでは arrive at 〜。

(2)　What is 〜? の疑問文。「主要な言語」は the
major language。

(3)　「ずっと働いている」は現在完了進行形の文で
表すので，has been working となる。「今朝
から」は since this morning。

(4)　「(人)に(もの)を質問する」は〈ask＋(人)＋(も
の)〉の語順。ask you some questions とな
る。「この町に関して」は about this town。

(5)　「〜しようと決める」は **decide to** 〜。「彼女
に会う」が先にくるので「ジュンコに会う」と考
えて meet Junko とする。

---

7 エ

解説　You should say these words in a
friendly way ....(親しみやすくあいさつすべき
だ)以降の文に「あいさつの大切さ」が書かれて
いる。

全文訳
「ハイ」「ハロー」「おはよう」「こんにちは」「こ
んばんは」「おやすみ」。だれかとあいさつするとき，
あなたはこれらの言葉を口に出すかもしれない。「元
気ですか」「ありがとう」と言うこともあるだろう。

１日に何度もこれらの言葉を言うかもしれない。あなたの第一印象を左右するので，親しみやすくこれらの言葉を言うべきである。あなたの言葉から，聞き手はあなたの人となりを知る。上手にあいさつすれば，人はあなたと話すことに興味を持ち，あなたのことをもっと知りたくなる。あいさつをすることは，私たちに人と友達になる望ましい機会を与えてくれるのだ。

8 (1) **in**　(2) **meet[see]，Lisa**
(3) **エ**　(4) **ウ**　(5) **busy**
(6) 例 病院でボランティア活動をすること。(17字)
(7) **エ**
(8) 例 リサが１人でダンスパーティーに行くこと。(20字)

解説 (1) 時の経過を表して「〜のうちに，〜たてば」は，前置詞の **in** を使う。
(2) I can't make it. は会話でよく使われる表現。ここでは，相手の言葉を受けて「それが無理なこと」を告げる言い方。
(3) 付加疑問が入る。現在の肯定形：know →現在の否定の短縮形：don't，主語：You →代名詞の場合はそのまま：you で，**don't you?** となる。
(4) 火曜日の午後にテニスをするので，「その後」とは，「火曜日の午後以降」のこと。つまり「火曜日の夕方」を指す。
(5) free（暇な）を入れると，リサの応答文と合わない。よって，反意語の busy（忙しい）を入れる。
(6) doing volunteer work at the hospital （病院でボランティア活動をする）を受けているので，20字前後の日本語に訳す。
(7) 直前のトムの発言と合うのは，エ「トムは金曜日に誕生日パーティーに行くかもしれない」。
(8) 直前のトムの発言をうまくまとめて答える。「僕ぬきで」→「１人で」のように言いかえる。

全文訳
トムとリサは電話で話しています。
トム：もしもし，リサ。トムです。
リサ：あら，こんばんは。どこにいるの。
トム：職場だよ。やらなければならないことが…
リサ：何？　もう７時30分よ！　30分したら会うことになっているのよ。
トム：うーん，わかっているけど。だってね，遅く

まで仕事をしなくちゃいけなくなったから，今夜は会えないんだ。ごめんね，リサ，でも…
リサ：あら，いいわよ。どうせ，私の仕事も終わっていないから。
トム：明日の夜はどう？
リサ：よくないわね。明日の午後はテニスをするつもりよ。毎週火曜日にテニスをするのは知っているでしょ？
トム：そのあとはどうだろう。
リサ：そのあとは，たいていメアリーとピザクイーンに行くわ。水曜日の晩は暇？
トム：いや，水曜日は会えないね。テレビで野球の試合を見たいんだ。木曜日は忙しい？
リサ：ええ。今週の木曜日は病院でボランティア活動をするつもりなの。
トム：まあ，それほど重要なことではないね…
リサ：ねえ！　テレビで野球の試合を見ることなんかよりずっと重要なことよ！　そうね，金曜日までお互いに会えないわね。
トム：金曜日？　金曜日に何があるの？
リサ：ダンスパーティーよ！　覚えてないの？
トム：あっ，そうだった。でもキャロルが金曜日にパーティーを開くんだよ。彼女の誕生日なので，事務所から全員が招待されているんだ。
リサ：それって，ダンスパーティーには行かないってことなの？
トム：えーと，うん…その…そうだね，いや…その…
リサ：あなたの問題がわかっているの，トム？　ほかの人にすぐ影響されるところよ。
トム：でも，僕ぬきでダンスパーティーに行けるでしょ？
リサ：まあ，アドバイスをどうもありがとう，トム！　だれか私とダンスできる人を見つけられるでしょう！
トム：待って！　そんな意味で言ったんじゃないんだ…
リサ：ごめんね，忙しいの。しなければならない家事がいっぱいあるのよ。さようなら。
トム：リサ…リサ？　もー，どうしよう…。

第**2**回 模擬テスト

1 (1) **ア**　(2) **ウ**

解説 (1) fa-vor-ite と en-e-my は最初を強く読

む。mu-se-um は真ん中を，en-gi-neer と in-tro-duce は最後を強く読む。

(2)　re-mem-ber と po-si-tion は真ん中を強く読む。char-ac-ter と com-pa-ny は最初を，af-ter-noon は最後を強く読む。

2　(1) エ　(2) イ　(3) ア　(4) ア
　　(5) イ　(6) エ　(7) ア

解説▶(1)〈命令文，and ....〉の形で「～しなさい，そうすれば…」の意味。「ゆっくり話しなさい，そうすればあなたの言うことが理解できます」。

(2)〈tell＋(人)＋that節〉の文。「彼は私にコンサートに来られると言うだろう」

(3)　比較級を強めて「ずっと～」と言うときは **much** を使う。

(4)　**don't have to～** で「～する必要がない」。「私のところに泊まってください。ホテルを探す必要はありませんよ」。

(5)　stop は動名詞を目的語にとる。「私が帰宅すると雨が降りやみました」。

(6)　「(材料)でできている」は **be made of～** で表す。「このいすは木でできています」。

(7)　2つの中で「1つは～，もう1つは…」というときは，One～, the other .... の形を用いる。「私には2人の友達がいます。1人はアメリカ出身，もう1人はオーストラリア出身です」。

3　(1) **What**　(2) **few**
　　(3) **wear**　(4) **cheaper**

解説▶(1)「何が昨日，彼を早く帰宅させたのですか」と言いかえる。

(2)　数えられるものが「ほとんどない」と言うときは，few を使う。「私には彼女に会う機会がほとんどありませんでした」。

(3)〈nothing＋不定詞(形容詞的用法)〉の形で「～するものは何もない」。「カナエにはパーティーに着ていくものが何もありませんでした」。

(4)　expensive(高価な)の反意語 cheap(安い)を使う。「私のカメラはあなたのよりも安い」。

4　(1) エ　(2) ア　(3) ウ　(4) イ

解説▶(1) terrible(ひどい)と合うのは，エ。A:「週末はどうでした？」，B:「さんざんでした」，A:「なぜ？」，B:「札入れをなくしたのよ」。

(2)　A:「昨日見た映画はおもしろくなかった」，B:「そうは思わなかったよ」，A:「どういうこと？」，B:「すばらしかった」。

(3)　自分の過失を認めているウが適切。A:「トムは君のこと本当に怒っていたよ」，B:「彼が？理由がわからない」，A:「彼の本をまだ返していないからだと思うよ」，B:「あらまあ，そのとおりだわ。すべて私のせいね」。

(4)　直訳すれば「あなたは私に窓を閉めてほしいですか」のイが適切。A:「顔色が悪いよ。寒い？」，B:「ええ。ちょっと寒いわね」，A:「窓を閉めようか」，B:「はい，お願いするわ」。

5　(1) **so tired that[very tired so]**
　　(2) **May[Can] I speak[talk]**
　　(3) **many balls are**
　　(4) **whose book this**

解説▶(1)「とても～なので…」は **so ～ that ...** の形を用いる。

(2)　直訳すると，「～と話してもいいですか」の言い方。May I ～? も Can I ～? もほぼ同じ意味。「～と話す」は speak to ～ か talk to ～ を使う。

(3)　「～はいくつありますか」は，**How many ～ are there ...?** の形。〈How many＋名詞の複数形〉のあとに，there are ～(～がある)の疑問文が続くことに注意する。「…」には場所を表す語句がくる。

(4)　まず Whose book is this?(これはだれの本ですか)を間接疑問にする。whose book this is の語順。〈Do you know＋間接疑問?〉の形。

6　(1) てるてる坊主　(2) 赤飯
　　(3) 年賀状

解説▶(1)「これらは，ピクニックやハイキングに行く前に，雨が降らないことを願って，学童たちが作る紙人形です」→「てるてる坊主」を指す。

(2)　「これは赤い豆といっしょに調理されたご飯です。日本人は赤をめでたい色と思っているので，お祭りや誕生日にこれを食べます」→「赤飯」が正解。

(3)　「これらは，よい年を迎えられるよう祈りをこめた，友達やよく知る人への新年のあいさつ状です。しかし今日では代わりに元旦にEメールを送る人が多いです」→「年賀状」を指す。

7 (1) エ　　(2) イ

解説 (1)「リンカーンは大人になると，数日の間，店主になった」→D「ある日，彼の店で食料を買った老婦人が急いで店を出ていった」→A「彼女はお釣りを待たずに出ていった」→C「リンカーンはそのことに気がつくと，彼女のあとを追って走った」→B「彼女に追いつくと，彼は『奥さん，お釣りですよ』とていねいに言った」。

(2) BのMotherが先，それを受けてCのSheがくる。「感謝祭だ」→A「祝日なので，お父さんは1日中ずっと家にいる」→D「子供たちも，今日は学校へ行く必要がないので，家にいる」→B「お母さんは午前中ずっと台所で一生懸命働いている」→C「彼女は感謝祭のディナーを料理している」。

8 (1) ○　　(2) ×　　(3) ○　　(4) ×
　　(5) ×

解説 (1)「ジョンは家で子供たちの世話をしなければならなかったので，絵を描く仕事を始めた」。第2段落と第5段落の内容と一致する。

(2)「ジョンは多くの有名な画家の絵を模造して，それぞれの絵に彼らの名前を書いた」。第5段落第4文と不一致。

(3)「最初ジョンは，ドリューがなぜ彼の絵を買ったのか知らなかった」。第6段落の内容と一致。

(4)「ジョンのにせものの絵は，彼が決して絵に自分の名前を書かなかったので，よく売れた」。第9段落第4文と不一致。

(5)「ジョンは警察に捕まり，その後絵を描くのをやめなければならなかった」。第9段落第2文と不一致。

全文訳

ジョン・マイアットはイギリスの画家だった。彼は結婚し，2人の小さな子供がいた。そんなある日，ジョンの妻は夫と子供たちを残して出ていった。

今やジョンは子供たちと3人きりだった。美術学校での仕事から，彼はあまりお金を得られなかった。子供たちのためにも，別の職につくことはできなかった。彼には家でできる仕事が必要だった。

美術は家でできるものだった。しかし，彼は有名な画家ではなかった。彼の絵は高額では売れなかった。そのとき，彼はピカソの絵の例の模造品を思い出した。

数年前，裕福な友達がピカソの絵を買いたいと思っていた。それはとても高価なものだった。「買ってはいけないよ。私があなたのためにピカソの絵を描いてあげよう」とジョンは言った。彼はそうした。まるで本物のピカソのような絵を描いた。友達は彼に数百ドルを渡し，居間にその絵を飾った。

これこそジョンができることだった。彼はどんな有名な画家にも似せて—ピカソ，バン・ゴッホ，あるいはマチスに似せて—絵を描くことができた。そこで彼はこうやって，有名な絵を模造してお金を稼ぐことに決めた。彼は絵のすべてに自分の名前を書いた。有名な画家が本当に描いたものだと人々に思ってほしくなかった。

やがて，ドリューという名の男がジョンの絵を何枚か買った。ほどなく，彼はさらに何枚か買い，それからさらに買った。彼はその見返りとしてジョンに多額のお金を支払った。ジョンは，ドリューが自分の居間にその絵をすべて飾ってはいないことを理解した。しかし彼はジョンに何をしているのかを話さなかった。そしてジョンもたずねなかった。

6年後，ジョンはドリューに絵を売るのをやめる決心をした。彼はその男が好きではなかった。それに十分なお金があった。しかし遅すぎた。警察はドリューのことを知っていた。すぐに彼らはジョンの家にやって来た。そのとき彼は，ドリューが彼の絵で何をしたのかを警察から聞いた。彼はその絵からジョンの名前を取り除き，有名な画家の絵として売っていた。みんなはそれらが本物だと思っていた。彼らはそれらに多額のお金を支払っていた。

しかしそれらはジョンの絵だったので，ジョンは4か月間刑務所に入らなければならなかった。出所すると，彼も有名になっていた。新聞は彼のことを書いた。人々は彼がどのようにして自分の絵を描くのか知りたがった。

その後，彼は警察に勤めるようになり，有名な美術の模造品を発見するために彼らとともに働いた。彼は絵を描き続け，ロンドンで自分の絵の大展示会を開いた。それらは有名な絵の模造品だった。そのときはもちろん，彼の名前が絵に書いてあった。しかしそれらはすべて高額で売れてしまった。

第3回 模擬テスト

1 (1) ア　　(2) エ

解説 (1) A：「だれがあなたを車で家まで送って

くれたのですか」，B：「帰宅途中で<u>ブライアン</u>に
会って，彼が乗せてくれました」。「だれ」に対応
する「人名」を強く読む。

(2)　A：「路上でお金を見つけたら，あなたはどう
しますか」，B：「もちろん，私はそれを<u>警察</u>に
持っていきます」。具体的な行動対象を強く読む。

---

2 (1) エ　　(2) ア　　(3) ウ　　(4) イ
　　(5) エ　　(6) ウ

解説 (1)「ジョナサンは再びカナダを訪れたいと
願っていました」。Jonathan <u>hopes</u> that he
<u>will</u> visit Canada again. を過去の文にすると，
hopes → hoped，will → would と変化する。

(2)「ジョンは自分の赤ん坊の面倒を見なければな
りません」。**take care of ～＝look after ～**。

(3)「ベンは2時間前にサッカーをし始めました。
今もそれをしています」→「ベンは2時間ずっと
サッカーをしています」。

(4)「学ぶことは教えることとは違います」→「学ぶ
ことと教えることは別のものです」。***A* is one
thing, and *B* is another.** は慣用表現。

(5)「だれも彼の英語を理解できませんでした」→
「彼は英語で自分自身を理解されるようにするこ
とはできませんでした（＝自分の考えを人に伝え
ることができなかった）」。〈make oneself＋過
去分詞〉の形で，「自分自身を～されるようにす
る」。

(6)「あなたは急ぐ必要がありません」。**don't
have to ～＝need not ～**。この need（～す
る必要がある）は助動詞。

---

3 (1) 誤 エ ⇒ 正 **rains**
　　(2) 誤 ア ⇒ 正 **came**[**had come**]
　　(3) 誤 イ ⇒ 正 **that**
　　(4) 誤 ウ ⇒ 正 **surprising news**
　　(5) 誤 ウ ⇒ 正 **talking**

解説 (1) if や when で始まる文中では，未来の
ことでも現在形で表す。「明日が雨なら，私たち
は家にいます」。

(2) 雨が降り出したときにはすでに帰宅していたの
で，過去形か過去完了形で表す。過去完了形は，
過去のある時にはすでに完了していたことを表す
言い方。「雨が降り出したとき，彼女は学校から
帰宅していました」。

(3) 先行詞が「人」の場合，主格の関係代名詞は
who か that を用いる。先行詞が「人＋動物」
の場合は，ふつう **that** を使う。「あなたは川沿
いを走っている少年と犬を知っていますか」。

(4) surprised は名詞の前には使われない。be動
詞のあとに置かれて，be surprised の形で「驚
く」の意味を表す。名詞を説明する場合は，
surprising（驚くべき）を使う。「その驚くべき
ニュースを聞くとすぐ，私は友達に電話しまし
た」。

(5) stop は目的語に不定詞ではなく動名詞をとる。
stop ～ing で「～するのをやめる」。「私は突然
去らなければならなくなったので，彼女と話すの
をやめました」。

---

4 (1) **How beautiful the stars
look (tonight!)**
　　(2) **Her eyes show that she is
angry with her friend(.)**
　　(3) **(I am) sure that the man
was called Peter(.)**

解説 (1)〈**How＋形容詞＋主語＋動詞 ... !**〉の語
順で「―はなんと～なのだろう」。形容詞：
beautiful，主語：the stars，動詞：look なの
で，what が不要。

(2)「彼女の目は，彼女が友達に腹を立てているこ
とを表している」と言いかえる。Her eyes
show that ～. の文なので，see が不要。「～に
腹を立てている」は be angry with ～。

(3)「確かに～だと思う」は，ここでは I am sure
that ～. で表す。よって，think が不要。

---

5 ① エ　　② イ　　③ ア　　④ オ
　　⑤ ウ

解説 ① 予定を聞かれて「特別なことはない，特
にない」と答える会話表現。

② ミカの誘いに乗っているので，Sounds like ～!
（～そうだね！）が最適。

③ アかオのどちらかが考えられる。オだと，
both ways の both が何を受けているのか不明
確なので，一般的な内容のアが先にくる。

④ 直前の「男子も女子にプレゼントを贈る」事実
を受けて，「両方向でプレゼントを交換する」と
いうオが最適。

⑤　直前のローズの発言を聞いたミカの反応から，ウの「チョコレートをもらいたい」が適切。

全文訳

ミカ：今度の土曜日は何か予定がある，ローズ？

ローズ：①特にはないわ。なぜ？

ミカ：家でバレンタインデーのチョコレートを作るつもりなの。いっしょにやらない？

ローズ：②とても楽しそうね！　それじゃあ正午頃にあなたの家に行くわ。

ミカ：よかった。ところで，アメリカではバレンタインデーをどうやって過ごすの？

ローズ：③キャンディーとかカード，お花を交換するの。ディナーに出かける人もいるわ。

ミカ：おもしろい！　ちょっと違うのね。

ローズ：ええ，それに，男の子も女の子にプレゼントを渡すのよ，実はね。④両方向でプレゼントを交換するわけ。

ミカ：あら，そうなの？　⑤じゃあいい男の子からチョコレートをもらいたいわ！

ローズ：そうね。でも今年は，私たち2人のためにチョコレートを作りましょう！

---

6 (1) イ　　(2) イ

(3) ③ 雲を調べることによって，天気について多くのことができる。

⑨ 天気がどうなるかを知る方法が2つある。

⑩ 空の色または虹もそうである。

(4) **worse**　　(5) **six thousand**

(6) **cirrus clouds**　(7) **floating**

(8) 積雲がもっと大きくなって，積乱雲に変化すること。

(9) **tell you what the weather will be**

(10) **ウ**

解説 (1)　時を表す接続詞を選ぶ。「～している間」の while と「～以来」の since の2択から，文意が通るほうを選ぶ。

(2)　to know は直前の名詞 way を説明する形容詞的用法の不定詞。イ「私は昨年，オーストラリアを訪問する機会を得た」が形容詞的用法。ア，エは名詞的用法，ウは原因を表す副詞的用法，オは目的を表す副詞的用法。

(3)③　by looking at ～ は「～を見ることによって，～を調べることで」の意味。

⑨　間接疑問 how the weather will be は「天気がどうなるか」と訳す。

⑩　この So は直前にある a sign of changing weather（天候変化のサイン）を受けて，文頭に出た形（倒置という）。

(4)　**bad－worse－worst** と不規則に変化する。

(7)　「浮かんでいる」の意味で，直後の名詞を修飾する ～ing 形に。look like ～ は「～のように見える」。

(8)　直前の文を受けている。「積雲が積乱雲に変化すること」と短く答えても正解とする。

(9)　what the weather will be like と how the weather will be はほぼ同じ意味の間接疑問。

(10)　ウ「積雲は巻雲よりも低いところで見られる」。第3段落第2文と第4段落第2文を比較する。アは第2段落第2文から不一致。イは quickly ではなく slowly が正しい。エは on a fine day が正しい。オは第5段落第4文を参照すると，dark ではなく pale yellow が正しい。

全文訳

だれもが，出かけている間は天気がよければいいと思う。ときどき，午前中は天気がよいのに，当日遅くなって雨が降ったりする。天気がどうなるかを知る方法はあるのだろうか。そう，雲を調べることで，天気について多くを知ることができる。

雲は天気のサインである。ふつう，雲が高ければ高いほど，天気はよくなる。他方で，雲が低ければ低いほど，天気は悪くなる。

たとえば，「巻雲」と呼ばれる雲の一種がある。この種の雲は，地上から6,000メートルのところで形成される。その形は長くて細い。巻雲が空高くとどまり，とてもゆっくり動くとき，これは好天が近いことを意味する。しかし，巻雲が厚く灰色の雲に変化し，より低くなれば，それはまもなく雨が降ることを意味する。

「積雲」と呼ばれる雲の一種もある。積雲は地上から2,000メートルのところで見られる。それは浮かんでいる白い綿の玉のように見える。晴天の日にしばしば見える。しかし，それがもっと大きくなると，「積乱雲」に変化する。それは雨が近いことを知らせる。もし暗くなって突然冷たい風を感じるなら，逃げたほうがよい。それは嵐が近いことを意味する。

雲以外に，天気がどうなるかを知る方法が2つあ

る。まず，空の色もまた私たちに天気について教えてくれる。月の周りの金環は嵐がもうすぐ始まることを知らせる。日没の色が薄い黄色のときは，雨が近いかもしれないという意味だ。次に，虹にもメッセージがある。東に太陽が，西に虹が見えれば，これはまもなく雨が降ることを意味する。太陽が西にあって虹が東にあれば，雨は遠ざかっていくだろう。

　雲は変わりゆく天気のサインである。空の色とか虹もそうだ。天気予報を確認し忘れたときは，とにかく空を見上げよう。空は，天気がどうなるかを教えてくれるだろう。

---

7 (1) Would you like something cold to drink?
(2) I wish my house were bigger[larger].
(3) My aunt has been dead for eight years.

解説 (1) 「〜はいかがですか」と人にものを勧めるときは，Would you like 〜? を用いる。
(2) 「〜であればいいのに」と現実に反する願望を表すときは，I wish ＋過去の文 〜. を用いる。I wish I had a bigger[larger] house. も可。
(3) 「私のおばは 8 年間ずっと死んでいる」と考える。日本語では違和感があるが，英語ではふつうの言い方。

第4回 模擬テスト

1 (1) ウ (2) エ (3) ウ (4) ア (5) ウ

解説 (1) 目的を表す副詞的用法の不定詞の前で区切る。「彼は先月日本に来ました／東京で仕事をするために」。
(2) 長い主語のあとで区切る。「家のそばで犬と遊んでいる少年は／私の兄〔弟〕です」。
(3) 接続詞 and の前で区切る。「ユカと私はバースデーケーキを作りました／そしてそれをパーティーに持っていきました」。
(4) 文頭の時を表す語句のあとで区切る。「今朝／彼は家族に朝食を作りました」。
(5) 接続詞 because の前で区切る。「私たちは昨日，テニスをしませんでした／雨が降っていたので」。

で」。

2 (1) エ (2) ア (3) イ (4) イ (5) ウ (6) イ (7) エ (8) イ

解説 (1) neither of 〜 で「〜のどちらも…ない」の意味。「私は駅へ行く道を 2 人にたずねましたが，彼らのどちらも答えられませんでした」。
(2) 目的格の関係代名詞は，ア。「パリは私が長いこと訪れたいと思っている都市のひとつです」。
(3) 主語が A new supermarket（新しいスーパー）なので「建てる」ではなく「建てられる」。to のあとは受け身形〈be動詞＋過去分詞〉がくる。「新しいスーパーは来年，建てられる予定です」。
(4) 「今寝たとしても」と現在の事実に反する仮定を表すので，過去形。「私は寝るほど疲れてはいません。今，寝たとしても眠らないでしょう」。
(5) look forward to 〜ing で「〜するのを楽しみに待つ」。「あなたは行楽に行くのを楽しみに待っているのですか」。
(6) 〈want＋（人）＋不定詞〉の形で「（人）に〜してほしい」。「あなたは私にいっしょに来てほしいですか，それともあなた 1 人で行きたいですか」。
(7) 時制は過去，かつ間接疑問なので，〈where＋主語＋動詞の過去形〉という語順。「警官は私たちを止めると，どこへ行くのかたずねました」。
(8) 〈help＋人＋(to＋)動詞の原形〉の形で「人が〜するのを手伝う」。「ロバートは私がその箱を運ぶのを手伝いませんでした」。

3 (1) ② (2) ③ (3) ○ (4) ② (5) ③

解説 (1) ② take part of → take part in（〜に参加する）。「この村では，祭りに参加したい人はだれでも，あの親切な農民たちに歓迎されました」。
(2) even if 〜（たとえ〜でも）の文では，未来のことも現在形で表す。③ you will like → you like。「たとえあなたがすごく気に入っていても，ほしい靴は試しにはいてみるべきです」。
(3) 「私が初めてここに来たとき，市をとてもよく知る少年が私を親切に案内してくれました」。
(4) 〈leave＋目的語＋補語（形容詞）〉の形で「〜を…のままにしておく」。② leave open the door → leave the door open（ドアを開けておく）。「多くの腹をすかしたクマがこの家の周り

にいるので，ドアを開けておくのはとても危険です」

(5) 〈in＋月名〉と〈on＋月名＋日にち〉の違いに着目。③ in July twenty-first → on July twenty-first（7月21日に）。「彼が1969年7月21日に初めて月面を歩いた宇宙飛行士である，と知っている学生はいませんでした」

---

4 (1) **mind, sitting**
(2) **spoken, to, by**
(3) **asked, if[whether], I, knew**

解説 (1)「あなたの隣に座ってもいいですか」。直訳すれば，「私があなたの隣に座ることをあなたはいやがりますか」という文に書きかえる。〈mind me＋動名詞〉の形で「私が～するのをいやがる」の意味。

(2)「その警官はピンクのシャツを着ている男性に話しかけました」→「その警官に話しかけられた男性はピンクのシャツを着ていました」。過去分詞の形容詞用法を使う。speak to～ → ～ spoken to by ... と to が残ることに注意。

(3)「マリアは私が山中博士を知っているかどうか私にたずねました」。〈ask＋(人)＋if[whether]～〉の形で「…に～かどうかたずねる」。

---

5 (1) **How long have you lived in Japan(?)**
(2) **(Do you think) it is good for children to play video games(?)**
(3) **How[What] about going out for dinner tonight(?)**
(4) **(The news) about the missing dog made me sad(.)**
(5) **(The book) I bought yesterday was too difficult to read(.)**

解説 (1)「5年間」と期間を答えているので，How long～? の疑問文だとわかる。よって，long を補う。A：「あなたは日本にどのくらい住んでいますか」，B：「5年間です。日本が好きです」。

(2) it is ... for ＿ to～の文。よって，it を補う。

A：「子供たちがテレビゲームをするのはよいことだと思いますか」，B：「いいえ，思いません。それらのいくつかは暴力的すぎます」。

(3)「～するのはどうですか」と相手を誘う文は，How[What] about ～ing ...? の形で表す。よって，How か What を補う。A：「今夜ディナーに出かけるのはどうですか」，B：「いいえ，けっこうです。気分が悪いので，家にいたいと思います」。

(4) 応答の文から，Aが悲しく(sad)なったことがわかる。A：「行方不明の犬に関するニュースは私を悲しくしました」，B：「私も悲しかったわ。その家族がすぐ見つけてくれればいいのにね」。

(5)「～するには…すぎる，あまりに…すぎて～できない」は too ... to ～ の形で表す。よって，to を補う。A：「私が昨日買った本は難しすぎて読めませんでした」，B：「なぜ買う前に数ページでも読んでみなかったのですか」。

---

6 (1) 休暇中に友達とゲームをすることを楽しみにしている。
(2) **too, for, to, stop, playing**
(3) A **known**　　B **sold**
　　C **communicating**
(4) **find many kinds of board games which are not only for children but also for adults**
(5) ⓐ エ　　ⓑ カ　　ⓒ ア
(6) ウ　　(7) ウ
(8) 1 オ　2 ウ　3 イ　4 ア

解説 (1) 直前の文を受けて，Yes, you must be looking forward to playing games ... during your vacation. ということ。この must は「～に違いない」の意味。

(2) so ... that ＿ can't～の文は，too ... for ＿ to ～の形に書きかえられる。

(3) A be well known to ～ は「～によく知られている」の意味。
B 「売られる，売られている」の意味なので，受け身形〈be動詞＋過去分詞〉の形にする。
C enjoy のあとには動名詞がくる。

(4)「AだけでなくBも」の意味を表すのは，not only *A* but also *B* の形。したがって，only

を補う。only の代わりに just や merely が使われることもある。

(5)　ⓐ　**in front of** ～で「～の前に［の］」の意味。

　　ⓑ　この as は「～として」の意味の前置詞。

　　ⓒ　**look for** ～で「～を探す」。

(6)　この2文を簡潔にまとめると，「簡単で手間いらず」ということなので，ウが正解。

(7)　第4段落第1～第4文参照。

(8)　1 たくさん話をすることは，「優れたコミュニケーション能力」を学ぶことである。

　　2 ルールを理解しなければならないのは，「ルールを守ることがなぜ重要か」を学ぶことにつながる。

　　3 ルールをお互いに教える必要があるのは，「物事をわかりやすく説明する方法」を学ぶことにつながる。

　　4 ゲームを途中でリセットできないのは，「決してあきらめないこと」を学ぶことである。

全文訳

　あなたは休暇中に友達とゲームをすることを楽しみにしている？　うん，そうに違いないと思う。それでは，どんな種類のゲームをするつもり？　もう決めてしまった？

　「ゲーム」という言葉を聞くと，オンラインゲーム，テレビゲーム，あるいはゲームセンターのゲームマシーンのような「ビデオゲーム」をイメージするかもしれない。それらは最近，若者たちの間でとても人気がある。そのうえ，とてもわくわくするので，中にはゲームをやめられない人もいる。しかし，そうしたゲームをする計画があるなら，ちょっと待ってほしい。ビデオゲームよりもおもしろいものを紹介しようと思う。それらのいくつかはすべての年代の人によく知られているので，祖父母といっしょに遊ぶことさえできる。それがボードゲームだ。

　最初のボードゲームは4,000年前に行われた。いくつかの国では，宗教的な行事のために，あるいは国家の重要な決定を下すために使われた。今日の世界市場では，約42,000のボードゲームから選択できる。さらに新しいボードゲームが毎年発売される。デパートに行くと，子供用だけでなく大人用の多種多様なボードゲームも見つかる。ボードゲームをするのはとても簡単だ。ただベッドの下から取り出して，プレーヤーの前にあるテーブルの上に置けばいいだけだ。カードを切り，さいころを転がせば，ゲームは始まる。ゲームを1つ買っておけば，しまっておいて，いつでもどこでも遊べる。電気もテレビモニターも使うことなく，同時にたくさんのボタンを押す必要もない。もちろん，ゲームごとに100円を払うこともない。

　ボードゲームの最も優れた点は，プレーヤー同士が向かい合って互いに楽しくやり取りができることである。ルールに関して，次に何が起こりそうか，だれが勝つのかまたは負けるのかについて，話す機会がたくさんある。ほかのプレーヤーの顔に笑みが浮かぶのが実際に見える。笑ったり，ときにはいっしょに叫んだりもする。このようにしてわくわくした時間を共有することはすばらしい経験である。家族や友達が互いに遊び方を教え合う。ゲームが優れたコミュニケーションの手段として重要な役割を演じる。

　親が子供にビデオゲームの代わりにボードゲームを買ってやるのもよいことである。下の表を見てほしい。

〈子供たちのためのボードゲーム〉

ボードゲームの特徴	子供たちは…を学ぶ
プレーヤーはゲーム前／中／後にたくさん話をする	優れたコミュニケーション能力
プレーヤーはルールを理解しなければならない	ルールを守ることがなぜ重要か
ときにプレーヤーはほかのプレーヤーにルールを教える必要がある	物事をわかりやすく説明する方法
プレーヤーはゲームが終わるまでリセットできない	決してあきらめないこと

　たいていのボードゲームはただ楽しみのために行われるのだが，ボードゲームが子供たちにたくさんの重要な能力を教えてくれることを表は示している。そしてそれは親たちにもだ。だからこそ，ビデオゲームをかたづけて，お気に入りのボードゲーム探しを始めよう。